EIGENVERLAG

Die Autorin

Im Mai 1967 wurde Jamila Amitahba in NRW geboren. Sie erlebte viele Wohnungswechsel innerhalb wie außerhalb Deutschlands. Ihre Kindheit war von Beginn an weder durch Sicherheit, Gesundheit, noch ein behütetes menschliches Umfeld geprägt. In schwierigsten, schmerzhaften wie leidvollen Situationen war sie von klein auf ganz auf sich allein gestellt. Dies führte dazu, dass sie sehr früh feine Sensoren und subtile Wahrnehmungen für Menschen, Tiere, Situationen entwickelte und die Türen zu ihrer tiefsten Intuition öffneten sich von da an bis heute sukzessiv. Sie drückte sich intuitiv u.a. in Poesie, Wortbildern und Musik aus. Als Teenager entzog sie sich Dogmen und Massen, verkehrte mit Außenseitern, obdachlosen Jungendlichen, Verstoßenen und verarmten Kindern. Nach dem Abitur arbeitete sie im medizinischen Bereich mit kranken und leidgeprägten Menschen jedes Alters. All dies führte ihre subtilen Wahrnehmungen und ihre feinste Intuition auf ein noch intensiveres Niveau, auf welchem es bis heute vielen Menschen dienend gedeiht. Dieses individuelle Wahrnehmen, ihre subtile Intuition bilden heute die Grundlage ihrer Arbeit, deren Mission es ist, durch mentales Coaching, Lebens- und Familienberatung sowie ernergetischer Arbeit Menschen jeden Alters auf deren Lebensweg zu begleiten.

Das Buch

Das vorliegende Buch ist Erfahrungsausdruck und intuitive Botschaft, welche den Leser inspirieren soll, die Botschaften auch der Jüngsten unter uns, die noch nicht sprechen können, wahrzunehmen und anzunehmen. Ebenso bietet es die Gelegenheit, ein tieferes Gefühl und Verständnis für diejenigen zu entwickeln, die sich noch auf dem Weg ihrer Entwicklung befinden.

Möge der Geist des Lesers zwischen den Zeilen lesen.
Möge das Herz des Lesers zwischen den Zeilen hören.
Möge die Seele des Lesers das Non-Verbale erfühlen.
Möge die eigene Intuition des Lesers in ihm wirken.

Jamila Amitahba

Hör´ der Kinderseele zu

EIGENVERLAG

Deutsche Erstausgabe
November 2014
1. Auflage Dezember 2014
Eigenverlag
© Viktoria S. Kapteina, Neuss 2014

Das Werk, einschließlich seiner Teile, ist urheberrechtlich geschützt. Jede Verwertung außerhalb der engen Grenzen des Urheberrechts ist ohne Zustimmung des Verlages und der Autorin unzulässig. Dies gilt insbesondere für die elektronische oder sonstige Vervielfältigung, Übersetzung, Verbreitung und öffentliche Zugänglichmachung.

Bibliografische Information der Deutschen Nationalbibliothek: Die Deutsche Nationalbibliothek verzeichnet diese Publikation in der Deutschen Nationalbibliografie; detaillierte bibliografische Daten sind im Internet über http://dnb.d-nb.de abrufbar.

Umschlag, Buchdesign und
Illustrationen: Barbara Bays
Fotos: Gottfried Schmitz, Fotolia
Satz: bbwave visual concepts, Ratingen

Gedruckt auf säurefreiem,
chlorfrei gebleichtem Papier

**Informationen und Bestellung unter
www.jamilaamitahba.com**

ISBN 978-3-000-47417-0

Dieses Buch widme ich

dem Göttlichen in uns allen

meinen engsten Vertrauten und Verbündeten
Dad, meiner Schwester Irmi, meiner Freundin Simbamoyo
und ihrem Coach, Michael, Gabriel, Raphael sowie
meiner Licht-Manager-Gruppe, die mich
allumfassend coached, begleitet und
auch dieses Projekt unterstützt

meinen wundervollen Hunden
Simba und Puma

und dem Lichtweg
eines Jeden

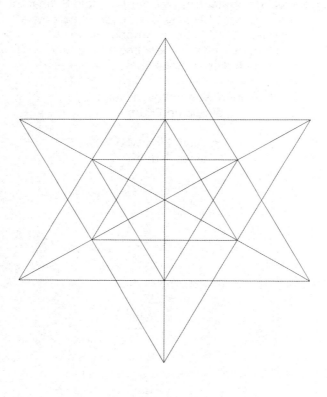

Danke

an alle, die dieses Buchprojekt unterstützt und gefördert haben:

Danke von Herzen, lieber Gottfried S. für den Rahmen,
dieses Projekt realisieren zu können !

Danke von ganzem Herzen für kreative Begabung und einzigartige
Professionalität, liebes bbwave-Designstudio !

Danke allen, die mich motiviert haben, sich mit lichtvollen Gedanken
beteiligten und an dieses Buchprojekt geglaubt haben !

Ein ganz besonderer Gruß an alle Kinder und Jugendlichen jeden
Alters und an alle inneren Kinder in uns allen

sowie danke, liebe künftige Eltern und liebe Erwachsenen, für das
Zustandekommen der Themen dieses Projektes

Es ist immer unser Nachwuchs, der die Zukunft gestaltet und der neuen Ära
ein noch neueres Kleid schenkt, denn eben das ist sein
Auf-trag (Hin-auf-tragen > Auf-steigen)
Ebenso wie wir einst unseren Erziehungsberechtigten zeigten,
wie ein großer Rechner zum IPad mutiert
Ebenso werden einst unsere Enkel ihren Eltern zeigen, wie man an
einem Wochenende ein Ufo baut und holographische Bücher schreibt,
die man mit einer Plasma-Brille liest
Ebenso wie deren Enkel die Lichtgeschwindigkeit in Kristallen
konservieren, die als new-age Antriebskraft fungieren

Ohne Nachwuchs keine Zukunft, Nach-Wuchs = Nach-wachsen
Ohne Probleme keine Lösungen, Probleme sind
eine Herausforderung für Lösungen
Licht ist das klare Wasser der Luft, es durchdringt
und beleuchtet alles, sei es noch so klein

Möge dieses Buch eine Inspiration für uns alle sein
und helles Licht in Beziehungen bringen

Einleitung von einem Kind

Liebe Eltern, liebe Erziehungsberechtigte, liebe Erwachsene!

Wir Kinder sind kleine Wesen, die Euch wurden geschenkt
Vergleicht Euch nie mit uns, weil ein Kind ganz anders denkt
Sind wir noch klein, dann haben wir noch kein eigenes Ich
Und sind für Euch um so mehr antastbar und ganz besonders zerbrechlich

Wir sind eigenständige kleine Menschen mit Gefühlen und einer empfindlichen Seele
Wir haben andere Energien als Ihr und diese finden ihre ganz eigenen Wege
Wir können keine Verantwortung für uns selber, unser Verhalten, unsere Energien tragen
Wir spiegeln Euch in allem, machen wir etwas falsch, dann müsst Ihr oft Euch selber fragen

Wir sind klein und wehrlos, bitte nutzt unsere juvenile Wehrlosigkeit niemals aus
Wir sind von Euch abhängig und brauchen immer Wärme und Liebe, bitte respektiert uns auch
Wir haben einen eigenen Charakter, und genau dieser will von Euch angenommen werden
Akzeptiert uns mit allen Stärken, Schwächen, eigener Individualität als der, der Euch wurde geboren

Wir sind kein Ventil, an dem man sich auslebt, wir sollten nie Eure Launen und Gefühle abfangen
Wir Kinder sollten auch nie um unser Leben, unsere Gesundheit, unsere Sicherheit bangen
Wir sind keine Kopie von Euch, wir sind eine ganz fragile, junge, biegsame eigene Persönlichkeit
Wir sind kein Eigentum, kein Besitz, keine Sklaven oder Marionetten, wir sind Kinder der neuen Zeit

Und wir sind auch nicht die Fortsetzung Eurer Träume, Eurer Sehnsüchte oder Eures Lebens
Zwingt uns nicht in Schuhe, die Eure sind, denn diese Versuche sind irgendwann
   einmal vergebens
Denn wir haben ein uns mitgegebenes eigenes, individuelles und oft auch ein ganz anderes Potential
Helft uns, uns selber zu finden, unsere Stärken und Talente und schenkt uns unsere eigene Wahl

Bitte besitzt uns nicht, aber begleitet uns in Liebe, mit Verständnis und mit viel Humor
Öffnet Euer Herz für uns, denn vielleicht habe ich einmal viel in meinem mir
   geschenkten Leben vor
Eröffnet mir so gut es geht Möglichkeiten, mich bestmöglich zu entfalten
Und bitte versucht, mit mir eine möglichst sorgenfreie, ruhige, sichere Kindheit zu gestalten

Bitte nehmt mich ernst, zeigt, dass ich von Euch in Liebe willkommen bin auf der Erde
Verurteilt mich nicht, lacht mich nicht aus, zeigt mir, dass ich von Euch aufgefangen werde
Bitte versklavt mich nicht in Eurem eigenen Interesse und macht aus mir jemanden,
   der ich nicht bin
Führt mich langsam, in Ruhe mit elterlicher Liebe, offenem Herzen auf den Weg zu mir selber hin

Wir Kinder brauchen Euch, um an Eurer Seite richtig zu wachsen und uns zu entfalten
Wir Kinder brauchen Euch, um an Eurer Seite die Welt und uns selber zu entdecken
Wir Kinder brauchen Euch, um keine Angst vor dem Leben zu haben
Wir Kinder brauchen Euch, Ihr seid die ersten, die wir von Geburt an in unseren Herzen tragen

Inhalt

Widmung 5
Dank 7
Einleitung von einem Kind 8
Wo liegt in einem Menschen das
göttliche Potential 12
Vorwort: Euer Kind 16

1. Ungeboren 20
2. Dein Kind 22
3. Säugling 23
4. Baby 24
5. Krabbel – Baby 26
6. Erste Worte, erster Wille 27
7. Weinen und Schreien 30
8. Lauf – Baby 32
9. Hort – Kind 33
10. Trotzkopf 34
11. Kinder brauchen Hobbies 35
12. Kinder leben den Traum der Eltern 37
13. Talent 39
14. Vorschul - Kind und imaginäre Mittel ... 41
15. Nikolaus 42
16. Nicht schlafen wollen 43
17. Einschulung 46
18. Erste Klasse 48
19. Schulkind 50
20. Noten 51
21. Markenklamotten, Labels 52
22. Schulwechsel 54
23. Tierwunsch 58
24. Freundschaften 61
25. Konflikte zwischen Eltern und Kind 65
26. a) Pubertät 1 70
26. b) Pubertät 2: KRASSSSS, ein Rap 72
26. c) Partyfieber und Gefahren 73
27. Soziale Netzwerke, Kommunikation,
    virtuelle Beziehungen 77
28. Erste Liebe 81
29. Kinder bekommen Kinder 83

30. a) Käfig Kindheit 86
30. b) Aufruf an alle Eltern und
   Erziehungsberechtigten 91

Sucht:
31. Sucht allgemein und
   Positives an alle Eltern 93
32. Drogen: Auftakt 97
33. Weitere Drogen 99
34. Rauchen 1 101
35. Rauchen 2 103
36. Alkohol 105
37. Süßigkeiten 107
38. Ess - Störung, Bulimie 110
39. Ess - Störung, Magersucht 112
40. Selbsthass, Borderline 115
41. Fan - Idol - Manie 117
42. Computerspiele 120
43. Spielcasino, Wetten 124

Besondere Umstände:
44. Scheidungskind, Eheprobleme 126
45. Kinder bei Oma und Opa 129
46. Alleinerziehendes Elternteil 132
47. Der neue Partner des Elternteils 136
48. Ein neues Geschwisterchen 140
49. Adoptiertes Kind, Heimkind 143
50. Nicht Essen wollen und Ernährung 148
51. Aggressionen 151
52. Problemkind, gestörtes Kind 154
53. Der Käfig der Eltern 157
54. Krankes, behindertes Kind 160

55. Nicht mit anderen Kindern vergleichen 164
56. Schwächen, Macken, Fehler eines
   Kindes und ADHS 168
57. Statt Strafen Erklärungen, gütige
   Konsequenzen, liebevolle Grenzen 174
58. Verantwortungsbewußter Umgang
   mit Druckmitteln 178

Wo liegt in einem Menschen das göttliche Potential
Die wahre Bedeutung von jungen (gesunden) Menschenkindern

Kinder sind bestrebt, lieb zu sein und ihren Erwachsenen möglichst gerecht zu werden
Deren Erwartungen bestmöglich zu erfüllen und für sie da zu sein, ihnen viel zu schenken
Sie wollen sie selbst sein, ohne an sich zu denken können sie aus Liebe alles geben
Sie verfügen über größtes Potential, besonders wenn sie noch so klein sind auf Erden

Kinder sind authentisch, natürlich, Freigeister, wahre Herzen, die bedingungslos lieben
Es sind die Kinder, die über die selbstlose, freie, tiefe, wahre Liebe verfügen
Kinder lieben ganz rein, wahrhaftig, frei, völlig unbefangen und nicht berechnend
Sie verteidigen die Ehre ihrer Erwachsenen und beschützen sie verfechtend

Kinder können sich der reinen Liebe vollkommen und ungeniert hingeben
Kinder wollen, dass sich ihre Erwachsenen gemeinsam mit ihnen zusammen wohlfühlen
Kinder geben sich selbst, ertragen leise, und wollen ihren Erwachsenen Freude machen
Kinder bringen ihre Erwachsenen auch gerne und oft sehr humorvoll zum Lachen

Sie glauben an Gott, an Elfen, Feen und Naturgeister, denn ihr Geist ist unendlich frei
Ihr Glaube, ihre Fantasie, ihr Herz sind ohne Grenzen, Wissen ist ihnen einerlei
Sie können sich mit Engeln, Elfen, Feen, Wichtelmännchen und Naturgeistern identifizieren
Imitieren sie, spielen imaginär mit ihnen, können diese Wesen in sich und um sich herum spüren

So sind Kinder ihnen sehr ähnlich, freudig, lebensbejahend, voll von positiven Energien
So können die Kleinen Erwachsene ganz selbstverständlich in das Reich anderer Wesen führen
Sie sind ganz offen und neugierig für alle Wesen der Natur
Von Vorurteilen, Meinungen, Intoleranz, Ablehnung, Geistesgiften keine Spur

Kleine Kinder nehmen Unbewiesenes gedankenlos, urteilsfrei und meinungsfrei an
Gott, Engel, Elfen, Feen werden ganz wertfrei zu ihrem eigenen Lebens-Clan
Damit schenken sie Engeln ein sehr sehr großes, völlig offenes, weites Wirkungsfeld
Und diese innere Freiheit in allem, diese Toleranz allen gegenüber, tiefstes Vertrauen in
  Wesen, selbstverständliches Annehmen ist es, was für Engel zählt

Kinder somit Engeln ganz ungeniert selbstverständlich Realität und Freiraum geben
So können die Engel in ihren freien, unbefangenen, ungeprägten Kinderherzen leben
Kinder brauchen nie Messwerte oder Beweise
Denn sie glauben und vertrauen aufrichtig, innig und leise

Die Kleinen sind in allem bestrebt, schnell zu wachsen, groß zu werden und sich zu entwickeln
Sie verfügen über kunterbunte Energien, ihre Erwachsenen mal eben um den Finger zu wickeln
Kinder wollen viel Positives von sich geben und viel Freude machen
Und wollen nur Positives aufnehmen und lieben es, zu lachen

Sie sind neugierig, lieben Herausforderungen und blocken Neues gar nicht erst ab
Sie stehen dem Leben und dessen Inhalt ziemlich offen gegenüber, ein Kind wagt
Sie haben keine Zukunftsangst, erledigen Aufgaben mit Wissen und leben im Hier und Jetzt
Ihr Geist, ihre Seele sind noch sehr viel und völlig unbefangen mit anderen Welten vernetzt

Ihr Geist, ihre Seele, ihr Herz sind nicht begrenzt, sie besitzen unbefangene Tiefe und Weite
Sie sind tolerant, verstehen emotional, trösten, geben alles, zu ihrem Erwachsenen zu halten
Kinder sehen die Fehler Erwachsener nicht, verzeihen alles und kritisieren nicht
Sie nehmen ihre Erwachsenen ganz so an, wie sie sind und beurteilen, verurteilen nicht

Kinder befolgen die Regeln der Großen, leben deren Gesetze, sie lassen sich von ihnen führen
Kinder sind ganz besondere Wesen, sollten die Großen in deren tiefsten Herzen berühren
Gesunde Kinder retten Tiere, haben sehr viel Mitgefühl, helfen anderen und können teilen
Sie nutzen uneingeschränkt ihr wahres, reines, tiefes Potential, alle Möglichkeiten im
  Spiel und verbinden sich ganz natürlich mit anderen Welten

Kinder leben ganz selbstverständlich all ihre gottgegebenen, fröhlichen, positiven Energien
Gott hat Kindern das weite Potential der Lebensfreude, Lebenswille, Freigeist verliehn
Kinder müssen immerzu spielen
Ihr reiches, ungehemmtes Potential muss immer fließen
Sie sind sehr empathisch mit dem kranken Teddy, Puppe, Tier, Fernsehstars, die sich verletzen
Und können Situationen, Umstände ganz anders wahrnehmen und auch anders einschätzen

Die Kleinen sind bestrebt, viel beschäftigt zu sein mit dem Leben und sich selbst
Sie nehmen viele Identitäten an, versuchen sich, testen sich, sind gerne mal ein Held
Sie sehnen sich nach neuen Herausforderungen, Aufgaben, um zu allem die Lösungen zu finden
Kinder können ungehindert ihr eigenen Grenzen mit Fantasie, Glauben, Vertrauen und
  einfacher Logik überwinden

Sie leben die Möglichkeit, sich selbst und das Leben zu entdecken
Kleine Kinder tun alles, sich zu zeigen und sich niemals zu verstecken
Die Erwachsenen sind ihre Helden und Idole, an ihnen wollen sie nach oben streben
Kinder leben sich selbst, verstehen andere Wesen und verstehen das Leben

Denn der Geist eines Kindes ist immer bestrebt, sich bestmöglich ungehindert zu entfalten
Ihre Persönlichkeit ist immer dabei, sich spielerisch zu finden in neuen Identitäten
Kinder sind in allem sehr tief, logisch, weise und sehr weit
Kinder sind für sich selbst, das Leben, die Schöpfung und Gott allzeit bereit

Das Negative in einem Kind, das wird erst durch die Erwachsenen in ihm aktiviert
Was dann zu Krankheit, Missverständnissen und Schwierigkeiten führt
Sie sind immer bestrebt, die Welt um sich herum zu verschönern und reichlich zu beschenken
Kinder leben spontan, planen und berechnen nicht, brauchen nicht an ihre Zukunft zu denken
Sie sind immer mit sich selbst in Kontakt und mit sich selbst auch immer im Reinen
Sie sind Eure Vorbilder in allem, Eure großen Kleinen

Kinder sind sehr achtsam und wachsam, weil sie mehr auf ihr Gegenüber als auf sich achten
Sie sehen alle Wesen, sehen intuitiv, subtil, sie lassen sich nicht blenden
Manchmal sind sie auf ihrem Weg etwas scheu und wollen nichts falsch machen
Und wollen Situationen, Gegenüber, Herausforderungen erst mal aus der Ferne betrachten

Kinder leben mit Hingabe Fairness, Gerechtigkeit, Liebe, Hilfsbereitschaft, Selbstlosigkeit
Sowie Traum, Vision, innere Freiheit, Kreativität, Bewegung, viel Fröhlichkeit
Sie leben Anpassung, streben nach Entwicklung, Wachstum, Altruismus und Wahrheit
Sie sind Wahrhaftigkeit, Reinheit, Geduld, Begeisterungsfähigkeit und subtile Klarheit

Kinder sind ohne Berechnung
Bei ihnen gibt es auch keine tiefe Bestechung
Kinder akzeptieren
Kinder lassen sich von Engeln führen

Sie schenken uneingeschränkt ihr Herz und ihre ganze Liebe, wenn jemand traurig ist
Sie denken immer an Dich, nehmen Dich kritiklos an, egal wer und wie Du auch bist
Kinder wirken nicht durch irgendetwas, sondern ganz allein durch sich selbst
Hast Du ein Kind, dann hast Du ein Wesen an der Seite, das ungehemmt zu Dir hält

Kinder erfreuen sich an innigen Herzensgeschenken und an ganz kleinen Dingen
Sie sehen die Schönheit der Natur und Wesen, sie können sich in dieser Schönheit verlieren
Blüten, Getreidefeld, Grashalme, Samen, Gerüche und Insekten werden höchst interessant
Sie erklären völlig klar, sehr weise und logisch die Natur, die Schöpfung, die ganze Welt

Ein Kind hat positive Argumente, sie sehen das Positive, das im Leben zählt
Es erklärt das Leben optimistisch und voll Hoffnung, ein Kind immer das Positive wählt
Für sie macht alles Bestehende, alles Seiende einen mächtigen Sinn
Kinder bekommen in ihrem Geist, ihrer Fantasie und ihrem Herzen alles hin

Die Kleinen gewinnen sogar dem Schicksal und Problemen eine positive Seite ab
Sie verarbeiten anders, gesünder, akzeptieren, dieses Potential noch jeder in sich hat
Aus negativ wird positiv, das passt in ihre Welt, sie lassen den Dingen freien Lauf
Kinder fliegen in positive Weiten, gestalten lebendig, motivieren und geben niemals auf

Sie lassen sich von Gott, Engeln, Teddy, Elfen und Feen trösten, und es funktioniert
Weil sie daran glauben, und dieser wahre Glaube ein Kind ins Reich der Lichtwesen führt

Das Gipsbein wird bemalt, beklebt und reichlich bunt beschriftet
Krücken sind farbig und werden mutig in sämtliche Höhen geliftet
Der Rollstuhl wird in einen Schumacher-Fire-Flitzer umgestaltet
Viele Behinderte probieren sich aus, trainieren, überschreiten Grenzen, damit sich ihr
  körperliches Potential noch mehr weitet

Und sie tanzen, sie sind in ihren Bewegungen völlig kreativ
Mancher von ihnen auf dem roten Teppich einer sportlichen Preisverleihung lief

Kinder nehmen ihr Sein sehr wichtig, wollen wachsen, sich entwickeln, wirken, viel geben
Sie wollen einfach nur ihre freien Kanäle nutzen, ungeniert fließen, ihr Potential frei leben

Kinder freuen sich, zu sein, ohne zu wissen, wer sie eigentlich sind
Sie kommunizieren mit Gott, Tieren, Sternen, Figuren, alles selbstverständlich für ein Kind
Sie erwarten nichts und stellen keine Ansprüche an das Leben
Sie motivieren sich selbst und Erwachsene, sich beim Spielen auszuleben

So leben Kinder uns vor, das eigene Potential ganz frei und individuell zu leben
Sie zeigen uns, wie viel wertvolle, göttliche Energien Menschen tief in sich tragen
Sie machen allseits Gebrauch davon, trauen sich alles zu und sind mutig, viel zu wagen
Um sich selbst, ihr Potential kraftvoll ganz selbstverständlich nach außen zu tragen

So sind Kinder unsere Lebenslehrer
Und unsere geistigen sowie auch emotionalen Führer
Sie sind es, die immer nach oben streben
Und genau so dürfen alle Menschen auf Erden leben

Kinder werden schnell geprägt, dann verlieren sie oft ihr wundervolles, eigenes Potential
Sie werden negativ beeinflußt, sie reifen, wachsen und erkennen einst mit der freien Wahl
Kinder wachsen und reifen am schnellsten, daher bleiben sie niemals stehen
Sie wachsen rasant, weil sie offen und bereit sind, gemäß ihrer eigenen Energien zu gehen
Sie machen das Leben und die Realität lebensfroh und kunterbunt
Weil sie schillernd, erhellend und positive Energiequellen sind

So sind die Kinder das wahre Gleichnis für die Erwachsenenwelt
Kinder zeigen Erwachsenen, was im Leben wie läuft und was wirklich zählt
So sind Kinder der vollkommene Spiegel in die andere Dimension, in die Parallelwelt
Wo alles, was Kinder so zahlreich sehen und in sich tragen, reichlich zählt

Wie reichhaltig, wenn man das Kindliche in einem selbst niemals wirklich verloren hat
Wie ein Kind selbstlos, bedingungslos liebt, wertfrei glaubt und empathisch fühlt, was
    alles keine Grenzen hat
Lass Dein eigenes Potential in Dir frei, so wie es dieses Gedicht für Dich beschrieben hat

Und wenn Du Dein eigenes göttliches Potential jetzt noch einmal erkennen willst
Dann lies dieses Gedicht noch einmal, weil Du damit evl. Deine Sehnsucht auf der Suche
    nach Dir selbst und Deinem eigenen Schatz tief in Dir stillst
Das innere Kind in Dir, lass es leben, weil es der Träger dieser kindlichen, reinen, wahren
und unbefangenen himmlischen Energien ist
In der Tiefe Deines Herzens und Deines Geistes alles Reine, Kindliche in Dir reichlich sitzt

Lege die Kanäle zu Deinem schöpferischen Potential ganz frei
Dieses Gedicht hilft Dir vielleicht auch dabei
Lass seine Zeilen, seinen Inhalt zu und nimm sie wie es Dir beliebt an
Dies ist gewiss zur Freilegung Deines gesamten eigenen Potentials der Beginn

Vorwort: Euer Kind

Kinder lassen die wundervollsten, zauberhaftesten Wesen leben
Solange es Kinder gibt, wird es immer goldenen Sternenstaub geben
Und die sanften Feen lassen kunterbunte und lustige Feen-Sterne regnen
Und das Sandmännchen lässt durch zarte Sandkörnchen wundervolle Träume entstehen

Kinder lassen den großen Zauberer und seine wundervolle Magie leben
Kinder lassen zarte Elfen, kleine Feen, Peter Pan und alle Engel schweben
Kinder können allen Gegenständen durch ihre Fantasie-Energie Lebendigkeit geben
Kinder sind in unserem Leben wie kleine energiegeladene Himmels-Wesen

Kinder geben vielen Energien und ihren zahlreichen Gefühlen Gestalt
Für sie ist ein großes Maisfeld vielleicht wie ein geheimnisvoller Wald
Sie identifizieren sich mit der Prinzessin oder mit der Königin
Und kleine Prinzen zieht es vielleicht mehr zum Feuerwehrmann hin

Sie verzaubern uns durch ihr herzliches, ehrliches, aufrichtiges Lachen
Sie und bezaubern, indem sie so sind, wie sie sind, frei, unbegrenzt und unbefangen
In deren klaren Äugelein sich Wahrhaftigkeit, Echtheit, ungetrübte Identität widerspiegeln
Sie sind so wie sie sind, direkt, ehrlich, natürlich, frei, ihre Seelen können noch fliegen

Sie selber haben auch eine große magische Kraft
Sie sind klar, unbegrenzt, ein Kind manchmal Unglaubliches schafft
Sie lassen Träume in ihrer Welt einfach Wahrheit werden
Und in dieser Wahrheit beginnen sie, mit uns gemeinsam zu leben

Eltern sind wichtige Verbündeten, sie geben anfangs dem Kind Flügel, auf dass es fliegt
Eltern sind wichtige Vertrauten, das Kleine bespricht mit ihnen alles Wichtige, das es gibt
Eltern sind wahre Freunde, von denen man um seiner selbst willen wird bedingungslos geliebt
Eltern sind der wichtigste Boden, der dem Nachwuchs die Wurzelstärke für dessen
  Leben gibt

Die Kleinen ziehen uns in ihr Reich, wo das zarte weiße Einhorn Zuhause ist
Sie singen, tanzen, lachen, Ihr Reich ist da, wo Spaß, Lebensfreude geboren ist
Und wenn Eltern dann großes Interesse an dieser fantasievollen Fabelwelt zeigen
So ist die Kinderwelt in Balance, innere Stärken und innere Ruhe beginnen sich zu zeigen

Die Mama wird zur guten Fee, der Papa wird Zauberer, das Kind bleibt König oder Königin
Ein giga Karton wird zur Kutsche, das Pferdewiehern kriegt der Papa schon irgendwie hin
Eine neue, unbefangene, freie, ungenierte und unbegrenzte Welt entsteht
In welcher Fantasie, Seelenfreiheit, unbegrenzter Geist noch sehr agil und wertfrei lebt

Nichts ist unmöglich oder begrenzt in der kleinen großen Kinderwelt
Ihr Ventil ist ihre Fantasie, die Vielseitigkeit und Neugierde, all dies meistens zählt
Ihre Sehnsucht ist es, geliebt und angenommen zu werden als der, der sie nun mal sind
Intimste Vertraute sind Mama und Papa, weil Kinder mit ihnen erst mal lange identifiziert sind

Ihr Ich sind die Eltern, ein eigenes Ego hat so ein kleiner Schatz am Anfang noch nicht
Es spricht von sich in der 3. Person, bis es dann durch erste ICH-Entwicklungen besticht
Ein kräftiges NEIN oder DOCH von sich gibt, und es ziemlich stark und gekonnt widerspricht
Heiterer wird es, wenn es heißt ICH WILL sonst WEINE ich, denn mehr kann es noch nicht

Dann verliert sich die Identifikation mit den Eltern nämlich erst mal für eine ganze Weile
Es findet auch Identifikation statt mit Gegenständen und mit kunterbuntem Verlangen
　nach mehr
Das Ich ist noch nicht frei, es sucht sich andere Partner wie Spielsachen, Süßes, ein Tier
Seine ersten Wege zum eigenen Willen
Versucht das Kleine nun kräftig zu stillen

Und wickelt seine Eltern manchmal auch liebevoll und charmant um den Finger
Eltern verführen, sie mal eben verzaubern, diese Nummer zieht immer
Und aus Identifikationspartnern sind nun spendable Eltern mit viel Nervenkraft geworden
Täglich neue Ideen und Wünsche, neuer Bedarf an etwas, das verschönert jedes neue Morgen

Die bunte Welt der Kindheit fordert auf natürliche Weise ihr ganzes, vollkommenes Recht
Ausflüge, gemeinsame Spiele, Unternehmungen, Spaß haben und die geistige Fitness
des kleinen Energiebündels durch sehr großen Wissensdurst und Interesse an allem
besticht

Und die Eltern dürfen zu wichtigen Unterhaltungspartnern, Lehrern und Vorbildern werden
Die für Spaß sorgen, für Lebensfreude, für rundum satt und Glücklichsein auf Erden
Und so die Lebensenergie ihres Nachwuchses mit Verständnis und Güte in Balance bringen
Eltern wissen, dass bei den Kleinen weiterhin Engel und Sandmännchen die Schlaflieder singen

Eltern werden anfangs vom Schicksal beschützt, indem sie ein Kindlein ohne bewusstes
　ICH gebären
Bevor sie dann zum Reibungspartner, zum Ventil für die erste Ich-Entwicklung werden
So haben Eltern zuerst einen „Engel"-Schutz, um in ihre wechselnden Rollen hinein zu wachsen
Und so ihre sich stets verändernden Rollen einigermaßen selbst zu verkraften

So gibt es nicht nur in der Kinderwelt eine zauberhafte Magie
Sondern auch bei werdenden Eltern, ein Zauber, den der Himmel den Eltern verlieh
Denn auch sie bekommen ganz neue Flügel, wenn es um ein kleines Menschlein geht
Dann sind Eltern ganz besonders intensiv, gefühlvoll, intuitiv und aufmerksam beseelt

Eltern wachsen gemeinsam mit ihrem Kindelein
In viele unterschiedlichste Rollen von langsam bis rasant hinein
Diese Aufgaben, wechselnden Ansprüche eines Kindes, muss man als Elternteil auch verkraften
Manche sehen ihr Kind noch klein, dabei ist es bereits aus seinen Babyschuhen herausgewachsen

Kinder sollten nicht die Bedürfnisse der Erwachsenen decken
Kinder sollten nicht in Sorgen oder negativen Gefühlen hilflos drin stecken
Kinder sollten immer überall seelisch und anderweitig beruhigt und aufgefangen werden
Damit ihre Wurzeln kräftig und gesund wachsen, ihre Flügel im Gleichklang wehen auf Erden

Das Besondere an Kindern ist, dass sie uns so viel Seltenes schenken im Leben
Diesen Dingen werden wir kaum noch bis gar nicht mehr jemals im Leben begegnen
Es ist ihre bedingungslose, wahrhaftige Liebe und ihr tiefes, blindes, geschenktes Vertrauen
Sie nehmen uns bedingungslos an, wie wir sind, ohne uns unserer Eigenschaften zu berauben
Und sie schenken uns in allem ihren tiefen, aufrichtigen, blinden Glauben

Von welchen Menschen bekommen wir diese ehrlichen, wahrhaftigen, reinen Gefühle geschenkt
Wer liebt uns aufrichtig und bedingungslos, wer nimmt uns als den an, der wir sind
Wer teilt seine wahren Gefühle und seine Freude mit uns, es ist ein wertfreies Kind
Kinder haben ein reines Herz, weil sie wahr, nicht berechnend, verurteilend, richtend sind

Wer steht so ehrlich, treu und loyal hinter uns, wer verteidigt so sehr unsere Ehre
Diese Gefühle hat man meistens selbst nicht einmal in einer Ehe
Durch Wahrhaftigkeit, Vertrauen, reines Herz müssen Kinder uns ausgeliefert mit uns leben
Ihre Hilflosigkeit verführt uns, sie zu benutzen, zerstören oder sie liebvollst zu segnen

Dieses Gedicht entstand für Euch werdende oder frisch gewordene Eltern, die noch vor dem Ungewissen stehen
Mit jeder Zeile soll sehr viel Liebe, Wärme und Sternenstaub zu Euch herüber wehen
Und schon jetzt sind es viele Engel, zarte Feen und reichlich Magie, die Euch immer und überall zur Seite stehen
Denn auch gute Eltern, wertvolle Menschen, die werden niemals ohne Schutz und ohne Hilfe durch`s Eltern-Leben gehen

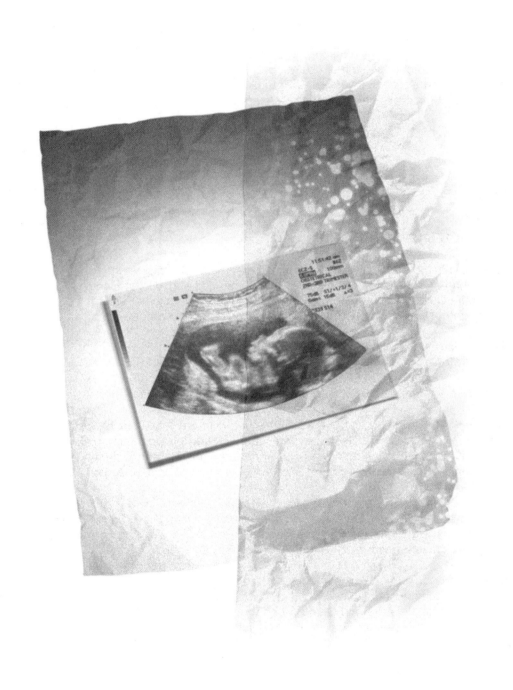

Lieber Leser,
hier kommt eine prophylaktische Vorabinfo für dieses erste Gedicht:
In diesem Gedicht teilt sich ein Ungeborenes mit, das kann sehr tief berühren.
Es kann latente Gefühle wecken, eventuell Traurigkeit oder Stimmungsschwankungen,
es regt zu Philosophie an und auch Tiefsinnigkeit. Lies nur, wenn Du dazu bereit bist:

1 Ungeboren

Die Gier nach Lust und Spaß entschärfen meistens Hirn und Verstand
Gewalt, Lust oder Trieb, so schnell hältst Du neues Leben in der Hand
Die Reife Deines Körpers gibt Dir noch lange keine Fähigkeits - Lizenz
Woher nimmst Du in nur 9 Monaten Deine mütterliche Kompetenz?

Hattest Du Spaß? War er es wert, dieser feuchte lustvolle Moment?
War es Gewalt oder Dein Wille? Oder ist es einfach nur Trend?
Ist es Gott, oder bist Du es, die über Leben und Tod bestimmt?
Diese Fragen stelle ICH Dir, Dein noch ungeborenes, atemloses Kind

Ich weiß nicht, wer Du bist, aber ich fühle, in welchem Takt Dein Herz schlägt
Meine Zellen und meine Seele werden schon jetzt durch Deine tiefen Gefühle geprägt
Liebst Du mich? Bin ich es wert, noch ungeboren, ein Haufen Zellen in Deinem Bauch
Oder nährst Du mich mit Angst, Hass, Wut über unseren gemeinsamen Nabelschlauch?

DU entscheidest, ob ich nah Deines Herzens wachsen darf, Du hast über mich die Macht
Sehe ich je das Licht des Lebens sehen oder verwelke ich im Dunkel der ungeborenen Nacht?
Warum hast Du Dich für mich, den Haufen Zellen in Deinem Körper entschieden?
Oder bin ich schon verurteilt, ungeliebt, abgetrieben?

Wenn ich noch lebe, dann vergrößere ich mich in Dir mit jedem Tag
Mein Herz schlägt sehr schnell, ich lerne Dich kennen, wie kein Mensch es jemals vermag
Deine (Herzens)Wärme und Dein Blut halten mich in Deinem Körper am Leben
Kannst Du später meiner Seele auch ausreichend Wärme und Herzblut geben?

Durch Dein Blut sprichst Du zu mir, Deine Seele, Dein Gefühl, Dein Herz
Ich bin noch kein sichtbarer Mensch, bin noch zu klein, aber mit mir wächst Dein Schmerz
Deine Ablehnung verurteilt mich, einst ein seelischer Krüppel zu werden
Verstoßen, ungewollt, verkannt, ohne Sinn, ohne Liebe, ohne Platz auf Erden

Doch ich liebe Dich schon jetzt, ohne Dich zu sehen, ohne Dich extern zu kennen
Uns verbindet das UNS, Dein Gefühl, warme Chemie, im Moment noch Nabelschnur zu nennen
Der Rhythmus Deines Herzens ist mein Schlaflied und beruhigt mich Tag und Nacht
Dein Fruchtwasser meine Wiege, schwerelos wachse ich in unserem gemeinsamen Saft

Wir teilen alles, Blut, Zellen, steriles Leben, Deinen Bauch
Sind Liebe und Nestwärme auch Chemie? Bitte schenke mir davon nur einen zarten Hauch
Mein Geist lebt noch mit den Engeln, Bewusstsein fehlt mir noch, doch ich kenne Dich
Noch schwerelos, ungeboren, aus tiefstem Innern heraus LIEBE ICH DICH

Es ist mein schwereloser Körper, der Dir hilflos und ungefragt ausgeliefert ist
Es ist meine blutjunge Seele, über die Du JETZT schon komplett verfügst
Bitte bitte missbrauche nicht das Schweigen Deines ungeborenen Kindes
Dessen Atemzug mehr wert ist, als der heiße Flügelschlag des Windes

Werde ich Dich jemals von Angesicht zu Angesicht erblicken?
Anstatt in Deinem wohltemperierten Bauch stumm zu ersticken?
Ich kann Dich lieben und für Dich sorgen, dass Dein Herz nur so lacht
Freund oder Feind, Leben oder Tod, DU allein hast diese Macht
Überlege, was Du tust, mich zeugen, mich töten, das passiert in einem raschen Moment
Der über Deine Zukunft und über mich, das Leben Deines Ungeborenen bestimmt

Gibt es ein UNS oder bin ich schon Vergangenheit?
War es nur Spaß oder wurdest Du zu einer wehrlosen, missbrauchten Gestalt?
Wie ein Kind Dich liebt und Dich küsst, wirst Du das jemals erfahren?
Willst Du ein Kind oder nicht, DAS solltest Du Dich bei jedem Genuss immer fragen
Spaß muss sein, aber verliere NIEMALS Deinen Verstand! Sondern nutze ihn immer,
dann brauchst Du Dein Tun auch niemals zu hinterfragen

Denn vielleicht war es von Anfang an Dein / Euer gemeinsamer Wille,
dass Du einer neuen Seele irdisches Leben gibst
Und Euer beider vollendeter Traum ist es vielleicht,
dass Du diese blutjunge, neugeborene Seele aus Dir heraus liebst

(D)ein noch Ungeborenes

2 Dein Kind

Es ist nicht immer die Frage, ob Du es wolltest oder nicht
Sondern es ist Gottes Entscheidung, ob ein Kind durch Dich erblickt der Welten Licht
So ist es Schicksal, Du wurdest vielleicht zur Mutterfunktion auserkoren
Vielleicht kannst Du keine Mutterliebe geben, dennoch bist Du für das Kleine ein Segen

Der kleine neue Mensch spiegelt anteilig familiäre Gene optisch und spürbar wieder
Sichtbar sind vererbte Lippen, Fingerchen, Zehen und neben vielem auch Augenlieder
Anteilig vererbt sind auch manche Eigenschaften, Charakter, Temperament und Wesenszüge
Doch vorsicht: Es gibt viel eigene Identität, einzigartiges Potential, unkopiert, ohne fremdes Gefüge

Du spürst viel Identifikation, viel Ähnlichkeit mit dem neuen Menschen, Deinem Kind
Dies weckt in Dir Besitzanspruch, erhabene Allwissenheit, Du denkst, Du kennst Dein Kind
Trotz Erbgut, seine Seele ist nicht vererbt, weil Seelen freie, unkopierbare Individuen sind
Dir unbekannt, voller Überraschungen, neue Energie, so gedeiht Dein Nachwuchs geschwind

Dein Kind ist nicht Dein Eigentum, kein Mensch darf einen anderen als Eigentum halten
Jeder Mensch, jedes Kind und Tier, sie sind alle individuelle, lebendige Energiegestalten
Jedes Kind lebt seinen eigenen Rhythmus und hat seine eigene Persönlichkeit
Erbgut und Ähnlichkeiten geben kein Eigentumsrecht, so hoffe ich, dass dieser Inhalt
   jedes „eigene" Kind befreit!

Seele ist nicht vererbbar, ist Freigeist, autonom, einzig patentiert, unser aller Geschenk
Es sind Erziehungsberechtigte, hsl. einer, der die Kinderseele in Richtungen lenkt
Kinderseelen sind so fragil, sensitiv, berührbar, grenzenlos, unbefangen, ehrlich und offen
Daher können Kinder durch ihre Reinheit, Klarheit, Echtheit auch Unmögliches schaffen

Die Persönlichkeit Deines Kindes, seine Seele, die wächst schon im Mutterleib heran
Dein Kind ist ein neues Individuum im vererbten Körper, aber Du bist nur sein Gespann
Zügellose Kinderseele, voll Power, Neugierde, Kreativität, in die eigene Richtung gehen
Du darfst es begleiten, dosieren, liebevoll Entwicklungen fördern, so sollte es geschehen

Sei ohne Vorurteile, ohne starre Denkmuster, sei intuitiv, offen und lass Dich überraschen
Wer diese eigene Seele da ist, sie sollte Liebe und Herzlichkeit in Dir entfachen
Gib dieser jungen, Dir noch unbekannten Kinderseele Verständnis, Zeit, Raum, Möglichkeit
Zum einzigartigen Entfalten, individuell, ein neuer Mensch gibt der neuen Welt Gestalt

3 Säugling

Plötzlich geht alles so schnell Druck, Quetschen, alles kalt
Eben noch schwerelos, jetzt nur noch Rauschen, ich verliere den Halt
Autsch! Was passiert da? Zusammen gequetscht, nass, es wird kühl
Mir tut alles so weh, alles so laut, 1000 Hände, habt Ihr denn gar kein Mitgefühl?!

Gerade frisch durch den Geburtskanal gequetscht, meine gewohnte Umgebung verlassen
Ich bin k.o., das war Schwerstarbeit, müsst Ihr mich kleinen Wurm denn so sehr stressen?!
Durch den Augenschlitz habe ich Riesen gesehen, alle so nah und laut
Musste das sein, dass ein Riese mir auf meinen empfindlichen Hintern haut?

Ich bin jetzt kaputt, genervt und gestresst, mir tut alles weh
Haut auf Haut, ich rieche Deinen Körperschweiß, Dein Duft so vertraut, ich gesteh
Gehörst Du zu mir oder ich zu Dir? Gehören wir beide jetzt für immer zusammen?
Oder ziehst Du bald schon ohne mich einfach so von dannen?
Deine sanfte Stimme, die habe ich eben schon ganz leise gehört
Nur die kreischenden hektischen Riesen um mich herum haben mich gestört

Du hast mir von innen so viel Schutz, Nahrung, Wärme gegeben
Dir verdanke ich meinen Köper und mein biologisches Leben
Aber den Samen meiner Seele, den hat mir jemand anderes eingepflanzt
Seele ist NICHT Chemie, Seele ist KEIN Organ, nicht vererbt, meine ist Dir noch unbekannt

So hilflos liege ich in Deinem langen Arm
Dein Flüstern, Deine Haut, Dein Körper halten mich warm
Doch meine Seele, die schon in Deinem Bauch in mir gereift
Sie braucht Deine bedingungslose Liebe, deren Flügel mich streift

Die Flügel Deiner Liebe lassen meine junge Seele reifen und leben
Meiner Seele brauchst Du nur Deine mütterliche, herzliche Liebe zu geben
Und forme mich nicht mit Druck, Zwang oder gar mit Gewalt
Sondern lerne mich erst kennen, d.h., wer da wohnt in meiner kindlichen Gestalt

Ich habe Fehler und Schwächen, habe Deine und auch eigene Energien, die in mir beben
Zwinge mich nicht in ein Bild, das Du von mir hast, sondern lass mich das Eigene leben
Meine Persönlichkeit und Gedanken sind ganz eigenes seelisches Gut von Deinem Kind
Bitte liebe mich nicht nur, weil wir erbgleich, sondern gerade weil wir beide
  verschiedene Persönlichkeiten sind

4 Baby

Ich bin noch keinen Meter groß und laufe schon vorsichtig an Deiner Hand Wenn Du einen Schritt machst, brauche ich sechs, das wird aber meistens verkannt Ihr Erwachsenen, Ihr seid für mich übergroße Menschen, Ihr seid Riesen
Wenn ich zu Dir aufschaue, muß ich meinen kleinen Körper ganz nach hinten verbiegen

So klein ich auch bin, ich habe richtig großen Stress in mir auszutragen
Mein Körper wächst täglich und ich beginne unter großen Schmerzen zu zahnen
Daneben muß ich mich in Deiner Welt zurechtfinden und Deine Launen ertragen
Ach, gäbe es doch einen Baby-Flüsterer, der zu mir hält, den könnte ich alles fragen

Ihr Großen sprecht eine Sprache, von der ich rein gar nichts, außer die Laute verstehe
Ihr „Riesen" versteht Euch, gehört zusammen, aber ich gehöre nicht dazu, so sehr ich mich auch in Baby-Sprache bemühe
All das muß ich erst einmal verkraften, und dann noch Eure Streitereien, Euer Geschreie ertragen
Ich bin mit meinem Frust ganz allein und beginne zu kränkeln an so vielen Tagen

Stress mit dem Wachsen und dann noch keinen Raum bzw. Gesprächspartner zu haben
Den Stress der Erwachsenen auch noch schlucken, ein Baby hat echt schwer zu tragen
Ich gebe mir Mühe, mich trotz biologischem Streß auf meine „Riesen" einzustellen
Ich habe Windeln, Nahrung, aber nicht einmal ein Gespräch zwischen Baby und Riese, das könnt Ihr entbehren

Ihr laßt mich in meiner Babywelt komplett allein
Ich kann noch nicht sprechen, bin deprimiert und fange an zu schreien

Eure Erwachsenen-Launen und Streitereien, die muß ich auf die Reihe kriegen
Will ich Kontakt zu Euch Riesen, muß ich mein Körperchen ganz weit nach hinten biegen
Das tue ich, um Euch in meine Baby-Welt und in mein Baby-Herz zu lassen
Dabei wäre es so einfach, wenn Ihr Euch zu mir 'runter beugt und mir die Welt erklärt,
　in Geschäften und auf Straßen

Ich bin klein, seelisch zerbrechlich, bitte benutzt mich niemals als Euer Ventil
Prellbock sein, Euer Blitzableiter, Sündenbock, diese Rollen sind mir echt zuviel
Meine Seele wird krank, wenn Ihr mich abrupt aus meiner Baby-Welt reißt
Und mich mit Eurem Stress und Müll konfrontiert, dass es mich seelisch zerreißt

Es ist ein Naturgesetz, ich lerne als erstes von Euch durch Hören, Fühlen und Imitation
So wie Ihr Euch und mich behandelt, folgt Euch meine Seele und mein späteres Verhalten schon
Ein stets deprimiertes Baby weint viel, schreit 'rum und hat kein inneres Gleichgewicht
Schreien, Aggression, Hysterie wird dann die Sprache, die Euer Baby evtl. später spricht

Versucht einmal, künftig die Welt mit den Augen eines Babies zu sehen
Wir brauchen Liebe, Sicherheit, Verständnis, Verbündete, um einst stark im Leben zu stehen
Wir Babies haben viel eigenen Stress, wir wachsen in zwei verschiedenen Welten auf
Unsere Babywelt und die der Erwachsenen Riesen nimmt auch mit uns ihren Lauf
Daher brauchen wir Ruhe, Frieden, Harmonie, dann nimmt unsere Entwicklung auch
　ihren gesunden Verlauf
Und ein glückliches Baby und noch glücklichere „Riesen" kommen dann dabei 'raus

Alles könnte so schön sein, wenn Ihr Riesen uns Babies mit Eurem liebenden Herzen seht
Weil es dann zwischen Riesen und Babies keine Missverständnisse mehr gibt

5 Krabbel - Baby

Mein Bewusstsein entwickelt sich mit jedem Tag mehr
Ich begreife langsam, und auch Laute imitieren, fällt mir nicht mehr so schwer
Ich wache in der selben Umgebung auf, in der ich abends schlafe ein
Und ins Bett bringt mich scheinbar immer das selbe Menschelein

WER bin ich, WAS bin ich und WIESO bin ich hier?
Und vor allen Dingen sehe ich nur Euch, WER seid denn Ihr?
Irgendwann bin ich plötzlich hier bei Euch angekommen
Also, scheinbar gehören wir doch schon irgendwie zusammen

So langsam spüre ich zwischen Euch und mir ein UNS, Gemeinsamkeit
Täglich die selben Menschen, der eine lacht, der andere schreit
Ich spiele mit meinem Spielzeug, dass Ihr mir gegeben
Doch es langweilt Euch, sich mit mir und meinem Spielzeug abzugeben

Ihr sucht lieber Euresgleichen, andere Riesen, weil Euch nur ein Riese versteht
Ich übe allein mit meinem Teddy Neues, übe Sprechen oder Stehen, Euch all das entgeht
Ich teile Eure Gefühle, trage sie mit, kriege alle Probleme in Eurem Leben ab
Aber meine Fortschritte, Freude teile ich nur mit dem Teddy und der Fee mit dem Zauberstab

Meine Plüschtiere kriegen meine Entwicklung täglich mit
Und mit meinem Teddy an der Hand mache ich sogar meinen ersten Schritt
Ihr seid nicht da, kein Mensch da, vor lauter Einsamkeit muß ich weinen
Ich kann mit niemandem meine kleinen und großen Erfolge teilen

Liebe Riesen, Ihr habt Euch für MICH, ein neues kleines Familienmitglied entschieden
Bitte laßt mich in Euer Herz und nehmt auch emotional Teil an meinem Mini „ Leben
Ich bin noch klein, doch schenke Euch mein Herz und alles, was ich noch so vermag
Bitte laßt mich nicht vereinsamen, sondern teilt mein Spielen und meine Fortschritte
  mit jedem neuen Tag

Handelt bitte in Liebe, mit Respekt und mit viel Gefühl
Bitte packt und grabscht mich nicht einfach wie im 1000-Finger-Gewühl
Bloß weil Euch einfach gerade nach Macht und Grabschen zumute ist
Wir Babies sind auch Individuen, uns bekommt Angrabschen und Benutzt-Werden nicht

Wir Babies beobachten Euch auch erst einmal, bevor wir reagieren und mit Euch brabbeln
Ich wünschte, einer meiner Riesen würde mal mit mir um die Wette krabbeln

6 Erste Worte, erster Wille

Zur Freude aller beginnt ich dann auf einmal überraschend ein Wort zu sagen
Meistens benenne ich Deine elterliche Rolle ganz direkt beim Namen
Indem wir Kinder Euch ganz direkt beim Namen nennen
Sind Ihr es, die dadurch reichlich Bestätigung bekommen

Ich lächel Euch an, ich nehme Euch bedingungslos an, ganz so wie Ihr seid sind
Mein Gefühl für Euch ist wahrhaftig, das Ehrlichste ist meine Kinderliebe für alle Zeit
Und mit meinem Wortschatz wächst auch parallel die Bildung zu meinem freien Willen
Ich verfüge über so manche Waffen, um meinen Willen bestmöglich zu stillen

Wenn ich zu widersprechen beginne und verneine oder kontere, dann ist das gesund
Mir liegt ja nur die Wahrheit und Echtheit meiner Empfindungen in meinem Mund
Durch meinen Willen wächst in mir Stärke und meine zarte Persönlichkeit
Auch wenn diese Phase Euch sehr oft Eure Nerven entzweit

Ich weine oder schreie oft, wenn ich meinen Willen nicht bekomme
Aber genau dies braucht Ihr Erwachsenen wirklich nicht persönlich nehmen
Mein Verhalten richtet sich nicht gegen Eure Person, Ihr seid eben nur gerade der Blitzableiter
Für ungestilltes Verlangen, für Willensstärke auf meiner jungen Entwicklungsleiter

Ich will Euch nicht ärgern oder angreifen, aber ich habe nun einmal keine anderen Waffen
Als Gefühlsausbrüche wie Weinen, Schreien, Toben oder andere unangenehme Sachen
Je nach Temperament kommt dann etwas Heftiges bei mir raus, man kann dann Ruhe
  zu bewahren
Denn ich bin nicht Herr meiner Gefühle, selbst Ihr Erwachsenen kontrolliert Euch nicht
  immer und neigt dazu, andere durch Wutausbrüche oder Aggressionen zu gefährden

Ich will Euch wirklich nicht persönlich verletzen
Ich bin dann ein Gefangener meines Willensdrucks und will mich nur durchsetzen
Wenn es geht, könnt Ihr mit mir ganz gelassen reden und auch logisch argumentieren
Und mir Dinge erklären, beruhigen, Euch nicht in meinen Wutausbrüchen gleich mit
verlieren

Denn indem Ihr mich anschreit, niedermacht, provoziert Ihr in mir nur noch mehr Druck
Und den habe ich durch mein Verlangen, meinen Willen schon reichlich, der geht nicht zurück
Ihr solltet mich verständnisvoll und dennoch konsequent beruhigen bzw. einen
  Kompromiss anbieten
Und mein Verhalten nicht immer allzu persönlich oder angriffslustig nehmen
So kann man den willensstarken, nervenden Kaktus in mir diplomatisch umnieten

Versucht, mich in Stresssituationen nicht abzulehnen sondern gütige Grenzen zu setzen
Straft oder richtet mich nicht, sonst verstärkt Ihr Angst und meine innere Hitze
Ich muss auch meine Grenzen bei Euch testen, um gesellschaftsfähig zu werden
Ich muss mich an Euch reiben, Euch austesten und auf diese Weise viele Dinge lernen

Ich muss innerlich reifen, daher versuche ich, mich an Euch hier und da zu messen
Ich muss eigene Möglichkeiten entdecken und durch Konsequenzen lernen und wissen
Aber es ist rein gar nichts von mir wirklich böse, ablehnend oder schlecht gemeint
Ich bin nur auf dem Weg der Entwicklung, auf dem nicht immer die Sonne scheint

Wenn ich größer werde, dann kommt Euch schnell mal die Rolle eines Partners zu
Den man emotional in den Magen tritt, anfaucht oder vor dem man die Türe knallt zu
Aber solange ich noch unreif bin, ist all dies gewiss nicht persönlich gemeint
Bin ich aufmüpfig, widerspreche, tobe, dann ist da irgendetwas in mir, das da weint

Manchmal werde ich zum kleinen Kaktus, ersten Stacheln werden öfter gegen Euch einsetzt
Ihr blutet, habet Schmerzen, versteht nicht und werdet immer öfter im Herzen verletzt
Ist nicht böse gemeint, Widerstand, Rebellion, eigener Wille gehören zum Wachsen dazu
Meine eigene Identität so finden, Richtungen wählen, bringen in mir Fokus und Ruh

Wenn ich also darauf bestehe, meinen Willen jetzt sofort vehement durchzusetzen
Versucht nicht, dagegen zu kämpfen, sondern mir konsequente Grenzen in Liebe zu setzen
Wenn möglich, stark, logisch erklärend, gütig bleiben, möglichst innere Ruhe bewahren
Und Euch verständnisvoll, ruhig argumentierend auf den Pfad des Nein-Sagens wagen

Manchmal geht es gar nicht darum, jetzt mal schnell meinen Kopf durchzusetzen
Oder Euch auf einmal ganz bewusst hier und jetzt zu stressen oder zu verletzen
Sondern da müssen meine Gefühle, die Druck erzeugen, einfach ganz spontan überall raus
Ein Hilferuf nach einem Ventil, nach Druckausgleich, Entladung kommt manchmal dabei heraus

Ich bin noch zu klein, um mich und mein Verhalten zu kontrollieren
Daher kann ich mich nur, solange ich noch klein bin, in meinen Gefühlen verlieren
Da müssen wir alle durch, manchmal kann einem Humor die Wut über das Kind nehmen
Auch wenn Eure Nerven oft blank liegen, ich kann meine Energien noch nicht kontrollieren

Auch als kleiner Kaktus brauche ich Eure Hand und Euer ganzes, liebevolles, warmes Herz
Kaktus zu sein kostet nicht nur Euch sondern auch mich Druck, Aushalten und latenten Schmerz
Das heißt nicht, dass Ihr alles durchgehen lasst ohne Grenzen und Zeichen zu setzen
Ihr solltet nur versuchen, nicht zu reagieren mit Aggressionen und fliegenden Fetzen

Sondern verstehen, dass wir Kleinen nur unsere Persönlichkeit, unsere Energien ausleben
Und wir auf diese Weise auch nach Wachstum, Bestätigung, Grösser-Werden streben
Auch wenn ich als Kaktus mal den einen oder anderen Stachel durch Euch verlieren muss
Mit Eurer elterlichen Liebe macht aber bitte niemals in keinem Moment wirklich Schluss

Wenn Ihr mein Schreien mit Schreien beantwortet und genauso heftig wie ich reagiert
Ist es gewiss, dass dies nicht unbedingt zu den erwarteten, gewünschten Erfolgen führt
Wenn Ihr aber mit Ruhe reagiert, mit Fassung und mit möglicher Gelassenheit
Dann lerne ich auch schnell, dass es sich nicht lohnt, wenn ich tobe oder es in mir schreit

Wichtig ist, dass der Boden Eurer elterlichen Liebe immer bestehen bleibt
Und Ihr mich ebenso wahr und liebevoll annehmt und zwar meine gesamte Persönlichkeit
Ruhe, logisches Argumentieren, Gelassenheit, Nervenstärke, viel Humor und Gleichgewicht
Sorgen für eine klarere, weitere, liebevollere, freiere elterliche Sicht
Und bringt in unsere Beziehung reinigendes, klärendes, stabiles helles Licht

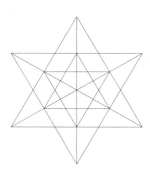

7 Weinen und Schreien

Du hast Deinen Alltag, Du musst alles bestmöglich meistern
Und ich, Dein Kind, soll Dich stärken und begeistern
Doch ab und zu fange ich ganz plötzlich an zu weinen
Für Dich (k)ein Grund, mich einfach nur anzuschreien

Ich weine nie ohne einen treffenden Grund
Du bist erregt und verbietest mir meinen Mund
Anstatt zu prüfen, warum es mir schlecht ergeht
War es nur ein Schreck oder welcher Grund, zu weinen besteht

Selbst, wenn Du nicht weißt, wieso ich mich nicht beruhigen kann
So beruhige Du mich, nimm mich zum Beispiel in Deinen Arm
Ich bin klein und kann noch nicht über meine Sorgen reden
Ich kann noch nicht einmal sicher auf meinen kleinen Beinen stehen

Mich beruhigen, liebkosen, so heißt das Zauberwort
Um so schneller fliegen gewiss meine Ängste und Sorgen fort
Druck von Dir erzeugt Gegendruck in mir, dieses Naturgesetz gilt immer
Schreist Du mich an, prügelst mich, so wird meine Angst nur noch schlimmer

Daher, wenn ich unruhig, voller Angst und Sorgen bin
Wenn ich schreie oder weine, so geschieht dies niemals ohne Sinn
Dann beruhige mich, berühre mich sanft oder flüstere ein liebevolles Wort
Durch Deine Liebe, Wärme, Vertrauen werde ich dann schnell wieder unbeschwert

Ich bin noch klein und noch lange kein Diplomat
Für mich gibt es nur Extreme, ich reagiere entweder laut oder zart
Andere Gefühle kenne ich als Baby oder Kleinkind noch nicht
Durch Erklären, Argumentieren in Güte, kommen etwas balanciertere Gefühle ans Licht

Wenn ich Wut empfinde, dann kann ich diese noch nicht gleich dosieren
Ich bin noch zu klein und kann mich ab und zu nur in Gefühlsausbrüchen verlieren
Du steuerst dagegen, indem Du Ruhe und klare Worte walten lässt
Durch Deine Ruhe, sanfte Erklärung bin ich plötzlich auch nicht mehr gestresst

Denn Deine Ruhe, die wird sich dann auch auf mich übertragen
So lerne ich und werde stärker, meine Gefühle zu erkennen, zu ertragen
Ich bin noch viel zu klein, ich kann nur mit extremen Gefühlen ringen
Die Dich nerven, weil sie laut und schrill in Deinen Ohren klingen

Schreien, weinen, Affekte, all das gehört zu meiner Entwicklung dazu
Bitte hilf mir dadurch, sei verständnisvoll und bewahre Deine Ruh
Ich meine es wirklich niemals auch nur im Ansatz böse
Aber durch Schreien, Weinen, Affekthandlungen ich auch meine Gefühlsspannungen löse

Verstehe bitte, dass ich als kleines Kind noch nicht anders kann
Verzeih´ mir diese natürlichen Entwicklungsgesten, nimm mich dennoch liebevoll im Herzen an

Durch Deine Ruhe lerne auch ich Ruhe, Stärke und Gelassenheit
Und mit den Jahren gibt es dann zwischen uns auch Balance anstelle von Streit
Denn dann bin ich endlich auch schon in meiner Entwicklung so weit
Mich selbst zu ertragen, Dich zu ertragen, alles in Ruhe, das lerne ich in dieser Zeit

Seine Gefühle zu kontrollieren, mancher Erwachsene das immer noch nicht kann
Das kann ich als Kind schon gar nicht, das steht erst noch auf meinem Entwicklungsplan

Nun verstehst Du mich besser, vielleicht wirst Du mich ab jetzt etwas mehr beruhigen
Oder nach Bedarf ruhig und in Liebe mit mir kurz kindgerecht diskutieren
Nur, damit ich das Gefühl habe, dass Du meine Nöte mit mir teilst
Geteiltes Leid ist halbes Leid, auf dass Du mich liebst und nicht mehr schreist

8 Lauf - Baby

Im Laufen bin ich schon recht fit
Zum Einkaufen nimmst Du mich schon mit
Ich entdecke die Welt mit meinen Augen
Für mich gibt es so viel zu bestaunen

Ja, ich fasse viele Sachen in Deiner Welt und beim Einkaufen an
Denn mein Tastsinn, meine Motorik, die entwickeln sich ganz spontan
Daher habe mit meiner Entwicklung bitte bitte Geduld
Hau mit nicht grob auf die Finger sondern erkläre und gib mir keine Schuld

Du kennst Deine Welt, jeden Laden und alle Sachen dort
Für mich ist aber alles neu und alles fremd an Dir bekanntem Ort
Daher sieh die Welt bitte nicht nur mit Deinen geübten, erwachsenen Augen
Sondern versuche auch meiner kindlichen Sicht der Dinge zu folgen

Wenn wir laufen, dann versuche ich, mit Dir Schritt zu halten
Bitte lasse auch hier Deine liebenden Mutterinstinkte walten
Und reiße mich nicht ungeduldig und rücksichtslos mit Dir mit
Sondern beherzige das, was ich kann, jeden noch so mühsamen kleinen Kinderschritt

Sollte ich vor lauter Temperament dann mal auf die Kniescheiben fallen
Dann solltest Du mich nicht mit Trost und Mitgefühl überfüllen
Sonst verstärkst Du mein Weinen, dabei weine ich nur vor Schreck
Sondern bleibe ruhig, erkläre mir, „nicht schlimm", dann geht meine Angst schnell weg

Beim nächsten Hinplumpsen ist dann alles nicht mehr so schlimm
Statt zu weinen, kriege ich dann evtl. sogar auch ein Lächeln hin
Wenn Ihr Riesen öfter versucht, die Welt mit Baby-Augen zu sehen
Dann werden wir Kleinen uns mit Euch Riesen auch in Zukunft besser verstehen

9 Hort - Kind

Es ist Zeit für soziale Kontakte und Gleichgesinnten zu begegnen
Ich darf andere Kinder treffen und in den Kindergarten gehen
Viele fremde Kinder und fremde Riesen, ich habe große Angst
Weil mich dieser fremde Ort von meiner gewohnten Umgebung plötzlich trennt

Bitte verstehe und fühle meine kleinen großen Sorgen
Hier in diese Fremde muss ich ja nicht nur heute sondern auch morgen
Mein Selbstbewusstsein ist bei weitem noch nicht so stark
Es dauert noch, bis ich hier bei den Fremden Vertrauen hab

Sobald das Eis des Fremdelns dann gebrochen ist
Und die fremde Frau mich mit coolem Spielzeug begrüßt
Und meine Neugierde auf alle und alles ist geweckt
Dann kann ich vertrauensvoll zeigen, wer und was alles in mir steckt

Aber Kindergarten, das ist für mich wie zur Arbeit gehen
Jeden morgen im Halbschlaf aus dem warmen Bett aufstehen
Du rupfst und zupfst mir die Kleidung genervt und unter Zeitdruck an
Und düst mit mir zum Hort, egal ob ich will oder kann

Ich habe auch mal schlechte Laune, kann aber mit keinem reden
Denn so fähig, mich gezielt mitzuteilen und meine Launen zu erkennen
Bin ich als Kleinkind und auch als junges Schulkind wirklich noch nicht
Brabbeln, Tränen, Widerstand, Trotzkopf, auf diese Weise Dein Kleines zu Dir spricht

Ich habe auch Stress wie Ihr, in meinem Alltag gibt´s auch Ärger
Ich habe einen Feind, will ich seine Förmchen, wird er gleich zum Mörder
Die Launen der anderen, auch der Riesen muß ich voll ertragen
Und meine Sprache reicht noch nicht aus, um mich zu beklagen

Verstehst Du, wie viel Spannungen und Stress ich schon aushalten muß
Statt zu schimpfen, brutaler Ton, gib mit bitte Liebe, Verständnis und einen Kuss
Wir Kleinen ertragen, fühlen, wachsen, vergleiche mich niemals mit Dir
Sondern beruhige mich immer, das macht mich stark, und das stärkt unser WIR

Du bist der einzige, der mich kennt und mich verstehen kann
Durch Deine Liebe und Dein Verständnis ziehen meine Sorgen schnell von Dannen
Es ist Deine Liebe, meine Welt von Herzen mit Kinderaugen zu sehen
Und wen habe ich sonst, DU bist der einzige Verbündete in meinem jungen Leben

10 Trotzkopf

Ich bin jetzt in der Phase, in der mein Lieblingswort lautet NEIN
Ich kann nicht anders, dies scheint ein natürlicher Prozess zu sein
„NEIN" bedeutet nicht, dass ich nicht hinter den Dingen stehe
Sondern „NEIN" heißt, dass ich neue, meine eigenen Wege gehe

Mein eigener Wille bildet sich, für Dich keine einfache Zeit
Meine eigene Meinung dringt in mir durch, bitte sei dafür bereit
Unbewusst ist es der der Kern meiner Persönlichkeit, der sich nun zeigt
Unterstütze mich darin, frag mich nach meiner Meinung, weil mich das befreit

Ich weiß ja nicht, was jetzt und hier mit mir geschieht
Dein Kind, also ich, reife innerlich heran, bitte hab mich dennoch lieb
Ich entdecke unbewusst ganz neue Möglichkeiten
Was ich will, ist einfach nur die Chance, Dinge selbst zu entscheiden

Daher stelle mir doch öfter einfach mal Entscheidungsfragen
So kann ich dann wählen und meine eigene Meinung sagen
Das stärkt mein Selbstbewusstsein, und meine Persönlichkeit reift
Hilf mir dabei, dass mich der Flügel der Meinungsfreiheit streift

Du solltest mich beraten, zu jeder Zeit an jedem Ort
Überzeuge mich mit Liebe und Logik, so verfliegt manch dumme Entscheidung sofort
Ich brauche nur die Freiheit der Wahl, um richtige Entscheidungen geht es noch nicht
Die richtigen Entscheidungen treffen, dies kommt erst mit späterer Reife ans Licht

Beginnst Du jetzt vielleicht, mich, Dein Kind besser zu verstehen?
Dann lass uns ab jetzt gemeinsam neue Wege gehen!
Und wenn Dir mein Trotzkopf noch so geht auf's Horn
Kennst Du jetzt die Gründe, ich wecke nicht bewusst oder mit Absicht Deinen Zorn

Meine innere Entwicklung nimmt einfach nur ihren natürlichen Lauf
Stärke, Freiheit, Selbstbewusstsein in mir nehmen ihren Verlauf
Daher bleibe möglichst locker und am besten sei möglichst cool drauf
Ich werde ein lebensfrohes Kind, nimm meine Phase mit Liebe und Verständnis in Kauf

11 Kinder brauchen Hobbies

Ich bin noch klein und meine Energien sind neugierig, ziellos und kunterbunt
Viele sprunghafte, lebendige, lebensbejahende Kräfte so zahlreich in mir sind
Ich brauche immer etwas zu tun, etwas, das meine Fantasie anregt, brauche stets Unterhaltung
Ich brauche kreative Beschäftigung, also mindestens eine Kind gerechte Herausforderung

Meine Interessen sind vielseitig, meine Energien fließen richtungslos und ungebremst
Mein Geist steht nie still, meine Fantasie ist lebendig, es gibt nichts, das mich hemmt
Meine Neugierde auf die Welt und alle Reize sind ziemlich ungestüm
Gedankenblitze, Inputs, Kreativität, Fantasie gar nichts in mir schein still zu stehn

Ich muss meine Energien, Kräfte, Talente, Interessen einfach nur ausleben
Habe immer den Drang, alle Energien auszuprobieren, die da in mir beben
Bitte lass ich daher meine kunterbunten Energien so viel es geht ausprobieren
Gemeinsam entdecken wir dann, welche Talente und Interessen mich von innen her führen

Ich habe so viel Power, Lebendigkeit in mir, diese Energien dringend ein Ventil brauchen
Damit sie sich nicht aufgewühlt, chaotisch, unterdrückt und ziellos in mir aufstauen
Meine Energien sind anstrengend, aber müssen dosiert raus, darf ich sie erleben können
Wir beide lernen dabei mich selbst, meine Fähigkeiten und meine Grenzen kennen

Unsere kindlichen Energien brauchen eine Richtung und immer wieder Ventile
Ich bin noch zu klein und weiß noch nicht, was ich will und was ich fühle
Aber Du kannst mich entdecken und mir einen Rahmen, Hobbies und Richtungen geben
Dann kann ich später Bereiche, die mir liegen, selbstbewusst und gezielt auswählen

Sport ist ein Hobby, das meine unbeherrschten, unberechenbaren Energien auffängt
Und sie in eine gezielte, disziplinierte, soziale und gesunde Richtung lenkt
Sport powert mich aus, alles in mir Angestaute kommt beim Sport dann richtig raus
Ich kann mich austoben, auspowern, meine Kraft laufen lassen und bin dann müde Zuhaus

Auch negative Energien und Emotionen werden beim Sport raus gelassen
Die mir das Leben, Du / Ihr und meine Kindheit sicherlich öfter mal verpassen
Und sind sie raus, hat Positives Platz, das Negative hatte im Sport sein Ventil
Ich bekomme in mir selber dann mehr Gleichgewicht und ein viel positiveres Gefühl

Und Musik kann ein wunderschönes, intensives, seelisches Ventil für mich sein
Vielleicht bin ich ein Musiktalent und Gott brachte musische Fähigkeiten in mich hinein
Musik kann für mich auch ein sehr wertvolles und wichtiges Ausdrucksmittel sein
In der Musik lebe ich Gefühle und lass Euch und andere in mein sprechendes Herz hinein

Musik kann bereichern, sie gibt meinem Innenleben, meinen Gefühlen musische Gestalt
Musik stärkt mich, fördert und belebt mein Gehirn und gibt meinem Leben viel Inhalt
Musik bedeutet Gefühl, Sensibilität, Spiegel meiner Seele, auf meine Weise sprechen
Musik kann Hemmungen, Probleme, Ängste, Schranken und Barrieren durchbrechen

Musik ist ein weites Tor zu meiner tiefen Seele
Indem ich das Musikstück oder ein Lied ganz eigenständig interpretiere
Musik gibt mir Selbstbewusstsein, Mut, innere Balance, ein tiefes Gleichgewicht
Musik durch Harmonie, Gleichklang, Berauschen, Traum und angenehme Gefühle besticht

Und bei kreativen Hobbies wie Malen, Bauen, Basteln bekommt meine Fantasie die Möglichkeit
Sich kreativ und ungehemmt zu entfalten, sich auszuleben, so ein kreatives Hobby befreit
Es gibt keine Regeln für Hobbies, nach oben hin sind alle Möglichkeiten offen und frei
Und es kommen je nach Hobby immer Unikate dabei raus, kleine Grenzen sind hier einerlei

Ich lerne sehr schnell, meine Hirnzellen sich höchst rasant aktiv verbinden
So könnte ich mich auch sehr schnell zu mindestens einer Fremdsprache überwinden
Durch Fremdsprachen kannst Du mein späteres Leben schon jetzt am Anfang unterstützen
Und mir, indem Du meine schnelle Hirn - Entwicklung ausnutzt, für später viel nützen

Hobbies können daher Teil meiner Selbstfindung, Selbstverwirklichung, Verarbeitung sein
Oder ein starkes Sprachrohr, intensiver Ausdruck, siehe aufmerksam in meine junge Seele hinein
Oder ein heilsames Ventil für all meine angesammelten Energien, die da in mir leben
Hobbies können Dir somit auch eine Erziehungshilfe und eine kleine Auszeit geben

Lass mich nicht viele Stunden vor dem Fernseher sitzen, sondern dosiere das, was wichtig ist
Nur Computer und TV führt zu Isolation, die Gemeinschaft, Bindung und Beziehung wird vermisst
Und wenn wir beide zusammen spielen, es muss ja nicht allzu lange sein
Dann kommen neue, lebensbejahende, warme, herzliche und positive Energien in mich hinein
Ohne geistigen Stau, unterdrückten Energien oder innere Einsamkeit
Denn mit Dir zu spielen heißt auch Liebe und Freude, was mein Herz stärkt und befreit

Ohne Energie kein Leben
Ohne Kraft keine Leistung
Ohne Leben kein Sein
Bitte begleite mich bewusst und aktiv und lasse mich so gut es geht ich selbst sein

12 Kinder leben den Traum ihrer Eltern

Kaum bin ich auf der Welt, werde ich sogleich von Euch, meinen Eltern verplant
Und in Eure eigenen Träume und Eure Ziele ziemlich saftig eingepackt
Die Möglichkeiten, die Ihr Eltern in Eurer Kindheit selber nicht hattet
Die werfen heute auf Eure sehnsüchtigen Herzen tiefe Schatten

Auch wenn ich Euch erst einmal von klein auf imitiere
Und mich dann Kind gerecht mit Euch identifiziere
Solltet Ihr mein eigenes Potential und meine freie Persönlichkeit immer mit überblicken
Und mich nicht auf Eure vorgegebenen Wege und in Eure Fussstapfen schicken

Führt, begleitet und leitet mich liebevoll, aber bitte auf meinen eigenen Wegen
Versucht mir bitte nicht aus Egoismus, Gier und Einbildung im Wege zu stehen
Ich kann nur der sein, der ich in Wirklichkeit bin, mit all meine Schwächen und Stärken
Versucht bitte nicht, mich als Euer Lückenbüßer und Wunscherfüller abzuhärten

Seht in mir keinen Boden, auf dem Ihr, so klein ich bin, ganz selbstverständlich geht
Seht in mir keinen Zwilling von Euch, der nur für Euch und Eure Bedürfnisse lebt
Seht in mir ein Wesen mit ganz eigener Persönlichkeit und Individualität
Seht in mir nur ein Kind, das gerne und freiwillig mit Spaß seine Kräfte auslebt
Und bei dem Spaß, Lebensfreude, glücklich sein und Frohsinn an erster Stelle steht

In mir seht bitte bitte nicht die Fortsetzung Eurer eigenen Kindheit
Seht in mir nicht die Chance, das zu erreichen, wonach Eure eigene Seele schreit
Dichtet mir nicht Talente an, die ich vielleicht gar nicht habe
Versucht nicht, mich mit Zwang in so manche fremde Form oder Talentshow zu tragen

Da Ihr Euren Traum nicht gelebt habt, werde ich nun in so manche Richtung gedrängt
Und mir werden Eure Interessen und Euer Talent einfach selbstverständlich angehängt
So werde ich durch Eure großen Erwartungen an mich ziemlich reichlich bedrängt
Und in meinen eigenen Talenten, in meiner eigenen Entwicklung erst mal ziemlich gehemmt

Ich werde gezwungen, Eure Erwartungen und Hoffnungen allseits zu erfüllen
Und Ihr wollt Euch dann mit meinem Erfolg, den Ihr selbst nicht hattet, umhüllen
Ihr nehmt mir Chancen, meine eigenen Potentiale, Talente und meine Interessen auszuleben
Ihr macht mich zu Eurem Traumerfüller, ich muss Euch Erfolg und Ruhm an Euresstatt geben

Ich will Euch immer gerecht werden, so gut ich es nur eben kann
Und komme in Gefahr, dass ich mich dabei von mir selbst völlig entfremde dann
Auf meinem jungen Entwicklungsweg muss ich doch erst mal langsam mich selber finden
Ihr solltet mich nicht als Eigentum, als Knecht oder wie Euer zweites Ich an Euch binden

Egal, was immer ich auch für Talente, Lebensaufgaben und Berufungen habe
Wichtig ist immer, egal, was ich auch tue, dass ich immer auch Spaß an der Sache habe

Denn Freude an etwas, Spaß öffnet mein Herz, meine Seele und auch meinen freien Geist
Aber Druck von Euch, Drohung und Zwang sind schlecht, weil Ihr mich dann verschleißt

Druck, Zwang stressen und fesseln mich, beengen und sorgen auch seelisch für negative Energien
Freude in mir macht frei, Gutes fließt, mir werden meine eigenen weit schwingende
  Flügel verliehen
Je freier und weiter ich innerlich bin, desto mehr kann sich mein Talent wirklich entfalten
Und so kann ich meine eigene Zukunft dann gesund, stark und selbstbewusst gestalten

Jeder Mensch, auch Ihr, hat mindestens eine Begabung, nicht immer einfach, sie zu entdecken
Manchmal kann die Kindheit oder irgendein Zufall dieses Talent in einem wecken
Aber Familientraditionen sind keine Garantie für vererbte Talente oder Fähigkeiten
Manchmal sind es andere Talente und Begabungen, die ein Kind von klein auf begleiten

Ich bin nicht dazu da, Eure Wege zu gehen
Ich bin nicht dazu da, Eure Träume zu leben
Ich bin nicht dazu da, Euch den verpassten Ruhm und Ehre zu geben
Ich bin nicht dazu da, nach den für Euch bestimmten Sternen zu streben

Ihr müsst mich ganz frei lassen und solltet mir, wenn es geht, Möglichkeiten geben
Mich zu entfalten und selber zu entdecken, welche Fähigkeiten da tief in mir leben
Es ist wichtig, dass in meiner Kindheit mein eigenes Herz lebensfroh ist und viel lacht
Und dass ich Dinge aus Spass tue, von Herzen mit Hingabe, das gibt meinen Talenten Kraft

Ich habe meine eigenen Stärken und meine eigene Qualität
Auch wenn ich noch jung bin, irgendwann wird auch einmal mein eigenes Talent gelebt
Ihr solltet Euch nicht als Maßstab für mein eigenes Leben nehmen
Ihr solltet in mir nicht die Fortsetzung Eurer Lebensträume sehen

Auch wenn Euch Eure Kindheit, das Leben von Euren Träumen vielleicht abgehalten hat
Sucht in mir keine Bestätigung oder Kopie von Euch, weil ich anderes Potential trag
Macht aus mir keinen Arzt, Sänger und peitscht mich nicht auf die Bühnen dieser Welt
Nur weil für Euch Popularität, Reichtum und Medienrummel, Eure eigene Sehnsucht zählt

Zwingt nicht irgendwelche Begabungen in egoistischer Absicht aus mir heraus
Und macht meiner Kindheit nicht durch Eure verblendeten Erwartungen einen Garaus
Akzeptiert mich bitte als der, der ich nun einmal hier und jetzt bin
Für mich machen nicht Eure Talente und Träume sondern meine eigenen einen Sinn

Ihr könnt nicht in meinen mitgebrachten eigenen Schuhen gehen
Ihr könnt mich begleiten, solltet aber nicht meine eigenen Wege übergehen

Ich will Euch Freude machen, aber zeigt mir, dass Ihr Euch auch freut, weil es mich gibt
Und dass Ihr mich immer nur um meinetwillen, nur um meiner selbst wirklich liebt
Dass ich mich Euch nie beweisen muss, nie um Eure Liebe und Anerkennung zu kämpfen brauch
Sondern nehmt mich an, ob ich etwas kann oder nicht, denn genau so liebe ich Euch auch

13 Talent

Der Sprache bin ich jetzt schon ziemlich mächtig
Ich habe viel zu sagen und bin bei Euch Riesen auch sehr gesprächig
Mein Wissensdurst ist immens, stresst euch, ich bin meistens unterfordert
Bitte seid nicht all zu genervt, Ihr wisst nicht, welches Talent in mir lodert

Ich erkläre viel und frage noch mehr, mein Lieblingswort ist WARUM
Zu Eurem Bedauern, bitte bleibt gelassen und cool, denn so bleibe ich nicht dumm
Im Eiltempo versuche ich, meine und Eure Welt zu entdecken
Jeder Reiz, Gedanken, Fantasien, all meine hungrigen Geister wecken

Ich probiere mich in jeder möglichen Richtung aus
Mal sehen, was mir liegt, und wo mein Können ist Zuhaus
Ich zeige Euch voller Stolz die verrücktesten Sachen
Bitte nehmt mich ernst, Ihr dürft mit mir, aber niemals über mich lachen

Ich zeige Euch alles, was ich versuche und was ich schon kann
Durch liebevolle Kritik und Euren Lob gedeiht mein Selbstbewusstsein tief und spontan
Ich bekomme Vertrauen zu Euch und vor allen Dingen auch zu mir
Ich erkenne meine Stärken und Schwächen, das festigt mein ICH und unser WIR

Du bist alles, was ich habe, mein einziger Verbündeter auf meinem Lebensweg
An Dir wachse ich, mit Dir reife ich, bis meine Seele auf eigenen starken Wurzeln steht
Der Kern in mir ist immer noch jung und zerbrechlich, bitte denke immer daran
Spiel nicht mit mir, bleib fair, gerecht, sieh` Dir in Liebe meine Fortschritte an

Meine kindliche Über-Energie vermischt sich oft mit meinem Können
Habe bitte Nachsicht und versuche mich in Ruhe mit Stolz und Lob an zu erkennen
Du bist mein Vorbild, doch ich habe auch eigene Begabungen erhalten
Ich kann Dich erst nachahmen, aber später muss ich meine eigenen Energien gestalten

Erwarte nichts von mir, was ich nicht kann, und setz` mich nicht unter Druck
Sonst zwingst Du meine blutjunge, fragile Seele in ihr Schneckenhaus zurück
Beobachte mich und dosiere mein Temperament im gesunden Rahmen
Nimm mich an und korrigiere mich, doch hab auch Verständnis und Erbamen

Konsequente Grenzen ohne Aggression, Durchsetzen ohne Befehle können hier walten
Druck in mir, Ungestüm-Sein, Wut und Stress, bitte lass Dein Herz dennoch nicht erkalten
Liebevolle Kritik und Erklärungen, Grenzen im Stress und mit Dir Hand in Hand
Wirbelwind, Chaos - King oder schüchtern, egal, dafür gesund lebensfähig, der neue Ära-Trend

Mit einem Menschen wie Dir, dem ich ganz tief vertraue
Geht alles immer gut, alles in Liebe und kein Gehaue
Du stärkst die Flügel meiner Seele, damit ich schnell das Fliegen erlern
Und auch mit meinen Schwächen weiß ich, Du hast mich sooo gern

Du bist für mich mein leuchtender Stern
Auch wenn ich wachse, wir beide werden uns niemals fern
Denn auch ich habe Dich mit all Deinen Schwächen sooo gern
Meine Liebe ist wahrhaftig, echt, rein, vollendet, sie wird niemals im Leben vergeh`n

14 Vorschul - Kind und imaginäre Mittel

Der Kindergarten wurde mein zweites Zuhaus
Von den Kleinen bin ich schon ganz schön groß
Einen imaginären Freund habe ich auch schon in der Zwischenzeit gefunden
Wir schweigen und diskutieren, durch Seelenverwandtschaft sind wir verbunden

Mein erfundener Freund ist immer bei mir, immer da, wenn ich alleine bin
Er spricht meine Sprache, hat meine Meinung, auch zusammen schweigen kriegen wir hin
Du bist genervt, weil Du denkst, Dein Kind hat einen Schaden
Den habe ich nicht, aber wenn ich versuche, Dich in meine Welt einzuladen
Dann blockst Du mich ab, Du hast nie wirklich Zeit für mich
Mein imaginärer Freund aber, der lässt mich niemals im Stich

Ich lerne spielerisch viele Sachen, auch aus der Erwachsenenwelt
Aber für Dich ist es nur Dein eigenes Bedürfnis, das zählt
Mein Geist entwickelt sich schnell, ich habe so viele Fragen
Doch Du fütterst mich mit Einsamkeit und Ignoranz an so vielen Tagen

Ein Gesprächspartner, ein Seelenverwandter, der wird mir ständig verwehrt
Ich habe keinen Verbündeten, keinen Erwachsenen, der auf meiner Seite steht
Wer spricht meine Sprache, wer teilt meine Gefühle, von Verständnis keine Spur
Wir waren mal innigste Verbündete, durch unsere gemeinsame Nabelschnur

Bedeutet Geburt gleich Trennung für immer oder Trennung auf Zeit?
Sind Deine Anti - Gefühle nur spontan oder gilt mein Allein - Sein bis in die Ewigkeit?
Du vergleichst mich mit anderen und belügst fremde Mütter, was ich doch alles könnte
Du gibst an mit einem imaginären Kind, gleich so, als ob ich Dich beschämte

So lebe ich allein neben Dir wie ein ganz fremdes Kind
Kannst Du nicht hinter mir stehen, sodass wir ein Verbündeten - Team sind?
Jedes Kind ist anders, stehe doch mal zu mir und zu meinen eigenen Talenten
Du brauchst Deine Energie nicht an andere Mütter und fremde Kinder zu verschwenden

Stets musst Du mich mit anderen, fremden Kindern vergleichen!
Weißt Du eigentlich, dass es fremde Mütter sind, die mich streicheln?!
Nerve ich Dich, weil ich nicht so bin wie Dein imaginäres Kind?
Weil in mir Individualität, neue Persönlichkeit und mein eigener Rhythmus sind?

Vielleicht kann ich Dir ja nur auf imaginären Wegen begegnen
Wie eine imaginäre Mutter, mit der ich scheinbar künftig führe mein Leben
Ich war noch nie im Leben auf fremde oder imaginäre Mütter erpicht
Dich mit anderen zu vergleichen oder zu ersetzen, das schaffe ich aus Liebe zu Dir nicht

15 Nikolaus

Jedes Jahr geschieht es zur selben Zeit
Kommt ein wichtiger Mann hierher ins Land geschneit
Ich musste über diesen Mann so viele Informationen lernen
Er wohnt scheinbar am Nordpol und arbeitet über den Sternen

Von weither aus dem Himmel kommt er mit Rentierschlitten angeflogen
In seinem Gepäck einen Riesensack, um viele Geschenke auszutragen
Dieser Mann hat Zauberkräfte, ist groß, kräftig und macht mir Angst
Er ist ein Riese mit tiefer Stimme und Bart, ich, Dein Kind, um sein Leben bangt

War ich immer brav, war ich lieb und reicht das für ein tolles Geschenk?
Oder wie ist er drauf, dieser Riese? Ob er Schlimmes über mich denkt?
Ich bin kritisch, seine Macht, sein Aussehen bereiten mir Unbehagen
Was, wenn meine Mama, mein Papa sich nur über mich beklagen?

Für Euch Erwachsene scheint dieser bärtige Typ ein Verbündeter zu sein
Für mich ist er ein mächtiges Wesen, seine ganze Erscheinung macht mich sehr klein
Ihr habt Eure Freude, der Rentier - Mann bereitet Euch großen Spaß
Sehr Ihr denn gar nicht, dass mir vor lauter Angst und Panik die Hose wird nass?

Bitte zwingt mich nicht, mit diesem Zauberwesen in Körperkontakt zu gehen
Ich will ihn nur aus sicherem Abstand zu mir prüfend in die Augen sehen
Er schafft es nicht, mir meine Angst und Panik zu nehmen
Also bitte bitte, Ihr solltet mir, Eurem Kind, echt stärkend und hilfreich zur Seite stehen

Mit Druck und Zwang oder Lug und Trug kommt Ihr bei mir nicht weit
Ich bin klein, glaube an Zauberer und Magie, ich bin in meiner Entwicklung noch nicht weit
In meiner Fantasie kann Herr Nikolaus alles, nichts ist unmöglich hier
Ich will ihn milde stimmen, habe Angst vor seiner Macht, der hat Augen wie ein Stier

Ich nehme diesen Typ mit reinen, naiven Kinderaugen wahr
Bitte seht ihn nicht mit Euren Augen, denn die sehen für mich nicht klar
Ich bin hilflos und machtlos, liefert mich bitte niemals an diesen Zauber - Opa aus
Sein Aussehen, seine Stimme machen mir Angst, ich fürchte mich vor Herrn Nikolaus

Es wäre gut, wenn Ihr Rücksicht und Verständnis für mich Winzling habt
Und Euch nicht bewusst wie unbewusst an meinen Ängsten ergötzt und labt
Für mich ist noch nicht die Zeit, dem Nikolaus furchtlos entgegen zu treten
Haltet bitte zu mir, Trost, Beruhigung und Liebe, das solltet Ihr jetzt mit mir leben

16 Nicht schlafen wollen

Ich bin noch kein und weigere ich immerzu, ins Bett zu gehen
Vielleicht könnte es sein, dass ich Angst habe, mir könnte etwas Wichtiges entgehen
Du bist noch auf, also will ich vielleicht bis zum Umfallen nur bei Dir sein
Und mit Dir einfach nur so lange es geht gemeinsam zusammen sein

Vielleicht bedeutet schlafen für mich eine Unterbrechung, an Deiner Seite zu sein
Vielleicht verbringen wir wenig Zeit zusammen, und ich will daher nur in Deiner Nähe sein
Vielleicht habe ich aber auch nur einfach sehr viel Energie und Temperament
Und warte darauf, dass Du mich zusammen mit dem Sandmännchen zum Schlafen bringst

Und Du dann bei mir bleibst und mir liebevoll ein schönes Märchen erzählst
Oder Du mir ein gefühlvolles Schlaflied auswählst
Es ist mir wichtig, dass Du mich beim Schlafengehen auch begleitest
Und mir eine gemeinsame und entspannende Einschlafzeit bereitest

Es könnte aber auch sein, dass ich auf gar keinen Fall schlafen gehen will
Denn meine Seele ist belastet, irgendetwas arbeitet vielleicht in mir und bleibt nicht still
Irgendetwas könnte mich belasten und mir unangenehme Gefühle bereiten
Und beim Schlafen gehen, da muss ich ja ganz alleine mit meinen Gefühlen bleiben

Schlafen gehen heißt auch, mich alleine im Dunkeln meinen Gefühlen in mir zu stellen
Euch geht es oft nicht anders, ihr macht die Nacht zum Tag, wenn Euch Dinge quälen
Ihr könnt dann über eine Sucht etc. ausweichen und so fliehen und das Beste daraus machen
Ich bin zu klein, bin diesem Leidensdruck ausgeliefert, daher die Angst, alleine einzuschlafen

Oder ich habe irgendwann einmal etwas erlebt
Was meine Fantasie zu genüge sehr heftig anregt
Vielleicht wird Spielzeug zur lebendigen Bedrohung, vielleicht werden Puppen nachts wach
Meine grenzenlose, lebendige Fantasie hält mich und meine Gefühle dann ganz schön in Schach

Jedenfalls gibt es immer einen Grund, wenn ich nicht einschlafen will oder es nicht kann
Irgendeine mich belastende Energie zieht mich dann heftig in ihren Bann
Ich brauche beim Einschlafen immer Entspannung, Sicherheit, Positives und Lebensfreuden
Um mich auf meine Träume, das Sandmännchen, die Zahnfee und den nächsten Tag zu freuen

Etwas arbeitet jedenfalls in mir, gegen das ich gar nicht alleine ankomme
Da ich noch klein bin, kann ich diese Dinge auch nicht immer in ihrem Wesenskern benennen
Habe ich Verlustangst, verbringe ich tagsüber mit Dir zu wenig Zeit
Ist das Eifersucht, Unbehagen oder ein anderes Geistesgift, das da in mir schreit

Bitte frag mich, wieso ich nicht schlafen will und versuche, die Antwort zu erfühlen, zu erkennen
Ohne mich mit noch mehr Druck, denn den habe ich genug, oder Befehlen zum
   Schlafen zu zwingen
Bitte versuche, mich irgendwie zu verstehen, auch wenn wir beide keine Antwort finden
Bleib bei mir, versuche Dich zu einer gemeinsamen, liebevollen Bettzeit mit mir zu überwinden

Versuche, mich irgendwie zu beruhigen und mit mir auf den Weg der Schlafenszeit zu gehen
Ohne Druck, ohne Aggression, ohne Stress-Schimpfen mir Kompromisse zu geben
Deine Gegenwart und Dich nur zu fühlen reichen ja vielleicht schon aus
Oder Deine Stimme, Dein liebevoller Schutz, Deine Nähe holen Ängste aus mir heraus

Ich brauche jedenfalls eine vertrauensvolle, starke Gegenkraft
Die meine Abwehr gegen das Einschlafen übertrifft
Negative Gefühle, woher sie auch stammen, die Antwort darauf ist nicht immer klar
Machen mir das Einschlafen in meinem Bett jedenfalls ziemlich schwer

Ich alleine komme gar nicht gegen diesen inneren Angst-Druck in mir an, bin zu klein
Lass meine Angst und Abwehr gegen etwas oder jemanden in Dein Herz hinein
Denn irgendetwas in mir wehrt sich aus vielleicht unerklärlichen Gründen
Wir müssen und können auch nicht immer die Antwort auf mein Verhalten finden

Ist keine Absicht, aber ich nehme die Welt, die Menschen, alle Reize ganz anders als Du wahr
Ich sehe viel filigraner, für mich stellen sich Dinge, Menschen, Situationen ganz anders dar
Daher miss mich bitte nicht an Dir, weil ich nicht Du bin und meine eigene Wahrnehmung habe
Durch Kinderantennen, Sensoren, intuitives Sehen, tritt für mich eine anderer Realität zu Tage

Dies muss Dir klar sein, weil ich ein Kind bin und ganz andere Empfindungen habe
Und auch eine ganz andere Verarbeitung von Leben und der Welt und Situationen habe
Und ich ein ganz hochsensibles Potential, gewisse Dinge zu empfangen, in mir trage
Und ich viel eher zerbreche, im Gegensatz zu Dir sehe ich in vielem ganz eigene Gefahren

Was für Dich klein, ist für mich groß, was für Dich ein Ding, dieses für mich aber lebt
Was für Dich harmlos, das bedeutet für mich in meiner bunten Fantasie vielleicht Gefahr
Was für Dich unwichtig, das hat für mich vielleicht große Bedeutung mit Konsequenzen
All diese kindlichen Wahrnehmungen nun einmal mein Verhalten und meine Gefühle lenken

Miss mich nicht an Dir, ich lebe in zwar Deiner, aber immer noch ebenso in meiner Kinderwelt
Und meine eigene Welt ist es, die ich erlebe und die hauptsächlich für mich zählt
Ich kann Dinge nicht wie Du oder wie Erwachsene sehen und verarbeiten
Mein reger Geist, meine Fantasie sind es, die mich zu Ängsten und Verstecken treiben

Der Nikolaus ist für Dich ein unterhaltsamer, lustiger, kinderfreundlicher Mann
Für mich ist er aber mystisch ist, mächtig, ein Wesen, das unartigen Kindern schaden kann
Er hat Zauberkräfte und eine Route, mit der er Schmerzen, Strafen, Negatives austeilt
Und einen Sack mit Spielzeug, aber seine Route mich trotz Geschenk-Beutel in Ängste treibt

So ist es immer, Deine Wahrnehmung kannst Du niemals mit meiner kindlichen Welt vergleichen
Sonst gibt es nur Missverständnisse zwischen uns zu allen erdenklichen Zeiten
Versuche bitte, Dinge, Menschen, Situationen auch aus Kindersicht, meiner Perspektive zu sehen
So kannst Du mich in meinem Verhalten und Gefühlen auch non verbal noch besser verstehen

Und gibt es Veränderungen, die für Dich ganz selbstverständlich sind
Sich umstellen, alles rasch akzeptieren und sich hier einfinden kann ich nicht so geschwind
Vielleicht ist Gewohntes, Wichtiges, Sicheres jetzt für mich ganz plötzlich einfach weg
Und dieser Verlust mich besonders abends belastet und unbewusst in mir arbeitet und bebt

Vielleicht kann ich auch nicht einschlafen, weil zwischen uns irgendetwas nicht stimmt
Ich fühle vielleicht da etwas, das Dir vielleicht aus Deiner Sicht natürlicherweise entgeht
Wir Kinder sind so uneingeschränkt und vielseitig, wenn es um unsere Fantasie und
    das Leben geht
Es gibt gewiss niemanden auf der Welt, der uns Kinder immer und in allem rundum versteht !

Doch vielleicht helfen Dir diese Ansätze, mich zu verstehen, auch wenn man keine
    Antwort bekommt
Wichtig ist es für mich aber, dass es zwischen Dir und mir immer und überall stimmt
Ich beanspruche Dich, Dein Verständnis, Deine Güte, Sicherheit, Deine Präsenz, Deine Liebe
Und ich beanspruche tagtäglich Deine elterlichen, menschlichen, sensiblen Gefühle

Schlafprobleme brauchen Entschärfendes, Entwaffnendes, Liebevolles, das kannst
    Du für mich sein
Deine Wärme, Hingabe, Dein Verständnis, Kompromisse könnten diese schlaffördernde
    Gegenkraft sein

Oder Zaubertropfen (Milch, Tee, Saft), die ich auf der Zunge zergehen lassen muss
Die machen mit meinen Nicht-Einschlaf-Wollen-Energien vielleicht schneller Schluss
Oder ein mich streichelnder Wattebausch, den Frau Holle beim Ausschütteln verloren hat
Macht meine unruhige Kinderseele wieder ruhig, ausgeglichen und entspannt

Oder eine Spieluhr, die mich in sanfte, gedankenlose Weiten trägt
Macht, dass mein Kinderherz in ruhigerem, heilsamerem Rhythmus schlägt
Oder eine Geschichte lenkt mich von allem ab, das da in mir bebt
Oder ein Teddy, irgendein Spielzeug spricht mit Deiner Stimme zu mir, die da für mich lebt

Ein tolles Versprechen, dass ich am nächsten Tag etwas Tolles mit Dir zusammen mache
Auf dass mein Kinderherz dann endlich wieder unbeschwerter wird und ich innerlich lache
Oder lass Dir etwas einfallen, das Ruhe, positive Energie, Entspannung in mich hineinbringt
Irgendetwas Beruhigendes, das kindgerecht Freude, Sicherheit und Ruhe in mich schwingt

Und auch wenn mich noch so unerklärliche Ängste vor dem Einschlafen kräftig schaffen
Deine Liebe, Nähe, Stimme, Zärtlichkeit kann sie allesamt ziemlich gekonnt übertreffen

17 Einschulung

Vom Vorschulkind im Hort zum Schulkind, diesen großen Weg muss ich beschreiten
Ich wünschte, Du würdest mich in Liebe auf diesem wichtigen Weg begleiten
Ob Vorschulkind oder nicht, mein Spieltrieb ist immer noch stark in mir ausgeprägt
Ich lerne viel, entwickel mich, aber meine Seele dennoch nur die Kindersprache versteht

Du versuchst mich, mit Druck und Zwang zur besten Schulvorbereitung zu drillen
Erwartest Höchstleistung von mir, anstatt meine Sehnsucht nach Verständnis zu stillen
Du knallst mich mit Lernspielzeug, nur Sinnvollem und mit Büchern zu
Ich habe viel Lampenfieber vor der Schule und brauche dringend auch meine Ruh'

Du misst mein Wissen und Können mit jedem anderen fremden Kind
Bist unzufrieden, cholerisch, weil ich Dir zu langsam bin, verspielt, wie Kinder ja sind
Mein Wille ist da, viel zu lernen, doch meine Seele weilt noch im Kindergarten
Spielen und träumen ist für mich noch wichtig, Mathe und Lesen kann noch warten

Ich zerreiße mich, denn mein Verstand freut sich auf die Schule sehr
Meine Seele ist noch verspielt, ich träume, fantasiere und spreche mit Teddybär
Zwinge mir bitte bitte keine zu schnelle, reife Entwicklung auf
Denn mein Geist, Körper und meine Seele nehmen zeitlich gemeinsam ihren Verlauf

Mein Hirn soll lesen lernen, was mich noch überfordert
In meiner Seele zur Zeit nur Spieltrieb und Fantasie lodert
Die Reife, die Vernunft, die Du von mir erwartest, ist mir echt zuviel
Meine Seele und mein Verstand haben nur Spielen und Kindsein als Ziel

Du kannst mit Drill meinen kindlichen Verstand verschleißen
Und meine Kinderseele mit Lernzwang und Druck zerreißen
Dann passt nicht mehr zusammen, was zusammen gehört
Dann ist meine einheitliche Entwicklung von Körper, Geist und Seele gestört

Ich bin viel zu klein, um mich mit Dir über meine Rechte als Kind zu streiten
Aber Du solltest wirklich Deine mütterlichen, liebevollen Flügel weiten
Denn Dein Kind, ich, brauche einen Erwachsenen, der an meiner Seite steht
Und der nicht Deine, sondern meine Welt noch mit reinen Kinderaugen sieht

Meine geistige und körperliche Entwicklung schreitet im eigenen Rhythmus fort
Meine Seele ist aber noch Zuhause im fantasiereichen Hort
Daher versuche bitte bitte, möglichst kindgerecht zu bleiben
Ohne mir mit Druck, Zwang, Gewalt reiferes Verhalten anzuschreiben

Ich muss mich in der Erwachsenenwelt behaupten, bin aber noch ein Kind
Ich lebe noch in meiner Welt, Teddy und Stofftiere noch zahlreich in meinem Zimmer sind

Du stellst hohe Ansprüche an mich, die gar nicht mehr kindgerecht sind
Du willst mein Bestes, Deine Liebe, Dein Verständnis aber verfliegen wie eine Brise Wind
Mich zu drillen, ins Wettrennen der Bildung zu zwingen, hat für Dich oberste Priorität
Es ist allein Dein Wille, Deine Welt, Dein Wunsch, was für Dich an erster Stelle steht

Als Kind kann ich Deine Welt nicht mit Erwachsenenaugen sehen
Ich kann Deine und meine Welt leider nur mit naiven Kinderaugen erspähen
Bitte halte zu mir, sei mein Freund, sei mein Kamerad
Und lass meine natürliche Entwicklung zu, mein Weg ist ein rein kindlicher Pfad

In mein Leben gehören Träume, lebendes Spielzeug und viel Fantasie
Meine Bücher haben Bilder, sind aufklappbar und zum Ausmalen anstelle von Poesie
Wenn Du meine Welt mit meinen Augen und in Liebe siehst
Wirst Du erleben, wie Dein Kind nur so vor Lebensfreude sprießt

Mein großer Lehrer bist Du, ich lerne von Dir Stunde um Stunde
Liebe mich als Dein Kind kindgerecht, und wir beider sind die allerbesten Freunde

18 Erste Klasse

Vor lauter Aufregung kann ich fast nicht mehr schlafen
Mein Bauch tut weh, Freude und Angst machen mir zu schaffen
Wie wird es sein, ab jetzt immer in die Schule zu gehen?
Und lauter neue, fremde Kinder, fremde Erwachsene zu sehen?

Wo werde ich sitzen, und wo werden meine Freunde sein?
Werde ich Freunde finden, oder bleibe ich in den Schulpausen allein?
Kann ich den ganzen Lehrstoff überhaupt verstehen?
Was, wenn die Lehrerin mich nicht mag, wird sie mich übergehen?

Ich freue mich, endlich ein großes Schulkind zu sein
Doch ich habe auch Angst, erfülle ich Deine Ansprüche, werde ich klug genug sein?
Du fühlst nicht mit mir, kannst mir keine Ruhe, kein Verständnis schenken
Du kannst immer nur an gute Noten und an Klassenbeste denken

Wieso hast Du mich eigentlich geboren?
Hast Du mich nur als Deine Leistungs-Marionette auserkoren?
Bin ich nicht mehr Dein kleines großes Kind?
Ist es so, dass wir beide getrennte Wesen sind?
Liebst Du mich nur, wenn ich Deine Ansprüche alle erfülle?
Damit erstickst Du mich stumm in einsamer Stille

Mein Sitzplatz in der Schule ist wirklich nicht der Hit
Ich bekomme von der Lehrerin leider nicht alles mit
Die Kinder an meinem Tisch, die stören und reden
Ich kann die Lehrerin kaum hören und sehr wenig verstehen

Ich habe Stress und traue mich nicht, nachzufragen
Ich verpasse Lehrstoff und auch viele wichtige Vokabeln
Du willst, dass ich zu den Besten der Klasse gehöre und alle Aufgaben löse
Das ist schwer, denn an meinem Tisch ist viel zuviel Getöse

Du und die Lehrerin, Ihr erwartet, dass ich im Unterricht alles weiß
Eure Erwartungen an mich bereiten mir Angst, Sorgen und Schweiß
Ich habe richtig Druck und Stress, weil keine Erwachsenen mich verstehen
Stress in der Schule ist für mich, als würdest Du ungern zur Arbeit gehen

Ich brauche Zuhause Verständnis, Liebe, Wärme und viel Ruhe
Muss mich erholen, Kraft tanken in unser heimischen Stube
Du schimpfst nur mit mir, nimmst meine Sorgen auch überhaupt nicht ernst
Wie schön wäre es, wenn Du mich mal umarmst, stärkst und wärmst

Ich gehe in die Schule, täglich mit großem Unbehagen
Würde mich gerne bei der Lehrerin und Dir beklagen
Doch ich bin noch zu klein, um über meine Sorgen beim Lehrer zu reden
Ich wünschte, Du wärest meine Schulter zum Ausweinen und zum Anlehnen

Bitte stehe an meiner Seite, gib mir Mutterliebe, gib mir Kraft
Damit ich, Dein Kind, seine Arbeit in der Schule so angstfrei wie möglich schafft

19 Schulkind

Du kannst meine Welt nicht mit Kinderaugen sehen
Meine Probleme versuchst Du gar nicht erst zu verstehen
Du erwartest von mir, dass ich wie ein Erwachsener denken kann
Aber an mich treten Probleme ganz anders heran

Du hast Distanz zu all meinen großen und kleinen Sorgen
Du kennst alles schon, den Lehrstoff, Strafarbeit, Nachsitzen und Angst vor morgen
Ich fühl mich missverstanden, wenn ich wegen anderen nachsitzen muss
Du schimpfst mich aus, keiner versteht mich, kein Trost, kein Kuss

Lesen, Schreiben, Mathe, das fällt mir oft sehr schwer
Du kannst all das schon und erwartest von mir noch mehr
Hast Du schon vergessen, auch Du musstest früher dieses Wissen lernen
Durch Üben, Lob, positive Verstärkung wird es leichter, alles zu verstehen

Dein Lob und Deine Liebe machen meinen Geist erst so richtig frei
Lernen macht Spaß, wenn Du mich motivierst, lobst und bist helfend dabei
Zeig´ mir Verständnis, schenk mir Liebe, Raum, Anerkennung im Kleinen und Mitgefühl
Dann macht mir lernen auch Spaß, und selbst Mathe wird mir nicht zuviel

Durch Loben und liebevolle Worte von Dir rückt die Schule in ein angstfreies Licht
Du motivierst mich täglich, gibst mir Sicherheit, stehst mir bei und drillst mich nicht
Du siehst meine Welt und alles, was Du schon kannst mit meinen Kinderaugen
So verbündest Du Dich mit mir, und es lösen sich viele Probleme, die mich schlauchen

Was immer auch geschieht, wie schwer es in der Schule auch ist
Egal, wenn Du nur mit Liebe, Motivation und Gefühl an meiner Seite bist
Du bist es, der meine Probleme und Stress mit Deiner Liebe und Wärme löst
Weil Du Hand in Hand mit mir schulische und für mich harte Wege gehst

Du lässt mich in meinem stressigen Alltag nicht allein
Du fängst bei meinen Kindersorgen nicht einfach an zu schreien
Du hältst auch in engen Zeiten immer meine Hand
Ich werde ein guter Schüler, denn Deine Mutterliebe öffnet in mir Geist und Verstand

20 Noten

In der Schule wird sehr mühsamer Lehrstoff angeboten
Wir bekommen jetzt schon in jedem Fach unsere erzielten Noten
Du erwartest von mir Höchstleistung, beste Noten, zuviel Fleiß
Ich gebe mir Mühe, doch Dein Anspruch meine Seele zerreißt

Mein Tornister ist schwer, wenn ich zur Schule gehe
In den Pausen ich immer ganz alleine da stehe
Die Lehrerin lächelt immer nur die anderen Kinder an
Zuhause nimmst Du mich viel zu hart, mit zuviel Kälte ran

Ich suche Zuflucht bei meinem geliebten, weichen Teddybär
Er gibt mir Halt und Trost, ich fantasiere mir meine eigenen Freunde her
Und verkrieche mich einsam, traurig, von Dir verlassen in mein Zimmer
Du interessierst Dich nur für Dich und lässt mich allein mit meinem Kummer

Von Dir und den Lehrern Druck, die Noten sind mir gar nicht recht
Ich ziehe mich zurück und werde in der Schule richtig schlecht
Dabei brauche ich nur einen Menschen, dem ich mich so richtig öffnen kann
Der meine Probleme versteht, mir den Druck nimmt und noch glaubt an Peter Pan

Ihr Erwachsenen sprecht immer über Eure Sorgen, Tag für Tag
Ihr diskutiert, löst gemeinsam Eure Probleme, aber nach mir wird gar nicht gefragt
Ein Kinder - Flüsterer, ein Verbündeter fehlt mir, dem ich ganz blind vertraue
Aber Du strafst mich nur, machst mir Druck, schreist und erdrückst mich mit Strenge

Ich schleppe mit mir all meine täglichen Sorgen
Tag ein Tag aus, mir graut schon vor jedem neuen Morgen
Du bemerkst nicht, welche einsame Entwicklung ich durchmache
Du kannst nur mit Deinesgleichen diskutieren und lachen

Mein Kopf ist so schwer
Mein Geist ist ganz leer
Meine Seele ist verlassen
Die Gefühle in Deinem Herzen für mich verblassen

Gibt es in Deinem Leben für mich überhaupt noch Platz?
Oder bin ich nur als Klassenbeste und als Marionette Dein Schatz?
Ich wünschte, Du könntest mir Güte, Gespräche und herzliche Verbundenheit geben
Mein Kopf würde wieder frei, wenn Du Dein Herz beteiligst in meinem jungen Leben

21 Markenklamotten, Labels

Ich komme in ein Alter, da bevorzuge ich es, nur ganz besondere Klamotten zu wählen
Es müssen bestimmte Labels und Markennamen auf diesen Klamotten stehen
Das ist wichtig, weil alle solche Labels und diese besonderen Marken tragen
Nach Qualität und Haltbarkeit der Sachen kann ich in meinem Alter noch gar nicht fragen

Labels und Marken sind nun einmal cool und man ist sofort In
Cool sein und In sein, das macht für mich in meinem Alter Sinn
Ich fühle mich wertvoll, ich werte mein Selbstwertgefühl auf und werde akzeptiert
Jeder von uns Kindern/Teenies sich in den blendenden Infos der Industrie verirrt

Die Industrie bestimmt
Wer wir Kinder sind
Es dominiert die Oberflächlichkeit
Es verliert die Langlebigkeit

Mein Selbstbewusstsein beziehe ich aus Markenklamotten
Qualität und Werte bleiben mir ganz weit verborgen
Ich messe immer wieder die menschliche Qualität
An den Klamotten, die ein Mensch meiner Umgebung trägt

Bist Du cool und bist Du In, dann bist Du wer
Bist Du Out, dann wird das Integrieren in die Gruppe, die Gemeinschaft schwer
Du musst schon mit dem Strom schwimmen
Um an das Ziel der Masse zu kommen

Eigene Ziele habe ich noch nicht
Die Industrie bringt meine Ziele momentan ans Licht
Andere bestimmen, wie ich sein muss und wer ich zu sein habe
Viel Druck von außen, von anderen, von Großindustriellen muss ich ertragen

Marken, Labels geben mir ein Zusammengehörigkeitsgefühl
Sie vermitteln mir ein integriertes Gemeinschaftsgefühl
Gruppentauglich zu sein, ein sehr wichtiges Dazugehörigkeitsgefühl
Vielleicht fehlt mir auch nur dieses wichtige Angenommen-Werden-Gefühl

Labels sind teuer, daher werten sie mich auf
Nicht jeder kann sie sich leisten, daher ignorieren wir die Uncoolen unter uns auch
Labels geben gute Gefühle, spiegeln Wohlstand und sich etwas leisten können
Labels machen stark, geben Kraft, können einen jungen Menschen wie mich innerlich erheben

Hinter Labels kann ich meine inneren Schwächen und Unfertigkeiten reichlich verstecken
Und meine Sehnsucht nach Anerkennung, Wertschätzung und nach Akzeptanz zum
  Teil überdecken

IN sein heißt, jemand zu sein
Cool sein heißt, jemand Besonderes zu sein
Aber ANDERS sein heißt, gegen den Strom schwimmen, heißt mutig und stark zu sein
Nicht einfach, wenn man im Herzen noch jung ist, unreif und noch relativ klein

Meine Stärke kommt also nicht von innen, was der bessere, der gesündere Weg wäre
Meine Stärke kommt von oberflächlichen Sachen und deckt meine innere Leere
Mein Geschmack wird von außen, von anderen, von der Masse, der Gesellschaft geprägt
Es gilt, sich der Mode anzupassen, weil man sonst am Rande der Gesellschaft steht

So ist die Gesellschaft ein Ersatz für mich, für all das, was ich bei Dir und in mir entbehre
Die Industrie, die Masse zeigen mir, wo ich eigentlich in meinem Leben stehe
Labels, Marken als Kraftquelle, die Industrie als Lehrer, wo es für mich lang zu gehen hat
Machen meine fragile, junge, zarte, leicht zerbrechliche, ungestillte Seele erst mal satt

Die inneren Werte, die fehlen mir, diese habe ich bisher nie durch Dich erfahren
Ich kann Qualität, Werte, Oberflächlichkeit und Täuschungen im Leben noch nicht hinterfragen
Weil ich ganz unbewusst genau so auf Dich und Deine Erziehung an mir reagiere
Und mich in falsche Meinungen, Blendungen, Täuschungen, Oberflächlichkeit verliere

Für uns Heranwachsende ist es immer wichtig, angenommen und akzeptiert zu werden
Und Liebe, Wertschätzung, Selbstvertrauen, innere Stärke und Respekt zu erfahren
Und bekommen wir all dies von Zuhause nicht im Mindestmaß mit auf unseren Weg
Wundert Euch nicht, wenn am Ende eine verirrte, geblendete, den Falschen folgende
   Kinderseele steht

Ich habe noch nicht gelernt, was einen Menschen ausmacht, wo seine Qualität zu finden ist
Habe noch nicht gelernt, dass alles außer Menschlichkeit, Liebe und Anerkennung
   vergänglich ist
Willst Du mir das Beste geben, kann selbst das auch in die Hose gehen
Beste Absichten aus Deinem Ego, erdrückende Ego-Liebe, Ignoranz sind Türöffner für
   ein abhängiges Leben

Denke immer daran, so wie ich bin, genau so bin ich auch durch Dich, Umstände und
   andere geworden
Du bestimmst mit, ob ich abgelehnt, unwillkommen, erdrückt, gefangen bin oder ich
   mich fühle geborgen
Du bestimmst mit, welche ungestillten Sehnsüchte da in meiner Seele, meinem Herzen brennen
Ihr macht uns auch zu dem, der wir sind, Ihr bestimmt mit, ob wir nach unten oder nach
oben streben

EINE PERFEKTE ERZIEHUNG, ALLES IMMER RICHTIG MACHEN, DAS GIBT ES HIER
   WAHRLICH NICHT
ABER BASICS WIE LIEBE, ANGENOMMEN / WAHRGENOMMEN WERDEN,
   SICHERHEIT, VERBÜNDETE SEIN FÜHREN OFT ZUM LICHT

22 Schulwechsel

Es steht ein Schulwechsel an, eine für mich ganz neue, schwierige, veränderte Situation
Ein neues Gebäude, neue Gerüche, alles fremd, neue Mitschüler, fühle mich nicht wohl
Meine bisherige, gewohnte Welt, die mir Sicherheit und Vertrauen gab, muss ich verlassen
Ein neues Schuljahr, eine neue Ära, neuer Lebensabschnitt ist jetzt für mich angebrochen

Alles ist neu, ungewohnt, unsicher, alles ist fremd
Keiner den anderen mag, versteht oder wirklich kennt
Es gibt eine ganz neue, andere, fremde Atmosphäre
Ich fühle in mir eine ganz große, schmerzhafte und Angst behaftete Leere

Ich habe Zweifel und Hemmungen und beginne erst mal zu fremdeln
Und versuche gar nicht erst, mit anderen anzubandeln
Ich fürchte mich und sehne mich nach meiner gewohnten, vertrauten Umgebung zurück
Und ich schweige misstrauisch, bin unsicher, gehe in mir selbst Schritte zurück

Ich habe große Angst, vor den anderen und vor Dir zu versagen
Und Angst, mich den anderen ganz so, wie ich bin, wirklich zu zeigen
Rückzug ist meine Antwort auf diese veränderte, ganz neue, wichtige Situation
Ich beginne im Alleingang auf meine Weise vor dieser Veränderung zu fliehn

Werde ich hier jemals mit all diesen Fremden überhaupt Anschluss bekommen
Ist mein Traum von Freundschaft und Kameradschaft hier bereits schon im Ansatz zerronnen
Oder werde ich erst einmal, wie jetzt gerade auch, ganz alleine einer von vielen bleiben
Mir meine Anwesenheit hier einsam, unverstanden, ganz auf mich gestellt vertreiben

Diese Umstellung auf die neue Situation, die kostet mich sehr viel Nervenkraft
Mein Herz ab jetzt für eine gewisse Zeit erst mal nicht mehr lacht
Ich in fremder Umgebung mit lauter Fremden zusammen
Und muss mich anständig, unauffällig ganz selbstverständlich anpassen und benehmen

Es kommen ganz neue Herausforderungen auf mich zu
Es kommen ganz neue Erwartungen auf mich zu
Es kommen ganz neue Anforderungen auf mich zu
Und einer, der all dies neben den Lehrern auch an mich stellt, bist DU

In dieser Phase meiner Umstellung brauche ich jetzt ganz besonders Deine Nähe
Jetzt brauche ich einen Vertrauten, meine Hände haltend an meiner Seite zu stehen
Gerade jetzt brauche ich Ruhe, um mich langsam und ohne Druck umstellen zu können
Gerade jetzt brauche ich einen Menschen, der zu mir hält, mich stärkt, einen Verbündeten

Du merkst, dass ich mich im Rahmen dieser Veränderung auch leicht verändert habe
Ich Schmerz, Bedrücktheit, Probleme, Introvertiertheit, Herzensschwere in mir trage
Ich verkrieche mich in mich selbst und komme erst mal nicht mehr so richtig heraus
Ich baue eine Mauer um mich herum und verstecke mich in meinem Schneckenhaus

Was ich brauche ist jemanden, der mir Mut macht
Und der mich auf alle Vorteile dieser neuen Situation aufmerksam macht
Und der mir alle Vorteile nennt, die da auf mich zukommen
Und der mir hilft, nicht länger vor dem Neuen davon zu rennen

Ich brauche besonders jetzt einen Vertrauten, den ich in der neuen Schule noch nicht habe
Ich brauche besonders jetzt einen echten Freund, nach dem ich seelisch sehnsüchtig frage
Ich brauche besonders jetzt eine ruhige, sorgenfreie und stressfreie außerschulische Zeit
Denn mit der Zeit werde ich dann langsam auftauen und für diese Veränderung bereit

Mein Verstand muss sich erst einmal in der neuen Umgebung zurecht finden
Meine negativen, belastenden Gefühle muss ich auch erst einmal alle überwinden
Meine Sehnsucht nach Vertrautheit, nach Gewohnheit wird die Zukunft dann stillen
Meine Ohnmacht, mein Unwohlsein, meine Ängste kannst Du vielleicht fühlen

Es kann sein, dass sich mein innerer Zustand erst einmal in den Noten widerspiegelt
Und dass ich vielleicht auch beginne, in der Familie bzw. auch vor Dir zu fliehen
Du wirst an und in mir sicherlich traurige Veränderungen wahrnehmen
Und genau diese sind es, die mir in meiner freien Entfaltung im Wege stehen

Ich brauche Bestätigung und Erfolgserlebnisse und positive Erfahrungen
Um meine innere Abwehr gegen diese neue Schule und die Fremden zu überwinden
Ich muss positive Erlebnisse haben und meinen neuen Weg hier erst mal finden
Bitte versuche mich nicht an Erwartungsdruck und hohe Anforderungen zu binden

Ich habe es gerade schwer, ein neuer Lebensweg hat begonnen, eine noch fremde Zeit
Und vielleicht bin ich genau für diese im Moment noch nicht reif und bereit
Ich muss mich zu vielem auf einmal stellen und funktionieren
Neue Schüler, Lehrer, neue Räume, neuer Rhythmus, all dies mag mich tief im Herzen berühren

Und wenn ich sehr sensibel bin, dann bereitet mir diese Umstellung erst einmal Zahnschmerzen
Und brennt sehr intensiv und stechend in meinem jungen Herzen
Daher sollte es auf jeden Fall jetzt in unserer Familie bzw. zwischen uns beiden stimmen
Mit Dir, Deiner Liebe, Verständnis und Deiner Ruhe kann ich langsam diese Hürde erklimmen

Ich habe noch kein Vertrauen
Ich muss alles Neue erst mal verdauen
Ich bin pessimistisch und misstrauisch
Ich bin deprimiert und sehr kritisch

Bitte bewahre mich vor Druck, Stress, hohen Ansprüchen, denn ich habe gerade Sorgen
Ich bin nämlich instabil und freue mich nicht gerade auf jeden neuen Morgen
Vielleicht kannst Du sensibel, liebevoll und gefühlvoll mit mir sprechen
Und geduldig meine Hemmschwellen, Hoffnungslosigkeit in mir sensitiv zu entschärfen

Vielleicht kannst Du mir entsprechende Zeit zur Anpassung geben
Und mir Ablenkung, positive Gefühle und Freude im Alltag geben
Und mir Ventile, wie Unternehmungen, Gespräche, Spiele, besonders viel Liebe schenken
Und nicht an Dich sondern an meine Probleme, meine Anpassungsschwierigkeiten denken

Siehe die Dinge einmal aus meiner Sicht
Freiwillig verlasse ich nicht gerne mein gewohntes, vertrautes Mutterschiff
Und vielleicht sind die Menschen ja auch komisch, denen ich da begegne Tag für Tag
Und vielleicht gibt es ja niemanden, der mich wirklich mag

Umstellungen erfordern manchmal eine Reife und innere Stärke
Für mich, einen jungen Menschen, sind solche Veränderungen oft eine große Härte
Ich habe Stress und fühle mich unter Druck gesetzt
Ich bin gefrustet, fühle mich vom Stundenplan, neuen Ritualen und den Fremden gehetzt

Unsicherheit und Selbstaufgabe macht sich breit
Und meine tiefen Tränen sind nicht weit
Mein junges Herz tut unendlich weh
Ich will zurück in die alte Schule, ich gesteh'

Kannst Du nachvollziehen, wie schwer dieser neue Lebensweg ist
Weißt Du, wie man sich fühlt, wenn man alleine und verlassen in einer neuen Schule ist
So ist mein Leben morgens bis mittags also ziemlich hart
Und nicht einfach zu verkraften, dieser neue Lebens-Start

Daher schenke mir bitte ein Zuhause indem ich reichlich entspannen kann
Indem ich Ruhe habe, Freude und ich mich frei und unbefangen bewegen kann
Ein Zuhause, in dem ich geliebt und meine Selbstzweifel aufgefangen werde
Und wo ich viele liebevolle, motivierende, stärkende und positive Worte höre

Und wo ich verstanden werde, begleitet und geliebt
Und Dich als Verbündeten habe, der mir in allem positive Kraft und Lebensfreude gibt
Du wirst zu dem Boden, den ich in der neuen Schule nicht habe
Du wirst der Anker, fern der Schule, mich unbeschwert zu tragen

Du wirst der Freund, den ich in der Schule vermisse
Du bist mein Ventil, mein Verbündeter, meine innere Seelenschleuse
Du bist meine ergiebige Quelle, meine ganze Kraft
Du bist mein engster Vertrauter, an Deine Seite ich vieles schaff

Du bist mein Lehrer, den ich in der Schule vermisse
Du bist mein Freund, dessen Geduld und Nerven ich reichlich verschleiße
Du bist mein Ersatz für alles, was mir in der neuen Schule fehlt
Du bist von mir zum besten Freund, besten Elternteil, engsten Vertrauten auserwählt
Du gibst mir Wurzeln, meinen neuen Lebensweg und meine neue Schule zu ertragen
Und innerlich wirklich nicht zu verzagen

So jung ich auch bin, so schwer empfinde ich mein momentanes Leben
Du und die Zeit, Ihr werdet meine Wunden heilen und mir neue Chancen geben
Ich werde alles Neue irgendwann integrieren, meine Hemmschwellen überwinden
Indem wir beide den Weg zu meinen Ängsten, Demotivationen und Hemmungen finden
Versuche bitte, mir meine Panik und Depressionen zu nehmen
Du an meiner Seite erhellst mein Leben

23 Tierwunsch

Wenn ich noch klein bin und Du der Meinung bist, mein Leben etwas bunter zu machen
Durch ein Tier, mir dem ich aufwachsen soll, dann bedenke bitte einige wichtige Sachen
Bin ich noch klein, dann wird ein Tier für mich ein Spielkamerad sein
Mit dem ich mich identifiziere, er bringt dann neue, frische Energie in mein Leben hinein

So werde ich es ausprobieren, was hält es alles aus, denn ich kenne noch keine Grenzen
Und da wird es schwierig, ich verpasse dem Tier gewiss ungewollt sehr viele Schmerzen
Ich habe noch keine Feinmotorik, weiß nicht, dass ein Tier ein Lebewesen mit Gefühlen ist
Dass ein Tier eine Seele hat und Schmerzempfindung in ihm wie auch in mir angelegt ist
Ich finde es nur lustig, spannend, weil es auf mich reagiert, was auch oft sein Verhängnis ist

Auch wenn das Tier evtl. ein Hamster ist, lass mich aus Liebe zu jedem Tier niemals mit ihm allein
Ich verpasse ihm unwissend heftige Schmerzen, Leid, Verletzungen, denn ich bin noch klein
Ich könnte das Tier in allem auf seine Kosten reichlich quälen und ausprobieren
Und es in so manche gefährliche, anstrengende, stressige und nicht auszuhaltende Hölle führen

Bedenke bitte, dass ein Tier mich zwar oft zum Lachen bringt
Es aber durch mich sicherlich schon mal um sein Leben ringt
Weil ich Leben nicht ehre, Macht ausübe, ich es nun mal nicht besser weiß
Und ich dann evtl. das Tierchen und sein Leben verschleiß

So denke bitte nicht nur an mein Wohl, sondern auch an das des Tieres, das Du mir schenkst
Denn es ist kein Ding, hat selbes Recht auf Leben und braucht Dich, der sein Wohlergehen lenkt
Sei daher bitte immer mit dabei, wenn ich mit einem Tier/-chen zusammen bin
Und erkläre und zeige mir alles, damit ein Tier für mich bekommt einen ganz neuen Sinn

Stell Dir vor, Du wärest das Tier und was Dir dann durch meine unkontrollierte Kraft und
  meine kindliche Macht alles Grausames widerfahren kann
Stell Dir vor, Du bist mir ausgeliefert, ich mache mit Dir, was mir in den Sinn kommt,
  und was dabei alles Schlimmes und Tödliches für Dich passieren kann
Wenn Dir diese Perspektive eines hiflosen Tieres und meine Macht über sein Leben
  bewusst sind, dann kannst Du ein Tier und mich behutsam zusammenführen
Und mir zeigen, was Tiere tun, ihnen gefällt, und wie wir sie sanft, liebevoll berühren

Und begründe, dass man sie niemals schlägt
Und erkläre, dass man sie niemals anderweitig quält
Und zeige, dass man sie lieb haben sollte und sie pflegen
Weil sie einem dann Vertrauen, Gesundheit, Freude, ihr Herz(chen) und ihre Liebe geben

Bei jedem Vogel rast der Herzschlag, wenn wir ihn stressen, ihn in Angst versetzen
Dann können wir ihn ganz schnell mal unabsichtlich zu Tode hetzen
Jeder Hund braucht Wasser, wenn er hechelt und Stress hat, auch bei Hitze und Sonne
Jedes Tier braucht artgerechte, stresslose Haltung, ohne um sein Leben zu rennen

Ein Hund ist ein toller Freund, er kann und macht ziemlich lustige Sachen
Und der bringt mein Kinderherz sicherlich sehr oft zum Staunen und zum Lachen
Aber ein Schwanz ist nicht dazu da, an ihm zu ziehen, treten, ihn stets zu verdrehen
Seine Ohren sind nicht dazu da, in sie zu beißen, sie in alle Richtungen zu ziehen

Und sein Fell dient nicht dazu, an ihm zu ziehen, es zu zündeln oder ihm auszurupfen
Seine Gefühle, sein Vertrauen, seine Liebe nicht zugunsten meiner Laune auszunutzen
Sein Körper dient nicht, ihn als Ventil für Aggressionen oder als Spielzeug zu benutzen

Und auch ein Welpe darf lernen, dass ich kein lebender Kaustick, kein Beißring bin
Ich bin auch keine Welpenmutter, die ihn führt an seine spielerischen Grenzen hin
Auch der Welpe muss lernen, richtig und im Rahmen altersgerecht mit mir umzugehen
Um Missverständnissen zwischen ihm und mir und uns allen aus dem Weg zu gehen

Auch wenn der Hund mich vielleicht lieb hat, er unterliegt wie ich auch den Naturgesetzen
Und er reagiert sicherlich instinktiv sich schützend, wenn ich versuche, ihn zu verletzen
Oder wenn ich versuche, ihn von einer für ihn stressigen Situation in die andere zu hetzen
Oder ich versuche, ihn in Angst, Bedrohung oder sogar Lebensgefahr zu versetzen

So sollte ein Tier also wirklich nicht dazu dienen, mein neues Spielzeug zu sein
Egal ob es ein Hund ist oder ein anderes Tierchen, sei es noch so klein
Denke daran, wie es wäre, wenn Du als ein Tier meiner ganzen kindlichen Energie unterliegst
Kinder sind oft unkontrolliert und unbeherrscht wie ich, auch wenn ich ein Tier noch so lieb

Und wenn ich nun schon etwas älter bin, aber noch in den Kindergarten gehe
Dann wäre es schön, wenn ein Tier begleitet mein noch junges Leben
Denn so lerne ich die Gefühle anderer Wesen schon ganz jung kennen
Und ich lerne, meine Gefühle, mein Verhalten besser zu verstehen und zu trennen

Ich lerne, die Grenzen und das Leben eines anderen Wesens achten und zu respektieren
So kannst Du mich auf achtsame, aufmerksame, verantwortungsvolle, emphatische Wege führen
Aber unterlasse es wirklich nicht, mir alles über dieses Tier und seine Rechte zu erklären
So lerne ich früh, andere Lebewesen, ihre Sprache, ihre Gefühle empathisch zu verstehen

Zeige mir Tiere als Freunde, die wie ich Liebe, Respekt, Gesundheit brauchen, um zu leben
Und zeige mir verantwortungsvollen Umgang, es liebevoll artgerecht zu halten und pflegen
Zeige mir, wenn ich ungewollt Fehler machen oder andere für das Tier ungute Sachen
Das bringt meins und auch das Herz meines tierischen Begleiters wieder zum Lachen

Bitte werde Deiner Verantwortung uns beiden gegenüber so gut es geht gerecht
Damit es weder mir durch das Tier noch dem Tier durch mich jemals ergeht schlecht
So kannst Du ein Tier und mich immer gekonnt und richtig zusammenführen
Und das Tier und ich wir werden uns dann in unsren Herzen einander berühren

Und sollte ich von selbst einen Tierwunsch äußern, Du Dir aber nicht sicher bist
Dann könnte es vielleicht auch sein, dass ich bisher habe irgendetwas vermisst
Vielleicht suche ich in einem tierischen Freund einen Ersatz für etwas, das mit fehlt
Vielleicht ist es Verantwortungsgefühl, Freude oder Liebe, die mir wurde zu viel verwehrt

Vielleicht ist es das Gefühl, nicht verstanden zu sein, verlassen, kindliche Einsamkeit
Das mich zu dem dringenden Wunsch nach einem Tier hin treibt
Vielleicht ist es aber auch nur ein Trend, weil andere Kinder auch Tiere haben
An denen sie sich täglich erfreuen, denn sie sind ihre Spielkameraden

Vielleicht brauche ich aber auch nur für mein Ich, meine Seele selbst eine Bestätigung
Die mir ein Tier schenken würde, es wäre ein Ersatz und für mich seelische Befriedigung
Und es als Seelentröster für irgendetwas in meinem Leben benutzen
Und versuchen, mich in vielem auf meinen neuen tierischen Freund zu stützen

Jedenfalls scheint ein Tier irgendetwas in mir zu decken
Vielleicht will ich mich aber auch nur hinter einem Tier verstecken
Vielleicht habe ich aber auch nur viel Liebe in mir, die ich gerne weitergeben will
Vielleicht lebt da in mir so viel wundervolles, herzliches, tierliebendes Gefühl

Vielleicht brauche ich ein Tier, weil tief in mir irgendwo eine tiefe Leere ist
Weil ich bisher irgendetwas, von dem ich nichts weiß, sehr intensiv vermisst
Vielleicht deckt ein Tier in mir so manche Lücken und schenkt mir seine Liebe und Respekt
Vielleicht bin ich schüchtern und ein Tier in mir ganz neue, freiere Energien weckt

Was immer es auch ist, rede mit mir, die Gründe für meinen Tierwunsch zu erkunden
Geht ein Tier nicht, so können wir beide evtl. einen umsetzbaren Kompromiss finden
Statt einem Hund könnte ich ja später im Tierheim jobben, einen fremden Hund ausführen
Und erst mal Erfahrungen sammeln, und ein Tier erst einmal auf diese Weise erleben

Und sollte ich nicht locker lassen und es wirklich möglich sein, ein Tier zu bekommen
Dann solltest Du an das Tier, sein mögliches Leben bei uns und auch an mich denken
Bin ich noch klein, dann lass die oberen Zeilen dieses Gedichts intensiv auf Dich wirken
Bin ich schon älter, dann könnte ein Tier mich öffnen, begleiten und innerlich stärken

Wichtig ist immer, dass ich wie auch Du die richtige Einstellung zu einem Tier haben
Und wir beide immer nach dem Wohle, der Seele und nach den Bedürfnissen des Tieres fragen
Tiere sind Familienmitglieder, treue Gefährten und positive Bereicherungen des Lebens
Kein Tier lebt sinnlos, ohne Aufgabe, ohne Daseinsberechtigung jemals vergebens

24 Freundschaften

Es ist ein bereicherndes Gefühl, Menschen zu finden, die man dann einst Freunde nennt
Ein angenehmes Gefühl, Verbündete zu finden, auch wenn man den nicht so gut kennt
Es sind erst mal Gemeinsamkeiten und gemeinsame Wellenlängen
Und die Gefühle, so wie man ist ganz angenommen sein und zusammen zu gehören

Vielleicht fehlt mir das Gefühl, akzeptiert und angenommen zu sein als der, der ich bin
Vielleicht fehlt mir statt heimischer Tyrann ein Freund, der mir Freiheit schenkt und Sinn
Vielleicht fehlt mir das Gefühl der Gemeinschaft, Familie, einfach dazu zu gehören
Vielleicht kenne ich nur unwillkommen sein, abgelehnt und immer nur zu stören

Ich mag die anderen, auch wenn sie gefährlich, weil sie ein Gemeinschaftsgefühle wecken
Sie in mir den Bedarf an Anerkennung, Spaß, Respekt, Rebellion und Freizeitausgleich decken
Sie mir, wenn auch auf gefährlichem Boden, eine Familie, Vertraute, Verbündete ersetzen
Und weil wir uns gemeinsam nicht unterdrücken, bekämpfen noch negativ stressen

Manche nenne ich Freunde, obwohl sie mir schaden und mir Probleme bereiten
Manche nenne ich Freunde, obwohl sie mich in Gefahr bringen, ohne mich daraus zu retten
Sie zeigen mir, über Gewalt und Kriminelles meine Aggressionen aus mir raus zu führen
Wir machen gemeinsam dumme Sachen, reizen andere, sind illegal und provozieren

Diese Momente, Hand in Hand für eine dumme Sache zusammenzuhalten
Und andere mal eben heftig zu ärgern, zu bedrohen oder zusammenzufalten
Diese Momente machen stark, wir stehen gemeinsam für eine Sache, auch wenn sie brennt
Ist nur blöd, wenn wir erwischt werden und jeder um sein eigenes Leben rennt

Es geht um Gemeinsamkeit, um Gemeinschaft, um Anerkennung, um Zusammengehörigkeit
Es geht um Ventile, um Nähe, um Freiheit, um ein UNS-Gefühl und um Verbundenheit
Habe ich durch Dich evtl. nie kennen gelernt
Denn Du hast Dich vielleicht vorher schon von mir entfernt

Oder mich mit Deinen besten Gefühlen für mich erdrückt
Und die Freiheit erst durch Freunde in meine Nähe rückt
Gefahren draußen oder der Knast Zuhause, wie auch immer
Erfahrungen sind auch Lehrer und machen nicht dümmer

Du kannst mir Dein Beste geben
Mir Freiheit und Persönlichkeit nehmen
Doch Du kannst mir nicht den Lauf des Lebens nehmen
Und dazu gehören Freunde, Außenwelt und Gefahren und ein eigenes Erleben

Ich weiß noch nicht, was Freundschaft bedeutet, aber sie gibt Gemeinschaft
Freunde sind mein Ersatz für Freiheit und familiäre Feindschaft

Will ich den anderen zum Freund, um mich nur selber gut zu fühlen
Will ich den anderen zum Freund, um mich in ihm zu verlieren
Will ich den anderen zum Freund, damit der meine tieferen Bedürfnisse deckt
Will ich den anderen zum Freund, damit er angenehme Gefühle in mir weckt

Bin ich auch ein Freund oder geize und berechne ich vielleicht auch
Erwarte ich dasselbe, das ich gebe oder setze ich mehr Anspruch auf die Beziehung drauf
Sind meine Gefühle freiwillig, kommen sie aus meinem reinen, offenen Herzen
Oder habe ich eine Rechenmaschine und eine Waage in meinem Herzen

Je nach Alter sehe ich meinen inneren Spiegel und frage mich: weißt Du, wer Du bist
Was empfinde ich für den anderen, nehme ich ihn so an an, wie er ganz und gar ist
Mag ich ihn loyal, seinen Kern, seine Stärken, Macken und Schwächen, was selten ist
Wahrhaftig wäre, ihn ganz im Herzen anzunehmen, obwohl er ist wie er ist

Oder will ich den anderen ändern, damit er besser zu mir passt
Dann habe ich die Chance auf freiwillige, bedingungslose Gefühle verpasst

Bin ich überhaupt ein echter Freund, wenn ich Bedingungen stelle
Bin ich ein Freund, wenn ich nicht berechnend für den anderen empfinde
Bin ich ein Freund, wenn ich nicht bereit bin, im Herzen mehr als der andere zu geben
Bin ich ein Freund, wenn ich anspruchsvolle und erwartungsvolle Wege wähle

Irgendwann stelle ich mir wichtige Fragen für einen tieferen Sinn
Nämlich, ob der andere nur ein Freund ist gegen Langeweile und für Unterhaltung
Und ob ich ihn durch andere ersetzen kann für eine neue Freizeit-Gestaltung
Und ich frage mich, ist der andere wirklich tief in meinem liebenden Herzen drin

Was verstehe ich unter Freundschaft, gibt es da vielleicht Unterschiede
Es gibt Bekannte, Freunde und beste Freunde, hier sind die Qualitätsunterschiede
Freunde sind Ersatz für Disharmonien, Mängel und Konflikte Zuhause
Freunde schenken Dir von der Erwachsenenwelt eine wundervolle Pause

Ein bester Freund ist mein verlängertes Ich, ich finde mich in allem in ihm wieder
Seine Nähe, Stärken und Schwächen von ihm ertrage ich von Herzen gerne immer wieder
Einen besten Freund liebe ich, weil er so ist, wie er ist, ohne ihn jemals ändern zu wollen
Einen besten Freund liebe ich um seinetwillen, bedingungslos, ohne ihm je schaden zu wollen

Ein bester Freund ist für mich jemand, den ich niemals kritisiere oder je bewerte
Und ich lehne jeden ab, der jemals meinen besten Freund irgendwann verletzte oder entehrte
Ich steh zu meinem besten Freund ehelich, in guten wie in schlechten Zeiten
Und gebe alles, um ihn auf die Wege des Glücks, der Liebe und des Lichts zu leiten

Ein bester Freund ist auch jemand, mit dem ich mich ohne Worte verstehe
Er ist jemand, den ich auch im Schweigen oder nur durch Ansehen verstehe
Er ist jemand, dem ich nur mal kurz in seine Augen sehe
Und dabei mehr als nur seinen Blick, seine Aura, seine Gefühle verstehe

Ein bester Freund ist jemand, dem ich mich ganz zeige, in allem so, wie ich bin
Er ist jemand, bei dem ich ganz frei, authentisch, unbefangen und natürlich bin
Er ist jemand, dem mein tiefes Herz, meine Liebe, meine Stärke und Schwäche gehört
Er ist jemand, den es Zuhause nicht gibt, er ist der Begleiter, der mich innig fasziniert

In meine beste Freundschaft gehört tiefes, unendliches Vertrauen
Und die Sorgen des anderen, die werde ich ganz selbstverständlich nervenstark mit verdauen
Und ohne ihn zu fragen ganz selbstverständlich mit Liebe und Hingabe Huckepack nehmen
Wenn für ihn stürmische, orkanartige, heftige Schicksals - Winde wehen

Für mich gehört auch dazu, mal für den anderen aus Liebe selber zu verzichten
Und seine Lücken, Bedürfnisse und ungestillten Sehnsüchte hingebungsvoll abzudichten
Und für ihn da zu sein, wann immer er es braucht und so gut es eben geht
Weil meine tiefe Liebe, Verbundenheit, Zusammengehörigkeit in meinem Herzen lebt

Meine Beziehung zu meinem besten Freund ist eine menschliche Ehe, eine tiefe Partnerschaft
In allem zu ihm halten, für ihn da zu sein und dies dann auch Tag und Nacht
Mein bester Freund ist wichtigster Partner, engster Vertrauter, intimster Verbündeter im Leben
Was ein bester Freund hat und macht, das kannst Du mir nicht so wie er es vermag
  einfach geben

Daher solltest Du als Elternteil meinen besten Freund als ein Familienmitglied annehmen
Und niemals unserer besten, intimen, innigen Freundschaft im Wege stehen
Denn ich liebe ihn mit meinem reinen, tiefen und bedingungslosen Herzen
Bitte bewahre ihn und mich vor irgendwelchen unbedachten Schmerzen

Freunde schenken Erfahrungen, die kannst Du mir nicht geben
Freunde prägen mich für mein ganzes weiteres Leben
Freunde bringen auch Gefahren, dann hat diese Wahl ihren Grund
Freunde bringen Spaß, Erfüllung, Familie, sind heilsam und kunterbunt

Denn ich werde in meinem Herzen immer bestmöglich zu ihm halten
Bist Du gegen ihn, so kann mein Herz altersbedingt für Dich hier erkalten
Denn das positive Schicksal hat ihn und mich glücklicherweise zusammengeführt
Und das himmlische Band der Weg-Gefährten uns von da an liebevoll kürt

Du kannst nur mit Deinen eigenen Augen sehen
Du weißt nicht, wieso ich ihn oder sie musste erwählen
Du kannst nicht alles in Gründen verbalisieren
Oft sind es tiefere Phänomene, die Menschen zusammen führen

Freundschaft ist Magie, Erinnerung und Herzenszauber zugleich
Deine Erfahrung wird nicht immer meine sein, Freundschaft macht reich
Du kannst mich warnen, doch ich bin ich und muss eigene Wege gehen
Erfahrungen sind Reichtum auf eines jeden Lebenswegen

Es gibt keine Schuldigen für meine Wahl an Kontakten in meinem Leben
Jemand in mir sucht aus, warum auch immer, diese Zeilen hier nur anteilig erklären
Fakt ist, ich kann nicht Deine Menschenkenntnis und Erfahrungen haben
Ich muss im Rahmen durch eigene Erfahrungen und Selbstbestimmung lernen

Die Qualität an Werten in einem Menschen, kann ich sie sehen
Die Richtung, die jemand wählt, kann ich sie werten in seinem Leben
Hilft er mir, helfe ich ihm, oder beides, wozu kreuzen sich unsere Wege
Oberflächlichkeit, Qualität, statt Worte ist es wichtig, dies zu leben

Was ist richtig - Worte anderer zur eigenen Erfahrung zu bringen
Was ist nichtig - Dummheiten durch eigene Erkenntnisse von mir weg zu drängen
Weißt Du immer das Rechte, hast Du nicht auch aus eigener Erfahrung erkannt
In jedem Kind bebt die Neugierde auf eigene Erfahrung, die in uns brennt

Nett sein ist nur allgemeiner Ausdruck, was dahinter steckt ist nicht viel
Cool sein ist Ansichtssache, darüber weißt Du in meiner Welt vielleicht nicht viel
Spass haben ist individuell, da jeder eigene und andere Spassbedürfnisse lebt
Miss mein Leben nicht an Dir, eigene Erfahrungen, Erlebnisse lehren oft die Qualität

Vorsicht und Achtsamkeit sind wichtig, um nicht in Gefahr zu kommen
Doch weckst Du Angst in mir, komm ich in Versuchung, Gefahren anzuziehen
Verbote sind Fesseln, die den Druck der Neugierde auf das Verbotene in mir wecken
Versuche es mit argumentieren, erklären und mir dabei die Tür der eigenen Wahl zu öffnen

Ich will selbst entscheiden, auf meinem Level verstehen, Freiheit in mir empfinden
Befiel mir nicht, dominiere mich nicht, wie soll ich sonst je Übersicht gewinnen
Der Reiz des Verbotenen wächst, je nachdem, was du verbietest und tust
Er löst sich oft wieder auf, wenn ich frei mit bestimme, ganz aus mir selbst heraus

Du kannst mir Wissen schenken, aber solltest mich auch wählen lassen
Und mich nicht aufgrund meiner eigenen Meinungen, die Du nicht vertrittst, bestrafen
Du kannst mich belehren, mir helfen und da sein, aber mir nicht Deine Schuhe anziehen

Deine Erfahrungen sind sehr wichtig, aber nicht immer für mich
Meine eigenen sollten auch möglich sein, sie sind prägend und wesentlich
So könntest auch Du mein bester Freund sein und mir Türen öffnen und Tore
Durch die ich in meine eigene angemessene Freiheit vor Dir lebensbejahend gehe

25 Konflikte zwischen Eltern und Kind

Ich wachse langsam aber sicher in ein Alter, da lerne ich vieles aus der Erwachsenenwelt
In mir beginnt ein natürlicher Reifungsprozess, bei dem der Reibungspunkt zwischen uns zählt
Du bist mein Elternteil, aber ich nehme Dich ab jetzt immer mehr partnerschaftlich an
Und stehe nicht mehr unter Dir, sondern mind. auf selber Höhe mit Dir gleich nebenan

Die Rechte, die ich nicht lebte, von denen mache ich ab jetzt auch mehr Gebrauch
Ich behandle Dich immer mehr genau so wie Du mich auch
Und ich werde noch heftiger in meinem Verhalten werden
Und Dich öfter verletzen, mich an Dir reiben, Dich ärgern und degradieren

Du bist ab jetzt öfter mein Reibungspartner, an dem ich wachsend meine Stärke beziehe
Bist mein Prellbock für alles, mein Ventil, geliebter Feind, ich es so erlebe
Du bist nicht anders als vorher auch, nur ich dampfe und rauch
Aber ich habe meine Perspektive gewechselt, erlebe den natürlichen Prozess der Vor-Pubertät
Die Biochemie hat in mir den Samen provokativer und streitsüchtiger Handlungen gesät

Ich brauche Konflikte mit Dir, um meine Stärken und Möglichkeiten an Dir zu testen
Und um Dich in Kenntnis meiner neuen persönlichen und privaten Grenzen zu setzen
Und um meine Persönlichkeit zu entfalten, was Dir sicherlich oft sehr weh tut
Mein Charakter nimmt starke Züge an, ich entscheide selbst, was mir sehr gut tut

Ich widerspreche und unterdrücke Dich, ich bremse Dich und verletze Dich
Ich explodiere, bin ungehalten, stürmisch und launisch und beleidige Dich
Ich arbeite gegen Dich, schließe Dich aus meinem Leben aus und distanziere Dich
Ich schreie rum, bin unbeherrscht, kompromisslos und unterwerfe Dich

Ich knalle Türen, habe extreme Gefühle und suche in allem und überall nur mich
Ich probiere mich aus, versuche, mich selbst zu finden und vernachlässige Dich
Ich ignoriere Dich, kämpfe gegen Dich und übergehe Dich
Deine Tränen, Deinen Schmerz, Deine Liebe, Fürsorge, Dein Herz sehe ich nicht

Ich sehe Dich als Feind, der mich nur unterdrücken und begrenzen will
Ich sehe Dich als Elternteil, der mich immer nur klein und kindlich halten will
Ich sehe Dich als intoleranten Bremsklotz, der meine Gedanken und Gefühle stören will
Ich sehe Dich als Partner, an dem ich mich messen und ausleben kann wie ich will

Du passt eben gerade nicht so richtig als Elternteil in meine Welt
Für mich sind es jetzt immer mehr andere Dinge und andere Leute, das allein zählt
Ich hau Dir die Nabelschnur um die Ohren und will ab jetzt alleine schwimmen
In mir der Ruf der Freiheit, der Entfaltung, der Sehnsucht nach dem Leben erklingen

Ich nabel mich von Dir, Deiner elterlichen Rolle ab und nutze einen größeren Raum
Rücksicht auf Dich und Deine Gefühle nehme ich wirklich kaum
Ich stehe im Mittelpunkt meines jungen Lebens
Mich aufzuhalten, mich zu bremsen, mich zu strafen wäre vergebens

In mir haben Hormone, biologische Prozesse akut Bedeutung, denen ich unterliege
Ich lebe heftige, explosive, unkontrollierte und auch für mich ganz neue Gefühle
Was ich jetzt brauche, das ist kein Druck, sondern eine sehr freie Öffnung nach oben
Ich beginne, mich zu verändern und mich auf den Weg zu mir selber zu begeben

Für Dich nicht einfach, meine Launen, mein lautes, streitsüchtiges Verhalten zu ertragen
Es ist für Dich nicht einfach, mein Prellbock, Blitzableiter zu sein an so vielen Tagen
Und Meinungsverschiedenheiten, Differenzen, die diskutieren wir gar nicht aus
Ich drehe Dir ganz einfach und selbstverständlich einen Strick daraus

Willkommen in der Phase der Vor-Pubertät, in der ich zu einem Monster werden kann
In der ich alles falsch verstehe, rebelliere, ich unterliege einem Bann
Einer Phase, in der sich Macht, Launen, explosive und negative Gefühle breit machen
Und in Dir ein tiefes Feuer an Schmerz, Hilflosigkeit und Entsetzen entfachen

Ich will das Sagen in meinem Leben haben
Ich will allein Verantwortung für mich tragen
Ich will mich alleine in das Leben hinaus wagen
Ich will mich selbst und meine Charakterstärken erfahren

Wenn ich so ein Monster werde, dann provoziere mich bitte nicht allzu sehr
Denn diese Phase ist für mich, auch wenn es nicht so aussieht, innerlich schwer
Denn ich habe auch Angst, ich weiß nicht, wer ich bin und wo ich im Leben stehe
Ich weiß nicht immer, welche Pläne ich habe oder welche Wege ich gehe

Ich bin weder oben noch unten
Ich habe mich weder jetzt noch morgen gefunden
Ich bin weder schwarz noch weiß
Ich bin nicht kalt, aber mir ist immer öfter heiß

Ich lebe meine Gefühle, ohne sie alle richtig zu kennen
Ich bebe innerlich und drohe manchmal zu verbrennen
Ich habe viel Druck in mir und versuche, diesem natürlich davon zu rennen
Wie ich mich fühle, das kann ich selbst gar nicht immer klar und gezielt benennen

Ich sehe in dem Gegenteil vieler Dinge meine Freiheit
Ich sehe, indem ich Dich unterdrücke, provoziere und ablehne, meine Freiheit
Ich sehe im Sprengen von sämtlichen Regeln meine Freiheit
Ich sehe im mich Austoben, meinen Gefühlen freien Lauf lassen, meine Freiheit

Konflikte mit Dir sind wichtig, damit ich an ihnen wachse und Stärken aufbaue
Dich unterdrücken ist wichtig, ich so ein Gefühl von Macht, Überlegenheit bekomme
Dich verletzen ist nicht nötig, aber ich habe weder mich noch meine Gefühle im Griff
Ich werde selber nass auf meinem hin und her schaukelnden, ungezähmten Schiff

Ich wachse an Dir, reize Dich aus und beginne, meine Grenzen zu überschreiten
Und Dir ungewollt die reine Hölle auf Erden zu bereiten
Du bist mein Sparringpartner und steckst ganz schön viele Hiebe von mir ein
So wie Du bin auch ich hilflos, denn ich suche in mir selber nach Sonnenschein

Du kannst mich in solchen Phasen auf mein unfaires Verhalten starffrei aufmerksam machen
Und mir sagen, was Du fühlst, was ich alles mache für unmögliche, verletzende Sachen
Du kannst mir geduldig Grenzen, Konsequenzen zeigen und was ich anders machen sollte
Und wie ich meine Gefühle besser kontrollieren und in den Griff bekommen könnte

Du kannst ruhig ab und zu mein Spiegel sein, wenn es geht, dann in Ruhe
Weil ich neben Hormonexplosionen auch noch viel mehr über mich und das Leben lerne
Nimm alles bitte nicht zu persönlich, denn bist Du gar nicht immer im Kern selbst gemeint
Wenn ich platze, unbeherrscht werde, dann ist da etwas in mir, das boxt und schreit

Bitte nimm nicht alles ernst, gib auch nach, ohne Dir alles von mir gefallen zu lassen
Auch wenn ich mich so benehme, ich könnte Dich wirklich nie bekämpfen oder hassen
Aber alles ist heftig, explosiv, ich muss unbekannte Gefühle allemal in den Griff bekommen
Das muss man ungeübt, unvorbereitet als agiler, junger Mensch erst mal hinbekommen

Ich schminke mich, schräge Klamotten, provoziere Dich, passe mich niemandem an
Ich färbe meine Haare grün und pink, stresse Dich, lasse niemanden an mich heran
Ich flippe aus, Individualität, Anarchie, Meuterei, Provokation stehen auf dem Programm
Ich lebe, tobe mich aus, sprenge meine/Deine Fesseln und erfahre mich selbst fortan

Ohne dass Du mich siehst, habe ich in mir dennoch hier und da manchmal Unsicherheit
Denn ich bin für alles und jeden offen, dennoch noch nicht immer für das Leben bereit
Ich brauche nur etwas, das mich aus den Fesseln und Ketten meiner Kindheit befreit
Und genau das macht auch so mancher für Dich unwillkommener Konflikt oder Streit

Ich mache mich nur frei, und dieser Freiheitsdrang in mir ist unkontrolliert
Und dieser Drang mich in allem auf komische, explosive und heftige Wege führt
Ich schwebe zwischen mich wohlfühlen und dem Gefühl, ein Trümmerhaufen zu sein
Ich lebe im Schatten, in der Arktis und dann wieder im aller wärmsten Sonnenschein

Ich bin noch ein Kind, will aber kein Kind mehr sein
Ich bin noch jung, will aber schon erwachsen sein
Ich will kein Kind sein, sondern meine Kindheit mal eben überspringen
Ich will so unreif ich noch bin in die Erwachsenenwelt vordringen

Ich will dieselben Rechte, die Erwachsene haben
Ich will dasselbe wie Erwachsene vom Leben erfahren
Ich will dieselben Freiheiten und Möglichkeiten wie Erwachsene haben
Ich will nicht mehr das Kind tief in mir selber tragen

So reife und wachse ich mit allen natürlichen, mir verliehenen Waffen ohne Regeln
Und versuche, mich selber, mein Leben und Dich gleich mit zu regeln
Auch wenn ich ein Kaktus bin und sehr viele und scharfe Stacheln habe
Dennoch brauche ich Deine Liebe, Dein Verständnis, Dein Herz, Deine Stärke

Was ich aber niemals freiwillig zugeben würde, denn dies würde mich zu klein halten
Und ich bin ja dabei, meine Kindheit auf neue, erwachsenere Wege umzuleiten
Ich muss mich nur erst mal an meine neuen Gefühle alle gewöhnen
Und sie aushalten und erst mal lernen, richtig mit ihnen umzugehen

Erst kommen die starken Gefühle, dann später erst der Verstand
Erst kommen die Explosionen, dann ziehen Bezähmungen durch das Land
Erst kommt das Dynamit, Bomben, und dann ziehen Ruhephasen durch das Land
Erst bin ich ein Monster, dann Mensch, der sich ausgetobt und gefunden hat

Und dazu kommt auch, mein Körper beginnt mich in neue kindferne Welten zu führen
Gewisse äußere Körpermerkmale führen mich in ganz neue, unbekannte Dimensionen
Und ich beginne, mich für ungewohnte, ganz neue, fremde Sachen zu interessieren
Die mich auch auf neue Wege in ein unbekanntes Land hineinführen

Das muss ich zu den fremden Gefühlen auch noch verkraften
Ein Streit mit Dir muss her, ein saftiger Konflikt, um mich von innen her zu lüften
Indem ich Dich als Punchingball benutze, mache ich mir innerlich von allem Luft
Ich kenne außer Dir kein Ventil, also führe ich Dich in diese elterlich gruselige Gruft

Meine neuen Gefühle muss ich erst einmal selber erleben und dann raus lassen
Meine neuen Sehnsüchte muss ich erst einmal selber erleben und dann raus lassen
Alles neu für mich, muss ich auch erst einmal in dieser ihrer Vehemenz verkraften
Und kennen lernen, um es mit meinem Verstand und Geist reifer, objektiver zu betrachten

Und dann erst, wenn ich sie gelebt und ausgelebt habe, kann ich ihnen distanzierter begegnen
Und meine Gefühle und Sehnsüchte erstmalig zu dosieren und besser zu kontrollieren
Und mich selbst in den Griff zu bekommen und mich bestmöglich richtig zu bezähmen
Und dann können wir auch wieder gemeinsam vertrauensvoll harmonische Wege gehen

So kannst Du mich mit Geduld, Vertrauen, Humor zu meinem mir unbekannten Selbst begleiten
Für mich sind diese fremden Gefühle, diese Veränderungen in mir auch keine leichten Zeiten
Wir können gemeinsam, wenn Du Nerven und Kraft dazu hast, die Anfänge von
  Pubertät beschreiten
Danach kann ich Dich sicherlich liebevoll als ausgeglichener, starker, gesunder Mensch begleiten

Pubertät und die davor läuft ähnlich und auch wieder anders ab, liegt auch am Temperament
Und am Charakter sowie an all dem, was ich als Kind in meinem Leben bisher erlebt
Diese Zeilen sollen nur eine liebevolle Vorbereitung auf bevorstehendes Akutes sein
Und Missverständnisse schwächen und statt Zorn vielleicht ein Lächeln
Denn jedes Monster braucht und hat tief in seinem Herzen dennoch Sonnenschein

26a Pubertät 1

So langsam machen sich tiefe Gedanken in mir breit
Wer bin ich, wo ist mein Platz, was soll ich hier? Meine Seele schreit!
Was ist mein Weg, welche Aufgabe habe ich im Leben?
Mein Körper explodiert, unter`m Bauchnabel ein tägliches Beben

Ich weiß nicht, wer ich bin
Wo soll ich eigentlich hin?
Was wird aus mir?
Bin ich ein Tier?

Was ich sonst gerne mochte, das mag ich jetzt nicht mehr
Ob Gruftie oder Punk, Individualität muss her
Entweder auffallen um jeden erdenklichen Preis
Wie alle, die auffällig sind, mein Herz brennt heiß

Wer ich bin, keine Ahnung, irgendwann werd ichs wissen
Wer mich nervt oder stört, der darf sich schnell verpissen
Mein Frontalhirn verändert sich schneller, als ich verkraften kann
Das sind die Hormone, ich wechsle meine Launen zehnmal ganz spontan

Wie komme ich mit mir selber nur klar?
Ich bin nicht mehr so kindlich, wie ich mal war
Aus einer Jungpflanze sprießt plötzlich ein kantiger Stachelbaum
Ich komm nicht klar, alles geht so schnell, Nacht für Nacht derselbe Traum

Ich stelle alles in Frage, Gewohntes und die ganze Welt, nichts geht
Intime Outbursts, heiße Regungen, schön und belastend, ich steh mir selbst im Weg

Viele Veränderungen an meinem ganzen Körper
Und in mir die Kräfte, die sind alle viel stärker
Die kann ich nicht alle auf einmal verstehen
Hormone, Entwicklung, ich muss ganz neue Wege gehen

Meine neue Entwicklung kostet Deine und meine Nervenkraft
Heute ein Goth, morgen Transvestit, das schlaucht, das schafft
Doch ich muss wissen, wer ich bin, und wo ist mein Platz
Die Suche nach mir selbst, Irrungen und Fantasie, doch ich wäre gerne weiterhin Dein Schatz

Denn in meinem Körper, die ganze verändernde, explodierende Biologie
Geschieht ohne meinen Willen, Hormone, Umlagerungen, s ist alles Biochemie
Und ich stecke mitten drin, ich muss das alles ungefragt für lange Zeit ertragen
Ob mit Stacheln, schlechter Laune, explosiv oder nicht, ich bin immer geladen

Denn meine Seele kommt mit meiner biologischen Entwicklung gar nicht so schnell mit
Meine Seele und Gefühle halten mit meinem Körper überhaupt nicht Schritt
Im Herzen bin ich zwischen Kindsein und Teenie hin und her gerissen
In pubertären Schüben wird meine kindliche Seele zerschlissen

Das Kind in mir passt gar nicht mehr in diesen reif werdenden Körper hinein
Meine neuen Bedürfnisse sind mir auch noch fremd, ich würde am liebsten schreien
Auffallen ist wichtig, heiße Klamotten, denn die machen mein Selbstbewusstsein stark
Meine Persönlichkeit sucht noch ihre Richtung, der Weg ist verwirrend und hart

Aber ich glaube, wenn ich mich erst einmal gefunden habe
Dann erlebst Du mit mir wieder glückliche und ruhigere Tage
Ich bin schrill, schräg, schlampig, das gehört alles auf jeden Fall dazu
Herumirren, Ausprobieren, Fehler machen, das ist mein Weg zur inneren Ruh

Ich werde innerlich wirklich so richtig ausgeglichen und stark
Dein Kind wird auf diesem Weg ein Mensch, der Persönlichkeit hat
Und der seine eigene Mitte, sein inneres Gleichgewicht hat gefunden
Dann wird sich Deine und meine Welt in ganz neuem Licht verbinden

Auf diesem heftigen Weg zu mir selbst, solltest Du mich treu in Liebe begleiten
Auch wenn ich launisch bin, oder Du Angst hast, wenn ich mich verkleide
Ich bin dann auf dem Weg zu meiner eigenen, innere Mitte
Für mich existieren dann weder Moral, noch Ethik noch Sitte

Ich stelle für mich neue, eigene Regeln auf
Bitte bitte nimm mit viel Geduld meine ganzen Entwicklungsphasen in Kauf
Du hast diese Biologie ja schon damals ziemlich heil überstanden
Lass mich zu, sei tapfer und liebevoll, dann fühl` ich mich auch im Sturm von Dir verstanden

Ich durchlebe die Phasen, ein reifer, neu geprägter Mensch zu werden
Dir ähnlich und dennoch eigenständig, mit viel individuellen Gebärden
Bitte stehe in jeder Phase meines Lebens zu mir, besonders in der Pubertät
So werden wir beste Freunde, Verbündete, deren Leben unter den Flügeln der Liebe steht

Lass Dich überraschen, wer und was alles in mir steckt
Du wirst es sein, die ihr Kind völlig neu entdeckt
Und Du wirst merken, wie gut der Nektar der Mutterliebe schmeckt
Denn auch während der Pubertät wirst Du heimlich von meiner kindlichen Liebe zugedeckt

26b
Pubertät 2: Krasssss, ein Rap

Ich war klein, war allein, im Kindergarten voll die Sorgen
Konnte nachts nicht richtig schlafen, hatte Panik vor morgen
Steckte jeden Tag Prügel von `nem dicken, fetten Typen ein
Keinen Trost, keine Mutter, mit meiner Angst ganz allein

Ich im Dunkeln, das war krass, der böse Onkel im Schrank
Unterm Bett, ein Ungeheuer, schnaufend, voll der Gestank
Jede Nacht, wilder Kampf, wilde Monster, böse Drachen
Voll die Angst, Mega Panik, Du besoffen, `ch hör Dich lachen

Ey Mum, warst Du bei meiner Geburt dabei?
Ey Mum, lebe ich noch oder ist es schon vorbei?
Ey Mum, weißt Du, wer ich bin? Dein Herz ist voll Hass!
Ey Mum, fuck you, Du bist voll Scheiße voll krass!

Ich jedesmal in der Schule voll abgekackt
Nicht mal ne vier, schon wieder nichts gepackt
Wen interessiert`s, ob ich gut bin oder schlecht
Verstoßen, Kälte, Du klaust Dir scheinbar jedes Recht

Das Ticket für`n Kind, wer hat`s Dir gegeben?
Das OK, zu gebären, zu zerstören mein Leben?
Hast Du wirklich das Recht für alle Kälte, allen Hass?
Um mich zu machen, hattest Du dabei wenigstens Deinen Spaß?

Ey Mum, warst Du bei meiner Geburt dabei?
Ey Mum, lebe ich noch oder ist es schon vorbei?
Ey Mum, weißt Du, wer ich bin? Dein Herz ist voll Hass!
Ey Mum, fuck you, Du bist voll Scheiße voll krass!

Der Alte weg, High Heels, Lack und Leder, voll die Tussi
Voll die Schlampe, voll pervers, Dich nagelt jeder One-Night-Fuzzi
Kein Zuhaus!! Auf Dir reiten nur noch kalte Sado-Typen
Scheiß Kerle, Du säufst, bist auf Droge, ich hol Dich nachts von den Polypen

Hey Du! Wann fragst Du eigentlich mal nach Deinem Kind?
Jetzt weiß ich, warum Dir fucking Macker immer wichtiger sind!
Keine Chance, alles aus, ich muss raus, dieser Rap macht mich frei
Hau ab! Verzieh Dich, ändere was, sonst bist Du nie mehr dabei!

26c Partyfieber und Gefahren

Ich liebe Feten, geile Partys und Abfeiern ohne nachzudenken
Kein Zeitlimit, keine Eltern, nur gute Laune, tolle Feelings, einfach nur abhängen
Sich gehen lassen, die Sau raus lassen, tausend gute Gefühle dominieren
Es ist einfach nur geil, sich in guter Stimmungen mit anderen zu verlieren

Egal, wie jung oder alt ich auch bin
Feiern und mal nicht nachdenken, das macht Sinn
Kein Druck, keine Erwartungen, kein Stress, nur angenehme Gefühle
Seele baumeln, sich fallen lassen, ausflippen kann zu innerem Gleichgewicht führen

Was machst Du, um Dich gut zu fühlen und um dem Alltagsstress zu entfliehen
Was machst Du, um Dich im Alltag ab und zu mal richtig gut zu fühlen
Welche Menschen hast Du, die Dich im Herzen und in der Seele berühren
Welche Menschen gibt es, die Du kontaktierst, um gleichgesinnte Konversation zu führen

Ich kann hier abschalten und gute Laune verbreiten
Ich kann neue Leute kennen lernen und verschönern meine Jugendzeiten
Mit jungen Leuten Party machen ist eine andere Welt
Nur Spaß, Privatleben, ausflippen, tiefer Freiheitsdrang und Alltagsflucht zählt

Es ist wichtig, Gleichaltrige oder etwas Ältere ganz privat zu treffen
Und in ganz neue, andere, private, ältere, ungewohntere Rollen zu schlüpfen
Ich erscheine auf Partys dann auch für mich selber in einem ganz anderen, neuen Licht
Fühle mich freier, erwachsener, reifer und erfahre mich selbst aus einer neueren Sicht

Ich bin auf Partys anders, ich erlebe mich, wie ich im Alltag oder Zuhause nicht bin
Mich neu erleben, mich neu entdecken, mich neu entwickeln macht für mich einen Sinn

Unbefangen zu tanzen, das macht mich ziemlich frei
Unbefangen mit zu singen, das macht mich innerlich frei
Unbefangen Konversation zu betreiben, das nimmt mir viele Blockaden
Unbefangen mich selbst von vielen Seiten zeigen, das nimmt mir Hemmungen

Junge Teenies, Jugendliche unter sich, das ist eine ganz andere und sehr sensible Welt
Gemeinsamkeit, Akzeptanz, Loslassen, Freiheit, Ungehemmtsein, Privates zählt
Kaum Regeln, Grenzen, Verbote, keine Ansprüche, jugendliche Energien fließen lassen
Sich von rhythmischen Bewegungen, Stimmung, dem Fieber der Freiheit berauschen zu lassen

Ich kann der sein, der da noch ganz tief in mir lebt
Ich kann ein Gefühl raus lassen, das da noch tief in mit bebt
Ich kann meine ganz private Seite zeigen und mich zu mir selbst überwinden
Partys helfen mit auch dabei, mich selber und meinen Weg zu finden

Partys sind Erfahrungen, die mich für mein Leben prägen
Es gibt hier keine Erwachsenen, die immerzu an mir sägen
Es gibt keine Situationen, Menschen, die mich hemmen oder quälen
Partys helfen mir, mich in vielem, in meiner eigenen Tiefe zu öffnen

Kinder, Teenies müssen von Zeit zu Zeit ausflippen
Weil wir Kinder nun mal anders ticken
Wir haben viele ungeordnete, stürmische Energien
Wir müssen ab und zu aus unserem Alltagsstress fliehn

Ich brauche Gleichaltrige, um mich mit ihnen zu ergänzen oder mich an ihnen zu reiben
Ich brauche ab und zu diese andere Atmosphäre, um mich wohl zu fühlen
Ich brauche es, mich auf meine Weise altersgerecht auszutoben
Und gemeinsam mit anderen zu gehen auf partygeilem, heißen Boden

Ich brauche eigene Erkenntnisse über andere und über mich selbst auch
Ich brauche eigene Erfahrungen, Erlebnisse mit den anderen, fern von elterlichem Brauch
Ich sollte zwar schon meine wichtigen Grenzen und Gefahren kennen
Aber ich brauche auch den Reiz, diese ganz unbeobachtet überschreiten zu können

Gefahren in meinem Leben, vor denen kannst Du mich nie allseits, rundum zeitlos schützen
Oft sind es gerade Gefahren, gewisse Erlebnisse, die mich in meiner Entwicklung unterstützen
Durch Gefahr können plötzlich sehr feine, seismographische Sensoren in mir entstehen
Intuitionen, Prophylaxen, Vorahnungen von manchen Übeln, die einst vor der Türe stehen

Du kannst mein Leben nicht abdichten, mich nicht in einen Glaskasten stecken
Und mich nicht vor dem Leben und seiner Schattenseite isolieren und verstecken
Mich nicht durch Liebe, Fürsorge, Deine Ängste oder elterlichen Schutz erdrücken
Sonst kann ich selber keine Selbstschutzmechanismen, keine Eigenverantwortung entwickeln

Selbsterkenntnisse ist ein eigener Wert, den muss ich selbst entdecken
Selbsterfahrung ist ein eigener Wert, den muss ich in mir wecken
Überliefertes, Erfahrungen anderer, auch Deine, das hat eine andere Qualität
In meinem Leben werde ich es allein sein, der in meinen eigenen Schuhen geht

Was tust Du, ist es Liebe oder sind es Fesseln
Was tust Du, ist es Fürsorge oder sind es Ketten
Was tust Du, mich gefährden oder mich retten
Was tust Du, mich einengen oder mein Leben verstecken

Lebe ich Dein Leben, oder darf ich mein eigenes Leben leben
Lebe ich Deine Ansprüche an Dich oder darf ich mir eigene Ziele geben
Muss ich wirklich in Deinen Schuhen, die mir nicht passen, gehen
Muss ich auf Deinen Wegen Deine Früchte essen oder darf ich eigene Samen säen

Was tust Du, an Dich oder wirklich erst einmal an mich denken
Was tust Du, an Deine Bedürfnisse oder an meine eigenen zu denken
Was tust Du, mein Leben gewissenhaft, ehrlich, in einem größeren Rahmen lenken
Was tust Du, mich benutzen oder kannst Du Dich dazu, mich frei zu lassen, überwinden

Ich brauche auch das Gefühl, auf mich selbst gestellt zu sein
Und dass mir niemand redet in meine Entscheidungen rein
Ich brauche die Freiheit, das zu tun, was ich für richtig und gut halte
Auch wenn ich dies alles vielleicht noch nicht richtig gestalten kann

Wir brauchen das Gefühl, mal unbeobachtet, ganz frei und wir selbst zu sein
Und dem Käfig Kindheit ab und zu ganz zu entflieh´n
Und meine Flügel in meinem eigenen Rhythmus zum Schwingen zu bringen
Auch wenn dabei vielleicht öfter mal komische Melodien erklingen

Ich brauche die Freiheit, Fehler zu machen und selber zu entscheiden
Ich brauche die Freiheit, dass meine Gefühle in mir mich ungeniert treiben
Ich brauche die Freiheit, unbeobachtet zu sein und ein Privatleben zu haben
Ich brauche die Freiheit, mich auszuleben und mitzuschwingen an des Lebens Gaben

Ich muss wissen, dass ich die Freiheit habe, mich selbst zu finden
Ich muss wissen, dass es Möglichkeiten gibt, mich in vielem zu überwinden
Ich muss wissen, dass ich Dein Vertrauen habe, und Du hinter mir stehst
Auch wenn ich auf Partys, Feten, sonstige Festivitäten geh

Ich begegne vielen Reizen und weiß, einigen sollte ich widerstehen
Die Versuchung, gebe ich mich ihr hin oder sollte ich mich ihr entziehen
Bin ich verantwortungslos mir selbst gegenüber, begebe ich mich unnötig in Gefahr
Ich kann manchmal nicht widerstehen, brauche die Erfahrung und schreite zur Tat

Wichtig ist es für mich, altersgerecht und je nach Reife weitgehendst aufgeklärt zu sein
Bin ich dies nicht, und ich gehe naiv und unwissend in so mache heiße Party hinein
Dann kann ich in Gefahr kommen ohne das wirklich zu erkennen oder zu wissen
Und werde vielleicht durch die routinierte Anmache von jemandem biologisch verschlissen

Ich sollte von Dir wissen, was auf Partys passieren kann und wo welche Gefahren sind
Auch wenn ich ein junger Teenager, große Klappe, dennoch bin ich noch ein Kind
Ich sollte wissen, wo Grenzen sind und was passieren kann, wenn ich sie missachte
Sei kein verbotener Finger, sei mein Freund, der mich rüstet für prickelnde Mächte

Schenke mir diese Freiheit für meine Seele
Schenke mir diese Freiheit für meine tiefen Gefühle
Schenke mir diese Freiheit auch als Ausgleich für mein stressiges Alltagsleben
Schenke mir diese Freiheit auch als Zeichen Deines Vertrauens und Deiner Liebe

Dein Vertrauen macht mich partyfest
Deine Freundschaft macht mich fetenfest
Deine Türöffner in mein eigenes Leben macht mich bereit
Deine Weisheit und Botschaft legt meine Eigenverantwortung frei

Trage mich nicht durch mein Leben, weder innen noch außen
Sei mein Schuster für alle Fälle, wenn meine Schuhe rauchen
Schenk mir Flickzeug, damit ich sie selbst wieder reparieren kann
So bringen sie mich sicher, weise, stark und geschützt voran

Und ich werde Dir ab und zu eine wundervolle Party im Leben schenken
Und Dir zeigen, dass freie Kinder wie ich in Liebe an Dich denken
Und Dir liebevoll Deine eigene elterliche Freiheit geben
Und Dich ebenfalls loslassen in Deinem eigenen Leben
Und dennoch für immer in Liebe mit fähigem Schuhwerk an Deiner Seite stehen
Und wenns sein muss, Deine Schuhe flicken auf Deinen Wegen

27 Soziale Netzwerke, Kommunikation, virtuelle Beziehungen

Vielleicht bin ich sehr schüchtern und habe es bisher gar nicht lernen können
Mich zu öffnen, meine Gedanken und meine Gefühle jemals mitzuteilen
Vielleicht habe ich es bisher nur gelernt, mich eher zu verstecken
Und mich in eine Welt aus Flucht und Ungesehen-Sein einzudecken

Vielleicht war bisher niemand an mir interessiert, und zwar an dem, der ich bin
Vielleicht wurde ich eingeschüchtert, geängstigt und bekomme das jetzt nicht mehr hin
Mich zu öffnen bzw. mich wirklich einem Menschen sprachlich und direkt mitzuteilen
Ich muss mich aus Angst und Schüchternheit mit Hilfe von Netzwerken verkleiden

Vielleicht hast Du oder habt Ihr mir von klein auf Angst gemacht
Und mein Herz hat als Kleinkind gar nicht viel gelacht
Und wenn ich mal Gefühle zeigte, dann stieß ich auf Ablehnung oder Kälte
Und brauchte ich Liebe, Wärme, Gefühle, dann erntete ich vielleicht nur Härte

Und so begann ich dann eben meine Gefühle alle in mich hineinzufressen
Und so den Anschluss an eine freie, gesunde Entfaltung meiner selbst richtig zu verpassen
Vielleicht gab es für mich keinen Raum, angenommen und geliebt zu werden um meinetwillen
Um meine kindliche Sehnsucht nach Liebe, Akzeptanz, Verbundenheit je zu stillen

Es scheint, dass ich sehr große Probleme habe mit dem Sich-Öffnen, Sich-Zeigen
Und nun brauche ich Netzwerk-Kommunikation, um möglichst ungesehen zu bleiben
Schüchternheit, Ängste, Störungen meines Selbstwertgefühls machen mir vieles schwer
Beim Chatten, Mailen, in der ganzen virtuellen Welt bin ich nicht ganz so leer

Hier brauche ich weder Mimik, Gestik, Gefühle noch meine Augen zu zeigen
Und kann im sicheren Verborgenen, ungesehen, wie ich es gewohnt bin, unsichtbar bleiben
Vielleicht bin ich das Unsichtbar-Sein, Nicht-Willkommen-Sein durch Euch gewohnt
Vielleicht hat mich Deine Gleichgültigkeit, Trennung von Dir, Einsamkeit geprägt

Im Internet kann ich meine Sehnsucht nach Familie, Nähe, Zugehörigkeit decken
Und so tun als gehöre ich dazu, mich hinter einer erfundenen Identität verstecken
Und mich willkommen fühlen, mir eine Position im Dasein geben
Die mir fehlt in meinem eigenen einsamen Leben

Das Sprechen, direktes Reden, sich öffnen und reagieren habe ich nie gelernt
Ich habe früh gefühlvolle Zuwendung und Wertschätzung meiner selbst entbehrt
Ich wurde klein gehalten und durfte nur möglichst unauffällig meine Kindheit verbringen
Daher muss ich heute, um Gefühle zu zeigen, mich zu öffnen, mich mitzuteilen ringen

Von klein auf eingeschüchtert, geängstigt und ignoriert, so kann es passieren
Dass Kommunikationsfähigkeit, Selbstachtung und Selbstbewusstsein schnell einfrieren
Beim Chat kann ich mich lösen, mich besser öffnen, weil mich niemand dabei sieht
Ich bin es, der vor sich selbst, vor anderen, dem Gesehen-Werden flieht

So ist es wichtig, dass ich von klein auf sprechen darf und meine Meinung auch sagen
Ich meine Gefühle zeigen und Gefühle empfangen darf, ohne um Erlaubnis zu fragen
Es ist wichtig, angenommen und wahrgenommen zu werden, ohne mich konstant zu ignorieren
Dies kann sonst zu Depressionen und Kontaktstörungen in mir und außerhalb von mir führen

Wenn ich älter werde, immer introvertierter und mehr den Rückzug antreten muss
Dann ist das nicht mein Charakter, sondern ich mache mit Eurem Verhalten Schluss
Indem ich mich wie Ihr auch ablehne, und mich nur noch in mir verstecke
Und meine Gefühle verheimliche, mich einkapsle und mich auf diese Weise vor Euch rette

Ich werde somit nicht gemeinschaftsfähig sein sondern fähig im Sich-Verstecken
Und mich in meine Welt aus Einsamkeit, Unverständnis, Schatten und Rückzug retten
Ich bin in einem Käfig aus Schweigen, Erröten, Schüchternheit ganz einsam gefangen
Habe Probleme mit Außenwelt, Beziehungen, die einen direkten Kontakt bedingen

Meine ganzen Gefühle habe ich dann von klein auf in mir angestaut
Und dieses emotionale Chaos in mir ist es, was meine Beziehungen zu anderen versaut
Ich muss erst einmal lernen, wie es ist, sich innerlich frei zu machen
Und wie es ist, einmal ganz frei und herzlich und natürlich zu lachen

Ich muss wissen, dass es nicht peinlich ist, wenn ich über Gefühle spreche
Muss wissen, dass es niemanden gibt, mich von innen her zu brechen
Und dass da niemand ist, der mich auslacht und nicht ernst nimmt
Und der nur nach meiner Unterdrückung und nach Ablehnung meiner Person sinnt

Ich muss lernen, wenn ich mich öffne, ich keine Sanktionen, keine Strafen ernte
Oder Abneigung gegen mich und Abwehr, was ich ja bisher durch Dich oder Euch lernte
Ich muss lernen, ich selbst zu sein und mich mutig in der Gemeinschaft zu vertreten
Und ich mich nicht verstecken darf hinter virtuellen oder erfundenen Identitäten

Oder ich bin geflohen aus Deiner Welt, weil es nur ärger und Stress für alle gab
Oder weil ich in eine Rolle kam, die mich maßlos überfordert hat
Trat die Flucht an, damit ich selbst noch genug Kraft und Freiheit für mich selber hab
Deine Welt, in der es für ein Kind vielleicht keinen rechten Platz mehr gab

Nicht einfach, das, was man als Kind erfahren hat, später einfach so abzulegen
Denn die Bodensubstanz, auf der ich später gehen werde, könnt erst mal Ihr Eltern legen
Ihr bestimmt durch Euer Verhalten über meine Entwicklung, über mein späteres Leben
Chats, virtuelle Kommunikation können zu ersten Schritten, mich zu öffnen, führen

Doch wird dies zu einer Sucht
Bin ich ewig auf der Flucht
Fragt Euch, vor wem oder vor was
Habe ich in meiner einsamen Kammer wirklich Spaß

Wird man als Kind nicht ernst genommen und stets ignoriert, isoliert, unterdrückt
Dann ist ein wichtiger Schritt zur Entfaltung meiner Identität missglückt
Und es ist dann Euer ganzes emotionales, ignorantes und ablehnendes Schweigen
Die mich später in kommunikative Verzweiflung, Frust, Krankheit können treiben

Lasst mich ein Kind in Eurem Leben sein, empfangt mich, lasst uns gemeinsam ins Leben starten
Lasst mich mich selbst ausdrücken, auf meine kindliche Weise und lasst mein Herz atmen
Nehmt mich wahr, gebt mir und meinen Worten Beachtung, meinen Gefühlen einen
   gesunden Raum
Und sprecht mit mir, gebt meinen Ideen, meiner Meinung und meinen Gedanken Raum

Erlaubt mir meine kindliche Entfaltung in einem Euch möglichen Beziehungsrahmen
Und bitte geht auf Wichtiges von mir ein, bitte übergeht nicht zu viele meiner Signale
Und gebt mir das Gefühl, ein wichtiger und geliebter Teil Eures Lebens zu sein
Auch wenn ich Euch nicht in allem entspreche, vielleicht bin ich noch zu klein

Gebt mir das Gefühl, dass wir ein Team, eine Gemeinschaft, eine gemeinsame Gruppe sind
Und dass Worte, Ausdrucksweisen, Gefühle und Gedanken sehr sehr, sehr wichtig sind
Dass ich wertvoll bin, egal, was ich auch zu sagen habe, es bedeutet Dir sehr viel
Verstehe meine Botschaften, meine Worte, meine Gesten und meine Mimik mit Herzensgefühl

Erlebe, erfahre mich von allen Seiten und gib mir auch das Gefühl, für Dich wichtig zu sein
Dies bringt Stärke, Selbstbewusstsein und Selbstvertrauen in mich kleines Wesen hinein
So werde ich auf liebevolle Weise gesellschaftsfähig und sozial kompetent gehen
Ich lerne von Dir Gefühle, Worte, Tonfall, Gestiken und Mimik, um Lebewesen zu verstehen

Wenn man schüchtern ist und immer alles von klein auf in sich hinein frisst
Dann passiert es, dass man ganz schnell ungewollt ein Außenseiter oder ein Freak ist
Und man bzw. ich wird dann in seinem ganzen Kern völlig verkannt
Weil man sich dann selber und anderen ängstlich davon rennt

Kommunikation mit mir, Deinem Kind ist so lebenswichtig wie ein Atemzug
Kinder wie ich bekommen vom kreativen Sprechen und sich ausdrücken gar nicht genug
Wie willst Du mich kennen lernen, wenn Du mich abwehrst und mir verbietest, mich zu zeigen
Damit wirst Du mich in den Rückzug, die Einsamkeit, Kälte, Leere, Traurigkeit treiben

Was willst Du mir mit auf meinen Lebensweg geben
Wenn Du mir nimmst mein Recht auf Leben
Wenn Du verwehrst, dass es mich gibt
Wenn Du nur Dich selbst oder niemanden liebst

Reden heißt leben
Agieren braucht Reagieren
Interaktion heißt Beziehung und sich erfahren
Miteinander, zusammen heißt, gemeinsam sein, gemeinsam leben

Wenn Du mir diese Chancen nimmst, dann schränkst meine Entwicklung schädigend ein
Vielleicht brauche ich später eine Therapie, um dann kommunikationsfähig zu sein
Um Sprachbehinderungen, Krankheiten, Lebensunfähigkeit zu verlieren
Und meine innere Einsamkeit, Depressionen und Leere in mir heilsam zu korrigieren

Erkenne die Wichtigkeit, dass wir beide Gesprächspartner sind, aufeinander eingehen sollten
Und dass wir beide uns austauschen und gemeinsam auch mal kindgerecht Kriegsrat halten
Und dass Du versuchst, gefühlvoll meine kindliche Sicht der Dinge zu sehen
Und versuchst, mich mit einzubeziehen, mich zu sehen und möglichst wenig zu übergehen

Kommunizieren heißt leben
Kommunizieren heißt empfangen und geben
Kommunizieren heißt fließende Energie
Gott der Energie Leben verlieh, Gott dem Leben Energie verlieh

Ignoranz, Teilnahmslosigkeit, Gefühlskälte, Angst, Unterdrückung sind keine Milch, sind Gift
Abwehr, Einschüchterung, Ablehnung meiner selbst, Verurteilung, Überforderung sind Gift
Disharmonie, Trennung, Rückzug Deiner selbst, Flucht vor Deinem Leben, in dem ich
  bin, sind Gift
Ich wünsche Dir und mir, dass es uns beide niemals so hart trifft

Bitte nimm mir nicht mein Leben, lass dies alles niemals so weit kommen
Ich hoffe, dass diese Zeilen Dich in Deinem Herzen kommunikativ erreichen können

28 Erste Liebe

Meine Nächte sind unruhig, geladen, voll Power
Jede Nacht Spannungen, die Hormone liegen voll auf der Lauer
Mein Herz überschlägt sich, mein Puls rast ab und zu davon
Wie ich diese inneren Schauer nur ertragen kann

Ein Mensch, der mein Herz zum Rasen bringt
Ein Mensch, der meine ganzen ungezähmten Launen beschwingt
Ein Mensch, der meinen Bauch zum Brennen bringt
Wenn ich an diesen denke, mein Herz total im Dreieck springt

Tonnenweise Hormone, die rauschen in mir wie eine heiße Flut
Brennen im Bauch, als entflammt in meinem Magen feuerrote Glut
Himmel hoch jauchzend, dann betrübt, doch das heiße Kribbeln tut so gut
Alles durcheinander in mir, Hitzewallungen, Hormonstau, Achterbahn im Blut

Ich bin wie von Sinnen, zwischen extremen Gefühlen mache ich Spagat
Ich ziehe mich zurück, ordne meine Gefühle, wie gut, wenn man klare Gedanken hat

Was sind das für wilde Gefühle, die da in mir toben
Mir ist nach lachen, weinen, schreien, es zieht mich alles zu Boden
Bin ich wirklich echt von Kopf bis Fuß verliebt?
Oder ist alles nur ein ganz natürlicher biologischer Trieb?

Ich hänge noch mitten in der meiner schwierigen Pubertät
Feuchte Träume, Notendruck, Chaos im Kopf und keiner, der mich versteht
Ich ziehe mich zurück, bin genervt und komme gar nicht richtig klar
Rosarote Brille, Kribbeln, Lava im Blut, Überdruck, ist alles nicht wahr

Gefühlschaos, Spannungen, Wahnsinn im Hirn und Druck wegen Noten
Meine Gedanken spielen verrückt, meine Hormone schlagen Kapriolen
Ich brauche Ruhe, Anti-Stress, Verständnis und Raum für mich wäre gut
Bitte fang mich auf, halte mich, ich verbrenne in meiner inneren Glut

Mein ganzes Leben stürzt über meinem Kopfe ein
Ich könnte von morgens bis abends nur noch schreien
Verstehe mich bitte, am besten liebst Du mich mit Humor
Deine ganze Elternliebe, Dein Verständnis halten bei mir lange vor

Erste Liebe
Wachstumsschübe
Chaos im Kopf
Reißen mich am Schopf

Sturm und Drang, eine harte Zeit
Lass mich nicht allein, mein Weg ist noch weit
Ich bin zerrissen, nichts ist da, wo es sein muss
Bitte ertrage mich, red nicht viel und gib mir nur einen Kuss

Ich halte extremste Spannungen aus
Mein Körper ändert sich, alle Gefühle nehmen ihren Lauf
Im Hirn fehlt es mir ganz deutlich an Klarheit
In der Schule nur Stress, ich entziehe mich der ganzen Wahrheit

Was ich brauche, ist Ruhe und viel Verständnis für mich
Meine Gefühle und Gedanken, die fangen sich nicht
Chaos, wirres Zeug kommt ans Tageslicht
Mama / Papa, bitte bitte in diesem Zustand liebe mich

Dieser reine Wahnsinn an extremsten Gefühlen
Überwältigt mich Tag und Nacht in unerwarteten Schüben
Doch Du, Mama / Papa, bist immer in jeder Situation für mich da
Dein Kind dankt es Dir von Herzen, wenn mein Geist wieder klar

Wenn ich auch zur Zeit Dein stacheliger Kaktus bin
Gefühlschaos, Körperreife und Verwirrtheit machen alle Sinn
Hand in Hand, leicht stachelig, in Liebe sollten wir beide Verbündete sein
Ich werde später Dein starkes, klares, erwachsene Kind sein

Denn Deine Liebe und Verständnis haben mich entwirrt und geben mir Kraft
Ich werde ein ausgeglichenes Kind, erwachsen, das im Leben alles besonnen schafft

29 Kinder bekommen Kinder

Vielleicht habe ich niemals ein richtiges Familienleben kennen gelernt
Vielleicht ist es aber genau das, wonach sich mein Herz, meine Seele so sehnt
Familienleben, Zusammenhalt, Gemeinschaft und Wärme
Und man hat sich gegenseitig wenigstens ein kleines bisschen gerne

Sich umeinander kümmern und ganz selbstverständlich zusammenhalten
Und ein gemeinsames Leben mit Nestwärme, Liebe und Hingabe zu gestalten
Wo Fürsorge, Hand in Hand, gemeinsamer Halt sorgen für eine innere Stabilität
Wo der eine in allem bestmöglich hinter dem anderen steht

Alles, was ich bisher vermisst habe in meinem jungen Leben
Das würde ich jetzt gerne meinem Kinde alles geben
Ich will eine Mutter sein, die ihrem Kind gibt, was ich selber vermisst habe
Ich fühle, das Mutter sein liegt mir und ist eine ganz besondere Aufgabe

Ich bin bereit, aber ich vergesse, dass ich zwar einerseits meinem Kinde gebe
Aber dass ich hier auch mir durch mein Baby das, was ich immer vermisste, gebe
Was ich ihm gebe, das schenke ich auch mir selbst
So ist es auch mein Kind, welches die Leere in mir füllt

Ein Baby bringt Herzlichkeit, Liebe und Nestwärme in mein junges Leben
Da ist dann jemand, dem ich alles aus meinem liebenden Herzen kann geben
Aber in erster Linie gebe ich mir selbst all diese Dinge, auch wenn mein Baby sie empfängt
Indem ich alles gebe, was ich nie hatte, bin ich es, die unbewusst an sich selber denkt

Ich will eine Familie, ich will ein Nest und alles geben
Ich will dadurch nachholen mein bisher ungestilltes Leben
Mein Kind ist eigen, aber auch Brücke zu mir
Es gehört sich selbst, doch es schenkt mir auch das WIR

Das Baby kann ohne mein Wissen in mir alles stillen, was ich entbehrt habe
Das Baby gibt mir durch meine Rolle als Mutter auch reichlich Nestwärme
Das Baby nimmt mich als den an, der ich bin, vertraut mir und weckt Mutterinstinkt
Der mich durch mein ungestilltes Leben und durch meine vielen Sehnsüchte lenkt

Ein Baby ist Ersatz für das, was ich misste und das ich musste entbehren
Mit einem Baby werde ich ein Team, Zusammenhalt, Gemeinsamkeit entstehen
Ein Baby wird die Fortsetzung meiner vielleicht schweren, ungestillten Kindheit sein
So stillt es meine Kindheit, aber in einem völlig hellen, warmen, eigenen Sonnenschein

Kannst Du das alles verstehen
Wonach ich mich so sehr sehne
Eine Familie, die es nie für mich selber gab
Dafür mein Baby mich jetzt als engen Verbündeten hat

Und wenn der dazugehörige Partner auch noch zu uns hält, dann habe ich Sicherheit
Dass es für den Traum von einer eigenen, warmen Familie endlich wird Zeit
So kann es passieren, wenn junge Kinder wie ich kein Familienleben kennen
Und zu viel Emotionales und Stabiles in ihrem jungen Leben entbehren

Wir flieh´n in die Mutterrolle, denn ich fühle mich für diese Aufgabe bereit
Durch mein Missen und Ungenährtsein aus meiner eigenen Kindheit
Ich bin empfangsbereit für alles, was meine innigsten, tiefsten Sehnsüchte stillt
Ich bin bereit für ein Baby, das in allem zu mir hält

Ich weiß nicht, was es heißt, ein Kind aufzuziehen
Ich bin nur dabei, mich in eine liebevolle Mutterrolle zu verlieren
Ich bin mir nicht bewusst, was ein Kind für eine große Herausforderung ist
Ich sehe nur all das, was ich bisher so zahlreich habe vermisst

Und der Partner an meiner Seite, der ist für mich unbewusst vielleicht ein Elternersatz
Der Verantwortung trägt und mich auch ab und zu nennt seinen süßen Schatz
Er füllt meine tiefen, persönlichen, ganz privaten emotionalen Lücken
Und er versucht, meine Sehnsucht nach meinen Eltern und nach Liebe zu decken

Ich will alles besser machen als Du und zeigen, dass ich dies alleine schaffen kann
Ich will Partnerschaft, Familie, an welches Du gar nicht kommst heran
Das ist mein Traum, der meine tiefe Sehnsucht nach Liebe und nach Familie stillt
Ein Kind und ein Partner sind die Menschen, wo der eine den anderen erfüllt

Vielleicht kannst Du meine Sehnsucht nach Familienleben und Partnerschaft verstehen
Meine Sehnsucht nach Glück, Nestwärme, Zusammenhalt und gemeinsam zu gehen
Ich bin bewusst nicht wirklich für die Mutterrolle reif, weiß nicht, was mich erwartet
Ich will nur, dass mein Leben auf der warmen Sonnenseite mit Familienglück startet

Es wäre gut, wenn beide immer über alles sprechen können
Um Dir meine Sicht der Dinge und ihre Gründe klar zu benennen
Dann solltest Du nicht erschrecken und mich gleich verurteilen und niedermachen
Sondern mit mir die Dinge mal aus meiner Sicht, von meiner sehnsüchtigen Seite betrachten

Vielleicht würde ein offenes Gespräch auch unsere Beziehung weiten und intensivieren
Vielleicht kannst Du Dich selber auch einmal rückblickend sehen
Vielleicht kannst Du sensibel fühlen, wo die Ursache für meinen Kinderwunsch liegt
Und welches Bedürfnis, Verlangen, welcher Schmerz da ganz tief in meinem Herzen liegt

Vielleicht kannst Du ja den Wunsch nach einem Kind in mir noch ganz sensibel umleiten
Und wir beide gehen durch neue, schönere, liebevollere, nährende und herzlichere Zeiten
Vielleicht wirst Du ja ab jetzt möglichst intensiv in vielem oder in allem zu mir halten
Und wir beide werden nun ein Team, Freunde, engste Vertraute, Partner, die zusammenhalten

Vielleicht kannst Du diese oder jene Sehnsucht in mir stillen, neue Kräfte in mir wecken
Vielleicht kannst Du ja Deine elterliche Rolle mir gegenüber noch mal liebevoll überdenken
Und mir vielleicht das geben, was ich in meiner Mutterrolle und einer eigenen Familie suche
Vielleicht schlägt Deine Liebe, Deine Hingabe, Dein Verständnis in mir erfolgreich zu Buche

Du wirst erkennen, was ich vermisse und wieso ich mich auf eine eigene Familie versteife
Und dass ich das Ausmaß meiner Mutterrolle noch gar nicht so richtig begreife
Dass ich nur vor meiner kühlen, ungestillten, nicht einfachen Kindheit fliehe
Und in der Rolle als Mutter meine einzige Erfüllung nach einer warmen Familie sehe

Du könntest mir, wenn Du willst, eine Familie sein
Du könntest mich, wenn Du willst, beschenken mit Sonnenschein
Du könntest, wenn Du willst, mein Ersatz für Liebe, Nestwärme, Gefühl und Hingabe sein
Du könntest ersatzweise auf dem Weg der Liebe in mein noch junges Kinderherz hinein

Ich will ja nur ein bisschen Glück und einen Menschen lieben
Ich will ja nur einem Neugeborenen an meiner Stelle geben
Ich will ja nur einen vertrauten, geliebten Menschen hegen
Ich will ja nur auf der Seite der Liebe, der positiven Familiengefühle leben

Bevor Du versuchst, mich über die Mutterrolle aufzuklären
Versuche, meine sehnsüchtigen Träume nach Familie bzw. nach Nachwuchs zu verstehen
Versuche auch, meine eventuelle Sehnsucht nach Elternliebe zu verstehen
Versuche bitte nicht, meine Sehnsucht, Träume und privaten Gefühle zu übergehen

Verurteile mich nicht, siehe, dass ich auch ein Recht auf Liebe und Fürsorge habe
Dass ich Liebe und Fürsorge empfinde, sobald ich ein Kind unter meinem Herzen trage
Und diese Gefühle, die vermisse ich von klein auf, es hat nie eine Familie bei uns gegeben
Und wenn doch, dann war es unmöglich, mit Dir, mir Euch harmonisch zusammenzuleben

Ein Gespräch zwischen uns beiden, das ist sehr wichtig
Und eine Änderung in meinem Leben, die wäre jetzt auch wichtig
Du kannst meine tiefen, inneren Lücken vielleicht noch rechtzeitig etwas decken
Und ganz neue Energien und andere Lebenspläne in mir wecken

Gemeinsam mit Dir kann mein Leben gewiss eine neue Richtung annehmen
Indem Du versuchst, mir durch Deine Liebe, Güte, Verstehen eine neue Einsicht zu geben
Verurteile mich nicht, denn ich bin auch nur auf der Suche nach dem, was mir alles fehlt
So wie jeder andere auch, wir suchen alle, und jeder sich seine erfüllenden Wege wählt

Lass uns ganz offen reden
Lass uns zusammen stehen
Lass uns in Liebe vereint sein
Lass der eine des anderen Sonne sein
Lass uns das ersetzen, was wir beide entbehrt haben
Lass uns liebevoll und gemeinsam einen neuen Schritt nach vorne wagen

30a Käfig Kindheit

Sobald ich auf die Welt komme, bin ich wie jeder von uns hilflos, ausgeliefert, nackt
Und zuerst bist Du in mich, meinen kleinen Körper, liebevoll, lächelnd vernarrt
Ein kleiner Mensch, dessen Kindchenschema Dein Herz in Innersten berührt
Und der Deine Liebe, Deine Haut, Dich selbst von Beginn an wahrnimmt und spürt

Von Beginn an bin ich von Deinem Verhalten abhängig und ertrage Dich von Herzen
Und zwar auch, wenn Du Dir selbst und mir verabreichst so manche Schmerzen
Ich nehme es sofort wahr und fühle es, wenn etwas nicht mit Dir stimmt
Denn ich bin Dein hochsensibles, ungeprägtes, unvoreingenommenes, eigenes Kind

Du prägst mich durch Deine Gefühle, die ich wahrnehme und durch Dein Verhalten
Du bist meine Erfahrung, mein Erlebnis, Du bestimmst meine Alltagszeiten
Du schenkst mit gute oder negative Gefühle, Du hast eine sehr sehr sehr große Macht
Du bestimmst, ob mein kleines Herz weint, zittert, blutet oder lacht

Ich kann nur empfangen, ertragen, erleben, was Du mir gibst konsumieren
Und auf meine Weise auf Dich und Deine Welt reagieren
Ich spüre sofort Veränderungen, ob ich etwas verliere, ob ich etwas muss entbehren
Du gibst mir viel, Du nimmst aber auch wieder einiges von mir weg
Ich bin es, der alles schweigend, weinend oder anderweitig innerlich erträgt

Ich wachse und reagiere immer auf Dich, egal was Du tust oder was Du auch unternimmst
Du bist es, der über meine Gefühle, meine Erfahrungen und meine Wurzeln bestimmt
Ich ertrage, leide, freue mich, ertrage wieder, reagiere und wieder mal verliere
Du hältst Rituale, festen Zeiten nicht ein, kein Rhythmus, keine beständigen Gefühle

Ich komme aus der Nummer, mich stets neu anzupassen, keine Sicherheit zu haben, nicht raus
Ich ertrage, reagiere auf alles, lerne und ziehe unbewusst die Konsequenzen daraus
Ich bin Dein Spiegel, zeige Dir, welche Konsequenzen Dein Verhalten für uns beide hat
Bin ich gereizt, ängstlich, nervös, spiegelt das Unruhe und Spannungen, die ich ertrag

Ich wachse, reife und nehme als kleines Kind immer mehr und anders wahr
Ich verarbeite alles, was durch Dich und andere Menschen geschieht und geschah
Ich ertrage Deine Launen und Deine negativen Kräfte, die ab und zu über Dich kommen
Und reagiere mit weinen, schreien, weil ich mich dann sehr unwohl fühle und benommen

Mein Bewusstsein ist noch fern, ein großer Schutz, ich kann noch nichts bewusst erkennen
Kann Probleme, Gefühle, Negatives, Störungen noch nicht wirklich beim Namen nennen
So rauschen diese Dinge an meinem Geist vorbei, ohne dort haftend zu verweilen
Aber seelisch, emotional nehme ich alles wahr, Deine Gefühle mich überall stets begleiten

Du bringst mich in viele Situationen, durch die ich täglich hindurch muss
Was mir Ertragen und Verarbeiten hilft, ist von Dir ein liebevoller, zärtlicher Kuss
Du setzt mich unter Druck, ich Spannungen, Probleme ertrage und alleine spielen muss
Mir helfen Deine Liebe, Verständnis, Geduld begleitet von einem lieblichen Kuss

Ich werde größer und die Erwartungen an mich, die wachsen natürlich reichlich mit
Halten meine Entwicklungen mit Euren Erwartungen an mich wirklich immer Schritt
Ich lerne im Spiel und mit Spaß auf kindgerechte und spielerische Weise
Ich soll dies tun oder das tun, auch wenn ich das nicht will und leide still und leise

Denn ich will Eure Erwartungen alle so gut ich es kann erfüllen
Und Eure Bedürfnisse alle bestmöglich durch mein Verhalten stillen
Ich soll Klavier spielen oder ein Instrument spielen und täglich stundenlang üben
Und dafür meine wertvollen, geliebten Bauklötze und Spielsachen zeitlich verschieben

Ich werde manchmal von Euch in Eurem Interesse zu ungewollten Taten getrieben
Die mir nicht immer leicht fallen, denn meine oberste Priorität ist nun mal das Spielen
Ich werde von Euch nicht immer wie ein Kind behandelt, sondern wie eine Marionette
Die Eure Wünsche erfüllt, Befehle ausführt und ich Euch in gute Gefühle versetze

Ihr lehrt mich Lesen, Schreiben, Zahlen, damit ich mich von anderen unterscheide
Und mich schnell entwickle, klug werde und bloß nicht einen Tag mal stehen bleibe
Ihr macht Druck, damit ich all Euren Ansprüche voll und bestens genüge
Ihr seht gar nicht, wie sehr Ihr meine Seele trübt, achtet nicht auf meine Gefühle

Ich unterstehe hilflos Eurem Willen und Dogmen, muss immer das tun, was Ihr sagt
Ihr immer ganz willkürlich meine Grenzen überschreitet, Euch weit nach vorn wagt
Ihr seht nur Euch, Du siehst nur Dich, was auf der Strecke bleibt sind meine Gefühle
Ich diene Euch, diene Dir, aber was ist mit meinem eigenen, freien, kindlichen Willen

Ich ertrage Eure Bedürfnisse, Launen, Meinungen, Eure Störungen, Eure Triebe
Ich ertrage Eure Dominanz, Euren Willen, Urteil, mir streng zugeteilte Liebe
Ich ertrage Eure Sicht der Dinge, Eure Worte, Euer Verhalten, Eure Vergangenheit
All das Euch in Blindheit, Unwissenheit, Unachtsamkeit und Unaufmerksamkeit treibt

In meinem Leben beansprucht Ihr willkürlich viel Raum, nehmt einen großen Platz ein
In meinem Leben haltet Ihr mich unten, manipuliert mich, haltet mich oft ziemlich klein
In meiner Kindheit nehmt Ihr ziemlich viel Rücksicht auf Euch selbst und lebt Eure Triebe
Oft fehlt es mir an Deinem Verständnis, Deiner Toleranz, Spaß, Freude und Deiner Liebe

Oft fehlt es mir an Freiheit, Entspannung, grenzenloser Hingabe, meinem eigenen Willen
Ihr benutzt mich oft, um Eure Ideen, Leere in Euch, Ansprüche an mich zu erfüllen
Ihr schiebt mich hin und her, bedrängt mich mit Eurer elterlichen Macht
Ihr sorgt dafür, dass die Sonne, auch wenn sie scheint, nicht immer für mich lacht

Wenn etwas nicht so läuft, wie Ihr es wollt oder Euch vorstellt
Dann gibt es Spannungen, Druck oder Sanktionen werden ausgewählt
Strafen gibt es, wenn ich nicht wie eine Marionette gehorche und auf's Wort pariere
Für mich ganz grausam, weil ich mich dann in Ablehnung mir selbst gegenüber verliere

Mein Selbstbewusstsein, meine innere Stärke wachst und fällt mit Eurem Verhalten
Ihr bestimmt, welche Gefühle, Einstellungen, welcher Seelenstress sich in mir entfalten
Ihr prägt mich stets, Ihr legt in ir das tiefe Potential einer seelischen Negativ-Quelle an
Eure Energie, Ihr also, begleitet mich somit, ohne selbst präsent zu sein, lebenslang

Ihr legt die Samen für meine späteren Früchte in mir an
Ihr lehrt mich, zu funktionieren, klein und unterdrückt zu sein, so gut ich kann
Meine Kindheit ist ein Käfig, dar Riegel, der Schlüssel und die Eisenstangen seid Ihr
Ihr macht, dass ich Selbstachtung, Wertschätzung, Willenskraft und Selbstvertrauen verlier

Ihr bestimmt, wie klein mein Kindheitskäfig ist
Ihr bestimmt, wann ich was intensiv vermiss
Ihr seid das Schloss zu meinen Gitterstäben
Ihr vergrößert oder verkleinert mein Gefängnisleben

Ich darf nur den Weg gehen, den Ihr mir vorschreibt
Einer von Euch immer kontrollierend an meiner Seite bleibt
Ihr versucht mich zu Euren Gunsten zu benutzen und in allem zu kontrollieren
Ihr versucht Euch, indem Ihr mich zu Euren Vorteilen benutzt, in mir selbst zu verlieren

Ihr lasst mir keine Luft, um öfter mal ganz tief und ganz frei durchzuatmen
Ihr befehlt mir, Ihr erwartet von mir, Ihr entscheidet ohne Euch einmal mit mir zu beraten
Ihr überschreitet meinen Grenzen, lasst mir keinen Freiraum, immer nur Ihr alleine bestimmt
Ihr vergesst, dass ich keine Marionette, kein Soldat, kein Eigentum, kein Sklave bin

Ich muss unpassende Rollen übernehmen und Kommandos ausführen
Und in Eurem Interesse und bei Besuch muss ich reibungslos funktionieren
Ich muss durch irgendwelche Sachen, die ich ganz gut kann, hervorragen
Ich muss Eure Ansprüche und vielen unangebrachte Erwartungen an mich ertragen

Ihr könnt alles besser, weil Ihr ein ganz anderes Wissen habt
Ihr wisst alles besser, weil Ihr Lebenserfahrung in Euch tragt
Ihr dominiert mich, tyrannisiert mich, und lasst für meine Fehler keinen Raum
Selbsterfahrungen, freie Entscheidungen, Ausprobieren, frei spielen, Fantasie walten
  lassen, Freude und Spaß entwickeln bleiben für mich nur ein Traum

Je weniger kindliches Verhalten ich zeige, desto glücklicher seid Ihr in Eurem Leben
Je schneller ich reife, lerne, belastbarer bin, desto mehr habt Ihr mich gerne
Ich lerne, dass es meine Aufgabe ist, Euch zu dienen und Euch gerecht zu werden
Und mich von Eurem Willen und Ansprüchen an mich von mir selbst zu entfernen

Ich muss alles mit machen, was Euer Herz begehrt
Statt dem Zoo oder dem Fantasialand man ins Museum oder an langweilige Orte fährt
Immer nur sittsam sein, erwachsen sein, reif sein und sich Euch in allem anzupassen
Entfremdet mich von Dingen, die Freude, glücklich und einfach nur Spaß machen

Ihr vergesst, wie es ist, ein Kind mit Kinderbedürfnissen zu sein
Und Erwachsenen hilflos und ungefragt ausgeliefert im eigenen Heim
Ihr vergesst es, dass Kinder kindliche und andere Bedürfnisse als Ihr haben
Und sich Kinder immer wohl fühlen sollten, viel lachen, spaßen an vielen Kindertagen

Wir Kinder sind kleine Wesen, unser Geist und Wahrnehmung ganz anders funktionieren
Wir unserer Fantasie, unseren Gefühlen und unserem Zusammenleben mit Euch unterliegen
Wir brauchen unsere eigene bunte geistige Seelennahrung und kindliche Erfahrung
Und vor allen Dingen Eure Unterstützung bei unserer eigenen Wahl und Entscheidung

Wir brauchen einen Schlüssel zu unserem Käfig, den wir ganz alleine verlassen dürfen
Um am bunten Leben, seinen Möglichkeiten und dem Saft der Lebensfreude zu schlürfen
Wir sollten auch einige Gitterstäbe selbst verschieben, andere an ihrem Platze lassen
Und wir sollten unseren Käfig immer bei Bedarf kindgerecht und im Rahmen verlassen

Und mal unsere kleinen, jungen Flügel kräftig ausbreiten
Und sehen, wie fähig wir schon sind für gewisse Flügelweiten
Und selbst erfahren, wie weit wir schon unsere Flügelchen schwingen können
Um uns selbst und unsere eigenen Fähigkeiten und Stärken einmal selber zu erkennen

Wir sollten in einem offenen Käfig mit sanften, leuchtenden, erwärmten Stäben leben
Die uns Sicherheit, Fürsorge, einen liebevollen Rahmen mit Freiheit und Toleranz geben
Und der Boden des Käfigs sollte auf weichen, aber beständigen, haltbaren Federn bestehen
Damit wir immer weich, gewärmt und dennoch auf festem, bruchsicherem Boden gehen

Wir sollten keinem großen Druck durch Euch ausgeliefert sein
Wir sollten keinem Stress durch Euch ausgeliefert sein
Wir sollten nicht immer nur Eurem Willen unterstehen
Wir sollten in unseren eigen Schuhen auf unseren eigenen Wegen gehen

Und unsere Kinderwelt kindgerecht auch selber mitgestalten
Und farbenfroh, lebensfroh, frei und ungeniert unseres Kinderamtes walten
Und in unserer Welt nach Lust und Laune, wie möglich, für heitere Stimmung sorgen
Und verschönern unser Leben, es verzaubern und sich freuen auf jedes neue Morgen

Unsere Bedürfnisse sind anders als Eure es je sein werden
Unsere Wahrnehmung ist anders als Eure es jemals sein wird
Unsere Gefühle sind so zerbrechlich und zart, mehr als es Eure je sein werden
Ihr habt es in Eurer Hand, Ihr habt die Macht, ob unsere reine, zarte Seele stirbt

Wir brauchen Milch mit Honig, süße bunte Sachen, Spaghetti und Süßigkeiten
Wir brauchen Spiele, Elfen, Freunde, Abenteuer, Ausflüge für schöne Kinderzeiten
Wir brauchen Lob, sanfte Grenzen, Bestätigungen, Anerkennung, Wahrheit und Respekt
Wir brauchen Liebe, Vertrauen, Träume, einen Verbündeten, der uns liebevoll neckt

Wir brauchen eine gefühlvolle, führende Hand, Respekt, Entspannung, klare Regeln
Wir brauchen mindestens einen Vertrauten, der in stets allem wird zu uns stehen
Wir brauchen Schutz, Kraft und etwas von Eurer Lebensenergie
Wir brauchen Entwicklung, Entfaltung unseres Potentials, das jemand uns verlieh

Wir brauchen Verständnis, Geduld, Frieden und einen beständigen Rhythmus und Rituale
Wir brauchen Zauberer, Wichtel, Engel und Einhörner und vieles für Euch noch so Banale
Wir brauchen Imitation, Vorbilder, Idole, Filmstars und weitere imponierende Persönlichkeiten
Und eine starke Hand, Ziele, Träume und Helden, die uns auf unserem Weg zu uns selbst begleiten

Wir sind so sensibel und emotional, daher solltet Ihr Euch ab und zu öfter mal zurücknehmen
Wir sind energiegeladen, kraftvoll kreativ, Ihr solltet uns nicht sehr oft im Wege stehen
Wir werden durch Euch geprägt, Eure Worte, Eure Verhalten bestimmen unser Leben
Wachsen wir entspannt, möglichst sorgenfrei auf, zeigt sich dies in unserem Erwachsenenleben

Je entspannter, fröhlicher, sorgenfreier wir Kinder in unserer Kindheit aufwachsen können
Desto fruchtbarer, nahrhafter und ertragreicher unser Boden, den wir einst Wurzel nennen
Desto bunter, saftiger, wohlschmeckender, gesünder werden unsere inneren Früchte dann sein
Denn sie durften gedeihen in besonders warmen, herzlichen, elterlichen Sonnenschein

Ihr solltet uns viel öfter Werte, innere Stärke, Freiraum, Ruhe und Verständnis geben
Ein offener Käfig aus Humor, das Dach aus Schokolade, aus Marzipan die Seitenstäbe
Und ein bleibender Ersatzschlüssel aus Geduld ist für uns Kinder ein großer Segen
Auch wenn wir uns in einem vorgegebenen Rahmen bewegen
Wir halten uns dann einsichtg an Eure Regeln

Es liegt immer an Dir/Euch, ob unsere Kinderseelen wirklich frei und gesund dürfen leben
Oder aus uns kranke, gestörte, verirrte, einsame, lebensunfähige Erwachsene werden

30b Aufruf an alle Eltern und Erziehungsberechtigten

Liebe Eltern, seht her, was habt Ihr doch für eine Macht
Durch Euer Handeln ein Kinderherz weint oder lacht
Es gibt kein Gesetz, dass für die Hilflosigkeit von Kindern zählt
Daher liegt es an Euch, dass Ihr den möglichsten Weg des Kindes wählt

In jedem Kind reift eine blutjunge Seele heran
Und wehe, wenn einer Kinderseele Schlimmes angetan
Diese schlimmen Erlebnisse wachsen in der Seele Eures Kindes mit
Grausame Erfahrungen begleiten Euer Kind auf Schritt und Tritt

Als Eltern seid Ihr die Ersten, denen Euer Kind vertraut
Es darf nicht sein, dass Ihr Euer Kind verpöhnt oder gar verhaut
Kein Kind ist böse, jedes Kind hat aber eigenes Temperament
Urvertrauen, ein strahlendes Lachen, Bestätigung, all das Euer Kind Euch schenkt

Die Seele eines Kindes nimmt Eure Welt in Übergösse wahr
Kinder sind klein, daher wird ihnen alles als mega groß gewahr
Die Gefühle eines Kindes sind so verwundbar und so rein
Schlagt niemals in Wut oder Frust auf Euren Nachwuchs ein

Kinder können Euer Verhalten wirklich nicht verstehen
Weil Kinder unreif und kindlich in ihrer Kinderwelt leben
Ihr seid erwachsen und solltet Eure Kinder verstehen
Kinder sind jung, sie können nicht durch Eure Brille sehen

Ihr seid Vorbild für Kinder, sie imitieren Euer ganzes Verhalten
Sie werden später als Euer Spiegel Ihr Leben gestalten
Kein Kind ist von Natur aus böse oder schlecht
Kinder sind voller Energie, fantasievoll, fair und gerecht

Ihr seid erwachsen, Ihr beherrscht sie, die zahlreichen Kindersprachen
Lasst Kinder in Eure Welt hinein, aber nehmt ihnen nicht ihr Lachen
Ohne Nestwärme, ohne Eure Liebe können Kinderseelen nicht gesund reifen
Mit Elternliebe, Verständnis und Geduld könnt Ihr Eure Kinder begleiten

Kinder reagieren danach, was die Natur ihnen hat mitgegeben
Begleitet fair und liebevoll, mit Hingabe ein Kinderleben

Es sind die kleinen Fingerchen, die nach Euch greifen
Es sind Kinderträume, die an Euch reifen
Das höchste Gut, das Euch zuteil wird, ist ein Kinderherz
Es ist Eure Verantwortung, dass eine Kinderseele wächst ohne Schmerz

Du liest diese Zeilen mit Deinem erwachsenen Verstand
Du sollst Dein Herz für Dein Kind öffnen, um es zu lieben
Für Dich ziehen herzenswarme Wege ins Land
Dein Kind wird es Dir danken durch sein gesundes Leben

„Prüfe Dich selbst auf Herzenswärme, Güte, Verständnis und Liebe!
Ist da ein anderer Weg, den es für Dich und Dein Kind gäbe?
Leidet Dein Kind, oder ist es glücklich, sind seine seelischen Bedürfnisse gedeckt?
Liebe Mutter, lieber Vater, ich hoffe, das Feuer Eurer Herzenswärme ist hiermit geweckt!"

„Gebt Eurem Kind die Mutterliebe, die es braucht, um neben Euch wachsen zu können
Gebt ihm Spaß, Freude, Wärme, Verständnis, um nur einige Seelennährstoffe zu nennen
Bist Du Mutter oder Vater, so versuche, Dich jetzt selbst in Frage zu stellen
Und Dich und Dein elterliches Verhalten selbst zu erkennen"

Seid keine Seelendiebe
Kontrolliert Eure Triebe
Erzieht ohne Hass und Hiebe
Lebt gemeinsam in Harmonie und Liebe

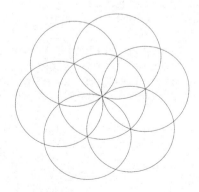

31 Sucht allgemein

Bei einer Sucht scheint es je nach Suchtverhalten unter anderem um Flucht, Verlust, Resignation, Lebensängste, Verdrängung, Irritierung, Aushalten und Ertragen, Verarbeitung, Überforderung, innerer Schwächen und/oder bisher wichtige, vermisste Gefühle, also seelische Lücken, ungestillte Bedürfnisse zu gehen.
Mindestens ein Mensch, schlechte Kindheitserfahrungen, negative Lebenserfahrungen oder Lebenssorgen, Schicksal oder Probleme scheinen unserer gesunden Entwicklung dann im Wege zu stehen.
Es ist nicht die Frage, ob negative Erfahrungen ganz bewusst, also gewollt oder ungewollt stattgefunden haben.
Es geht nur darum, dass wir, Eure Kinder also, in unserem jungen Leben mussten zu viel und zu heftig irgendetwas bzw. irgendjemanden ertragen.

Und dann suchen wir einen Weg zur Erfüllung, Stillung dessen, was wir hier vermissen
Und versuchen so, diese Leere in uns durch einen Ersatz, eine Droge, Rausch zu decken
Eine Sucht gibt uns genau an dieser leeren Stelle Erfüllung, das führt zur Entspannung
Aber sie führt uns auch am Bewusstsein vorbei in die krankmachende, abhängige Verbannung

Diese Leeren, Löcher in uns, die merken sich die Momente der Erfüllung ganz genau
Und verlangen diese dann immer wieder, und noch mehr, sie zwingen uns, bis uns flau
Diese leeren Stellen in uns, die werden somit immer mehr und dauerhaft von uns gedeckt
So werden unsere ungestillten Bedürfnisse, Ängste durch ein Suchtäquivalent überdeckt

Unser Gehirn hat sich an die Ersatzdroge für Trost, Vermisstes, Entbehrtes gewöhnt
Ein Hirnareal uns jetzt zu regelmäßigem Konsum von weiteren Drogen zwingt
Das ist Chemie, das ist Biologie, das ist Physiologie, das ist Medizin
Und führt Euch jetzt evtl. zu einer anderen, neueren Betrachtung meiner Situation hin

Wenn ich also süchtig bin, dann heißt das nicht, dass ich Dich ärgern will oder nerven
Ich brauche dann keine Drohungen, Zwang, Befehle, Liebesentzug oder Strafen
Sondern dringend Hilfe, einen versierten Menschen, Arzt, Therapeut, der versteht
Und durch Erfahrung, Berufung, Hingabe, Menschenliebe, Empathie an meiner Seite steht

Positives an alle Eltern

Liebe Erziehende, Fehler müssen sein, geschehen immer, weil wir alle Menschen sind
Fehler sind Schicksal, sorgen auch für eine entsprechende Entwicklung für ein Kind
Fehler prägen uns alle, so kann aus einem Kind auch ein sehr starker Mensch werden
Es kann durch Schicksalsschläge zwar krank aber auch zu einem „Retter von..." werden

So haben Fehler auch manchmal ihre lehrenden Seiten
Die unsere Kinder ebenfalls durch ihr Leben begleiten
Und Fehler, die aus Unwissenheit geschehen, sind doch schon in ihrer Natur verziehen
In Liebe und bester Absicht handeln und jedem Erziehenden wird ein Mini-Orden verliehen

Zur Kindererziehung kommen immer noch Alltagsstress und eigene Probleme dazu
Manchmal lernt ein Kind diese Dinge dann eben schon sehr früh
Nicht einfach, immer die Konzentration, Nervenstärke und die Kraft dazu zu haben
In jeder erdenklichen Situation des Lebens kindgerecht und immer richtig zu reagieren

Kinder immer rund um die Uhr ihr Recht fordern, ist schwer, nur für sie zu funktionieren
Man muss auch oft neben Kindererziehung und Alltag einen anstrengenden Job ausüben
Und das kann zu Kraftlosigkeit, Nervenstress, Problemen und Missverständnissen führen
Und die Kindererziehung dann eben auch mal menschlicherweise betrüben

So ist nun mal das Abenteuer Leben
Man kann sein Bestes tun, nicht aber sein Bestes geben
Aber man kann es wenigstens versuchen, wenn die restliche Kraft noch reicht
Dass man die Seele eines Kindes mindestens einmal am Tag liebevoll herzlich streift

Vielleicht hilft es, dass wir Kinder von klein auf Entspannung und Ruhe brauchen
Unsere kleinen Köpfe beginnen schon früh im Rahmen unserer Entwicklung zu rauchen
Unser Wachstum bereitet uns Stress, weil sehr viel chaotische Energie in uns steckt
Die da ungeordnet, unbeherrscht, wild in geballter Ladung in uns allen bebt

Unsere Kinderenergien sind bunt, explosiv, richtungslos, spontan, in allem ungezähmt
Diese geballte Ladung innerer Kräfte haben noch kein differenziertes, gezieltes Wirkungsfeld
Wir leben den, der wir sind, überall und immer sehr heftig, ausdrucksstark und geschwind
Unsere Energien sind in keinster Weise in irgendwelche Bahnen oder auf Wege gelenkt

Es ist unsere kindliche Natur, Energien, die in uns beben, aus uns herauszulassen
Und unseren multiplen, unberechenbaren Kräften auf diese Weise Luft zu machen
Wir kleinen Kinder können uns in keinster Weise irgendwie kontrollieren
Es ist unsere Natur, uns in heftigen Emotionen, Energieausbrüchen zu verlieren

So stehen wir als Kleinkind unter sehr sehr großem, unbewusstem inneren Druck
Diesem entgehen wir, indem wir platzen, uns Luft machen, und das meistens ruck zuck
Das ist natürlich für Erwachsene weder angenehm noch einfach zu ertragen
Doch wir müssen die Energien in uns erst einmal selber alle auf einmal ertragen
Wer ist hier verantwortlich, wem kann man die Verantwortung hierfür üertragen

Daher brauchen wir viel Ruhe, Entspannung, denn in uns Kleinen tobt und tanzt der Bär
Uns benehmen, kontrollieren, unterzuordnen, anzupassen fällt uns oftmals sehr schwer
Und Deine Ruhe ist das Gegenteil von unserem aufbrausenden, kräftigen Innenleben
Deine Ruhe kann uns Vorbild sein, uns eine gesunde Entwicklung geben

Es gibt für Kindererziehung keine Formel, außer dass man Kinder nicht zerbricht
Sie nicht zerstören darf, nichts tut, das ihr Herz und ihre Seelen blutig stickt
Man sollte versuchen, in allem Gefühl, Liebe wie Reaktion, die richtigen Maße zu wählen
Ihm so gut es geht Förderliches für sein Wachstum und einen sicheren Rahmen in Liebe geben
Sein Bestes geben, aber alles in Maßen und richtig dosiert
Diese gesunde Dosis dann gewiss zu eine starken Seele und Entwicklung führt

Denn Vorsicht: Zuviel Liebe kann ein Kind im Guten aber dennoch ziemlich erdrücken
Zuviel Aufmerksamkeit kann sein Verhalten in auch in falsche Bahnen rücken
Es von Problemen, dem Leben fernhalten, kann aus ihm auch einen Schwächling machen
Rücksicht und Schonung ja, doch altersgerecht auch mal Probleme, kleine Sorgen besprechen

Gefahren, die ihm stets ganz fremd bleiben, die können einst Neugierde wecken
Kinder wollen immer so gut und so viel es geht in vielem und mehr die Welt entdecken
Und in einem wohlbehüteten Käfig aufzuwachsen, ohne die Schattenseite zu kennen
Kann dazu führen, dass sie mit Herz + Seele jetzt erst recht sehr offen in Gefahren rennen

Ihm alles erlauben, Verwirklichung um jeden Preis und das ohne jegliches „Nein"
Kann aus ihm jemanden machen, der über Leichen geht oder der zu anderen ist gemein
Alles für sein Kind tun, muss auch nicht immer richtig sein
Kinder dürfen lernen, sich Umständen anzupassen, daran zu reifen auch wenn sie noch klein

Dies hilft ihnen stark zu werden, realistisch, klar sehend und belastbar, ohne zu entgleisen
Grenzen angepasst setzen, Konsequenzen adäquat zeigen, mancher entwickelt sich hierbei weise

Jeden Wunsch erfüllen, es zu verwöhnen, ohne jemals wirklich Grenzen zu setzen
Kann es in die Schiene von Egoismus, Rücksichtslosigkeit, Unberechenbarkeit hetzen
So führt Kindheit durch zu viel oder nur Positives auch zu Schaden geschwind
Was uns Erwachsenen gar nicht klar ist, denn wir wollen ja nur das Beste für unser Kind

Es ist sehr schwirig, die richtige Dosis in allem, das scheint eine allerhöchste Kunst
Kinder sind fordernd, unberechenbar, unkontrolliert, überall überraschen sie uns
Vielleicht hilft es, sein Kind kindgerecht behandeln, wie man selbst behandelt werden will
Dann erreicht man vielleicht auch ab und zu mal erfolgreich so manch schweres Ziel

Denn auch Kinder haben ihre Grenzen, die wir nicht überschreiten sollten
Sie haben altersbedingt ein sehr zerbrechliches Seelenleben, ein instabiles Ich
Ihre Würde, Ehre, zartbesaitete Gefühle und junge Privatsphäre für sich selber spricht
Überall ganz eigene, sehr zarte, sensible und sanfte Regeln mit Taktgefühl gelten
Wenn wir uns dies vor Augen führen und so oft es geht an all dies denken
Dann werden unser Instinkt, Herz und Intuition uns schon zur rechten Kinderbegleitung lenken

Wenn etwas nicht stimmt, senden Kinder uns Signale, die uns hoffentlich nicht ganz entgehen
Denn diese Signale kommen aus ihrem jungen, zerbrechlichen, unbewussten Seelenleben
Signale sind Botschaften, dass irgendetwas nicht mit ihnen oder ihrer (Um)Welt stimmt
Je nach Signal, nach Auffälligkeit, nach Verhaltensveränderung sehen wir, was da in ihnen brennt

Und dann sollte man überlegen, was zu tun ist, sein liebendes Herz einmal fragen
Und nicht gleich an sich selbst zweifeln, sich Vorwürfe machen oder verzagen
Kinder sind sensibler als Erwachsene und nehmen die Welt ganz anders wahr
Für sie ist alles lebendig, persönlich, während aus unserer Sicht alles scheint ganz klar

Sie sehen ganz unglaubliche Dinge, die wir nicht einmal im Traume sehen
Sie erkennen viel, bei dem uns Bewusstsein, Gefühle, Prägung, Wissen im Wege stehen
Sie fühlen Dinge, die uns mit zunehmendem Alter immer mehr ziemlich verborgen bleiben
Sie wissen Dinge, deren Infoquelle/Bezugspunkte wir gewiss nicht ergründen noch erfahren

Sie haben hoch sensible Antennen für Dinge, denen wir gar nicht mehr gewahr werden
Sind große Botschafter, Realisten, Empfänger für Unsichtbares zwischen Himmel und Erden

Dies sind nur einige von vielen Informationen, die Welt aus Baby-Augen, Kinderaugen zu sehen
Und aus derer Perspektiven offenherzig und wertfrei die Welt wahrzunehmen
Es ist eines der schwierigsten Aufgaben im Leben
Ein sehr großes, schon fast mystisches Geheimnis, ein Kind, einen Teenie jemals ganz zu verstehen

32 Drogen: Auftakt

Zwischen uns Stress, der Funke von Hass und Streit sprüht Zuhause
Du nervst, schreist, machst, was Du willst und gönnst mir keine Pause
Ich erfülle Deine ganzen vielen Erwartungen nicht
Du meckerst nur, schreist, machst Druck und beleidigst mich

Pubertät, mit meinem Chaos allein, Du lässt mich hängen, lässt mich im Stich
Du sagst mir, Dein Leben wäre viel besser ohne mich

Ich habe Freunde, die mir Halt und Verständnis geben
Mit denen zusammen führe ich ohne Deinen Hass mein Leben
Wir rauchen zusammen und zieh'n uns verschiedene Drogen 'rein
Egal, wie die drauf sind, diese Typen geben mir das Gefühl, Familie zu sein

Mein Platz ist in der Gruppe
Wer ich bin, ist denen schnuppe
Die nehmen mich bedingungslos an
Bei denen darf ich sein, wie ich kann

Nie mehr einsam, allein, unverstanden und verlassen
Meine Clique lässt mich meine ganze Einsamkeit und mein inneres Chaos vergessen
Ich gehöre dazu, mit allem, was und wie ich auch bin
In der Clique bekommt mein Leben, mein Dasein wieder Sinn

Ich bin jetzt auf Droge, auch Alkohol ist mir nicht fremd
Das verbündet uns alle, weil jeder jeden von allen Seiten kennt
Die kennen mich besser, als Du es je versucht hast im Leben
Wenn es nach Dir ginge, dann bräuchte es mich gar nicht zu geben

Meine Clique gibt mir Gemeinschaft und Zusammenhalt
Bei uns Zuhause ist keine Wärme und alles ist kalt
Ich bin auf Droge, um zu meinen Freunden dazu zu gehören
Dich konnte ich ja nur nerven, frusten oder stören

Bei Dir habe ich nicht einmal meinen richtigen Platz
Hier in der Clique nennt mich sogar einer meiner Freunde „Schatz"
Die Liebe, die ich brauchte und Verständnis musste ich durch Dich ganz entbehren
Was es heißt, „Mutter / Vater zu sein", das musst Du wirklich erst noch lernen

Ein Kind einfach so, nach Lust und Laune verstoßen
Ohne Gefühl, ohne jemals eine Träne zu vergießen
Das ist weder fair, noch menschlich, noch gerecht
Meine Clique fängt mich auf, ich gehöre dazu, die sind alle echt

Ich bin nicht auf Droge, nur weil diese gerade besonders gut schmeckt
Das ist Gruppenzwang, weil die Gruppe all meine Sehnsüchte deckt
Gemeinschaftsgefühl, Gemeinschaftsdroge, dazugehören ist mein Ziel
Hier bin ich willkommen, hier bin ich echt keinem zu viel

Die Gruppe ist für mich Familienersatz
Hier werde ich geduldet, hier habe ich einen Platz
Ich bin bei allen von Herzen willkommen
Und somit der Kälte bei Dir Zuhause entronnen

Denke mal an Dich, an Deine eigene Pubertät
Warst Du immer artig, wer war es, der Dich von Kopf bis Fuß versteht?
Du triffst jetzt Typen und Bekannte und gibst mit fremden Kindern bei mir an
Dabei bin ICH es, der aus damals aus Deinem Bauche kam

Wir sind doch biologisch eins, es könnte so toll zwischen uns werden
Es liegt an Dir, ob wir Familie sind oder ob ich renne in mein Verderben
Ich bin Dein Kind und reiche Dir treu und von Herzen meine Hand
Dann zieht für uns beide ein neues, herzliches Leben voller Liebe ins Land

Prophylaktisch brauche brauche ich keine Clique und keine Drogen im Leben
Ich werde Dir, meiner leiblichen Mutter / meinem Vater echt vergeben
Ein neuer Anfang für Dich und auch für mich
Wir werden Freunde, respektvolle Gesten, Liebe, alles ändert sich

Gib in Deinem Leben meinem Kinderherzen seinen Platz
In allen Entwicklungsphasen, auch Pubertät, tut es mir gut, wenn ich bliebe Dein Schatz
Wir haben nämlich etwas, das Du bei keinem anderen, fremden Kind findest
Eine Nabelschnurbeziehung, in der Du mich einfach durch Deine Mutterliebe bindest

33 Weitere Drogen

Und Drogen, Joints, Heroin, Hasch, Koks, Extasy und andere abhängig machende Sachen
Lassen mich in einer neuen, leichteren Wahrnehmung der Welt um mich herum erwachen
Sie sind die rosarote Brille, die alles verklärt, mit der ich leichter durch´s Leben gehe
Sie tragen mich, behüten und beschützen mich, indem ich völlig berauscht neben mir stehe

Drogen verschönern meine Welt und bringen Farbe und ein neues Licht in mein Dasein
Sie öffnen das Zentrum guter Gefühle, lassen mich fliegen, nehmen mich in Gewahrsam
Sie halten meine Hand, wo keine starke, vertrauensvolle Hand zu sehen ist
Sie nehmen mich in den Arm und nehmen mir Sorgen, wo keine sorgenfreie Zone ist

Sie machen aus schwarz und weiß kunterbunt und werfen alle Probleme über Bord
Sie schenken mir Halluzinationen, Illusionen, wo ich misste so manch liebes Wort
Sie sind Boden, auf dem ich eine Zeit sicher gehen kann, denn sie sind zuverlässig
Sie halten zu mir, sind stark, treu, vertrauter Boden, der nicht trieft noch durchlässig

Sie ergreifen mich, um mich in ihre starke, gut tuende Wirkung intensiv einzuhüllen
Sie bewahren mich vor Schmerzen, tun alles, meine tiefen Lücken und Leere zu füllen
Sie fangen mich auf, damit ich mich besser und leichter fühle
Ich vertraue ihnen, weil sie mich immer innerlich an die allerhellsten Orte führen

Sie sind meine innere Nahrung zur Fröhlichkeit und lebendiger Heiterkeit
Sie sind mein Fahrschein aus Verlassenheit, Schwäche, Kälte und aus Einsamkeit
Sie sind mein Visum, vor mir selber wegzulaufen und immer wieder neu zu fliehen
Sie sind mein Ticket, um mich selbst, mein Leben und andere zu betrügen

Sie entspannen mich in meinem Leben, machen mich zu jemandem, den ich nicht kenne
Mit ihnen ich der Realität, dem Leben, Problemen, mir oder Euch davon renne
Sie sind die Freiheit aus den Fesseln und dem Druck meines Lebens
Sie sind die Freiheit aus innerer Ungestilltheit und tiefer Leere
Sie sind die Freiheit, um nach Glück, Erleichterung und einer besseren Welt zu streben

Sie betäuben
Sie bestäuben
Sie unterdrücken
Sie entzücken
Sie verdecken
Sie verstecken
Sie lassen mich in eine andere Welt blicken

Drogen sind erst mal mein Freund und werden später zum Feind
Sie sind erst mal mein Halt und machen anschließend alles kalt
Sie sind erst mal meine innere willkommene Sicherheit
Die mich dann früher oder später in den Tod treibt

Selbst wenn ich dies bewusst erkenne, habe ich mich bereits in ihre Hände gegeben
Selbst wenn ich umkehren wollte, führen sie nun Regie in meinem Gehirn, meinem Leben
Selbst wenn ich sie grundlos genommen, ich nur versuchte, mich Freunden anzupassen
Zu spät oder nicht, bin ich noch zu retten

Klärt mich so früh es geht auf, damit ich die Chance auf ein drogenfreies Leben echt
    nicht verpasse
Und mein wie Euer Leben niemals derartig vermassle
Denn haben sie erst einmal in meinem Gehirn die Zellen dort umprogrammiert
Dann bin ich es, der langsam aber sicher sein Leben in Raten verliert

34 Rauchen 1

Ich habe schon früh mit dem Rauchen angefangen
Ich habe nie gelernt, um meine eigene Gesundheit zu bangen
Das Rauchen gibt mir das Gefühl, erwachsen zu sein
Meine Kindheit war nicht gut und ich bin immer noch klein

Ich wäre jetzt lieber schon Teenie oder erwachsen, was für mich zählt
Ich fliehe durch Zigarettenkonsum aus meiner schlechten Kinderwelt
Mein Alter spielt keine Rolle, denn durch meine Jugend bin ich schon gestraft
Ich habe als Kind zuviel Liebe, Freiheit und Grenzen verpasst

Oder hast Du mich so sehr in Liebe gehüllt, dass ich keine Luft mehr bekam?
Ich hatte keine Freiheiten, keine Privatsphäre, ich war innerlich völlig arm!
Oder warst Du mein Vorbild und hast geraucht am Stück und in Kette?
Was auch immer, mit Rauchen sprenge ich meine inneren Fesseln!

Ich will erwachsen sein
Und bin noch klein
Ich will nur die Flucht
Daher meine Erwachsenen - Sucht

Ich will verstanden werden
Ich brauche für mich Zeit und Raum
Ich brauche Struktur, Regeln ohne Kampfgebärden
Dich als meinen Besten Freund, das wäre echt ein Traum

Überschütte mich nicht mit Liebe, liebe mich in einem natürlichen Rahmen
Stelle Regeln auf, die mich nicht überfordern, sondern die ich auch einhalten kann
Lasse Raum für meine Entwicklung, Strafen und Druck sind nicht immer der rechte Weg
Aus Mutter könnte halb Freundin werden, Freundschaft für mich an erster Stelle steht

Die Zigarette ist für mich nicht immer Genuss sondern Ersatz
Ich vermisse etwas, war ich vielleicht zu sehr oder zu wenig Dein Schatz
Wie war meine Kindheit, sieh, auf welchem Stand unsere Beziehung jetzt steht
Welcher Wind hat bisher zwischen uns beiden beziehungsmässig geweht

Ein Gespräch mit mir ohne Druck und ohne Strafe wäre gut
Ergründe meine Rauchmotive ganz in Ruhe und ohne Wut
Mir ist auch nicht immer alles klar, weil Rauchen unbewusst geschieht
Ich bin noch jung, sag, wie werde ich eigentlich von Dir geliebt?

Lass uns ganz in Ruhe miteinander sprechen
Vielleicht können wir ja den Bann der Zigarette gemeinsam brechen
Etwas muss sich ändern, ich habe da einiges in der Kindheit vermisst
Du siehst, wie wichtig Verständnis und Gelassenheit ist

Es ist nicht immer leicht, das richtige Maß zu finden
Nicht immer ist es gut, ein Kind zu sehr an sich zu binden
Wichtig ist auf jeden Fall eine gute Kommunikation
Zusammen reden, lachen, schweigen, FÜHLEN, sind wichtiger Bindungs - Spion

Die Bindung ändert sich immer zwischen einer Mutter und ihrem Kind
Die Bindung wechselt ihre Farbe, bis der Seelenhunger des Kindes gestillt
Nichts bleibt so, wie es einmal war
Bindungen werden immer wieder neu und klar

In der Entstehung
Liegt die Entwicklung
Und besteht die Reifung
Der kindlichen Veränderung

„Mama / Papa, lass uns bitte immer zusammen sprechen
Lass uns den Bann der Stille und der Missverständnisse brechen
Meine Entwicklung zeigt Dir, ob ich wirklich glücklich bin
Und ob Dein / Euer Erziehungsstil bisher machte seinen Sinn"

Schweigen ist wie ein Fluch
Verstoßen - Werden wie eine Schlucht
In Kälte leben ist wie ein Grab
Zusammen durch dick und dünn, mit mir Hand in Hand, Deine elterliche Heldentat

35 Rauchen 2

Rauchen befriedigt intensiv mein orales Verlangen
Ich muss bildlich saugen, denn ich habe vielleicht seelische Mängel
Rauchen gibt mir Entspannung, eine kleine Auszeit in meinem Leben
Vielleicht wurde und bin ich zu sehr beansprucht und muss ab und zu mal davor fliehen

An einer Zigarette zu ziehen, das weckt in mir angenehme Gefühle, die mir so vertraut
Saugen und dabei entspannen ist ein Verhalten, das zu einem Säugling gehört
So könnte auch das Rauchen als Metapher für das Stillen an einer Mutterbrust sein
Denn solange Babies saugen, schenkt ihnen die Mutter Aufmerksamkeit und schickt
  ihre ganze zärtliche Liebe in den Säugling hinein

Nehme ich einen Zug, dann ist das für mich angenehm, ich habe vertraute Empfindungen
Analog zu meinem Saugen, als ich Deine Mutterbrust gefunden
Entspannung pur, Wärme, Liebe gibt mir diese Lippenstimulanz
Das Ziehen an der Zigarette bringt mir Stärke, Aushalten von etwas und mehr Toleranz

Vielleicht ist es Liebe, Entspannung und innere Ruhe, die ich immer so sehr vermisse
Und eine Zigarette deckt in mir für Momente genau diese Bedürfnisse
Sie bringt Zug um Zug Ruhe, Entspannung, emotionalen Frieden in mich hinein
Als Baby hätte ich mütterliches, liebevolles Licht und jetzt analog dazu viel Qualm

Der Moment des Ziehens an der Zigarette versetzt mich in eine sehr babynahe Situation
Dies geschieht alles unbewusst, natürlich ich weiß rein gar nichts davon
Wenn ich dies wüsste, dann käme ich überhaupt nicht mit meiner Rauchsucht klar
Das Unterbewusstsein ist oft ein gütiger, liebevoller, verlässlicher Schutz, wie wahr

Ich will vielleicht auch viel schneller als meine Natur erwachsen sein
Ich will vielleicht kein kindlicher Untergebener mehr sein
Vielleicht wächst mir meine Kindheit ziemlich heftig über den Kopf
Vielleicht packt mich das Schicksal, Sorge, mein oder unser Leben zu sehr beim Schopf

So sehe ich in Rauchen die einzige Chance, immer überall zur Entspannung zu kommen
Weil die Glimmstengel aufgewühlte, traurige, Frust-Gefühle in mir spontan verbrennen
Und immer, wenn meine Seele nach Trost, nach Berührung, Entspannung, Ausgleich weint
Dann wird ganz schnell prophylaktisch eine erfüllende, tröstende Zigarette gequalmt

Seelenschmerz führt immer, egal wie jung, zu einem Stress entladendem Verhalten
Der Wunsch schnell erwachsen zu sein, Druckausgleich, die Seele sucht nach Hilfen, zu ertragen
Und wenn ich gar nichts vermisse, weil ich in meiner Kindheit alles oder zuviel Schutz habe
Dann ist es vielleicht die Suche, das Bedürfnis nach Risiko, Adrenalin, so manchen Gefahren

Vielleicht verstecktest Du das Leben vor mir und behütetest mich allzu sehr
Auch dann muss für mich natürlicherweise ein Ausgleich her
Denn Liebe kann auch erdrücken und einengen und mich meiner Freiheit berauben
Dies kann auch ein Grund sein für verbotenes, heimliches, ungesundes Rauchen

Denn diese Heimlichkeit macht mich dann frei
Deine Verbote, Deine Macht sind mir dann einerlei
Und Geheimnisse machen frei, denn sie haben keine Grenzen
Geheimnisse, Verbotenes mir schnell mal das Gefühl von Macht, Freiheit schenken

Ich will vielleicht schnell groß werden und orientiere mich an Älteren, die viel rauchen
Ich will schneller autonom werden, meine Kindheit schnellst in Vergangenheit tauchen
Jedenfalls hat mein Wunsch, zu rauchen wirklich immer einen Grund, eine Ursache
Auch wenn ich mich gegen Dich auflehne, vielleicht ist es ja für irgendetwas meine Rache

Vielleicht will ich aber auch nur Deinen Zorn und Deine Wut provozieren
Weil ich so an Dir wachse, stärker werde, wenn ich Dich verletzend im Herzen berühre
Ich breche dann aus, mache von meinem Instinkt, frei zu sein, autonom zu werden Gebrauch
Und boxe Dir dann ganz bewusst und provokativ in Deinen elterlichen, nährenden Bauch

So könnte es sein, je nachdem, was ich für einen Charakter habe, wie unsensibel ich bin
Vielleicht treibt mich aber auch nur natürliche Neugierde zu diesem Rauchverhalten hin
Und wenn Du meinem Rauchwunsch keinen Raum gibst, mir befiehlst, ohne mit mir zu sprechen
Könnte ich versuchen, Deinen Befehl, Deinen Willen jetzt erst recht absichtlich zu brechen

Es gibt ganz viele unterschiedliche Gründe, wie so ich mit dem Rauchen anfangen will
Und mit Vernunft habe ich dann wirklich nicht sehr viel im Sinn
Du kannst ein Nichtraucher-Vorbild sein
Du kannst auch ein Rauchaufklärer sein
Du kannst mir Möglichkeiten in Sachen Rauchen geben
Wichtig ist, das, was mir wichtig ist, nicht zu zerschweigen, nicht zu übergehen

Lass uns immer über Sucht und Neigungen sprechen
Ohne meinen Willen zu durchbrechen
Setze klare Grenzen und Ziele, an die ich ich halten kann
Ohne dass ich Drang, Sucht, Entdeckungen entbehren muss, sonst werden sie reizvoll und dann

Muss ich sie heimlich leben
Muss mir schweigend die Kante geben
Ist gesünder, wenn Du mir dies und jenes an Erfahrung im Rahmen erlaubst
So bleibt alles transparent und Du hältst auch ein Auge auf meine Erfahrungen drauf

36 Alkohol

Ich trinke Alkopops und dann unvermischten Alkohol und das immer mehr
Seine Wirkung in mir macht leicht aus schwer
Alkohol enthemmt mich und macht mich freier als ich in Wirklichkeit bin
Alkohol öffnet in mir alles, ich bekomme die schrägsten Sachen einfach so hin

Alkohol macht mich zu jemandem, der es schafft, sein Leben zu verkraften
Alkohol macht mich zu jemandem, der im größten Schlamassel noch kann lachen
Alkohol macht mich für gewisse Zeiten ganz weit, bereit und innerlich frei
Alkohol ruft ungehemmte Gefühle, Unbefangenheit, Losgelöstsein herbei

Denn Alkohol trübt meine ganze kindliche, jugendliche und nicht einfache Realität
Alkohol verschleiert, verändert alles, was schwer in meinem Leben vor mir steht
Mit Alkohol kann ich viele Unannehmlichkeiten, Druck, Ängste und Schmerzen betäuben
Die mir so reichlich Kraft, Lebensfreude und wohlfühlende Gefühle rauben

An die Stelle in mir, an der ich vieles vermisse und mir gewisse Dinge fehlen
Tritt Alkohol, denn er kann genau hier zur Stillung, Sättigung des Vermissten führen
Alkohol gibt mir begrenzte Kraft, ist mein Freund, deckt in mir seelischen Bedarf
Er meine Sehnsüchte, meine seelischen Löcher, meine ungedeckten Bedürfnisse entschärft

Er hilft mir, alles Unbewusste, Kaputte und bewusst Erlebnisse zu ertragen
Er ist mein Flügel, mich in eine andere, erträglichere Welt zu tragen
Er ist die Antwort auf die Frage, ob es auch eine Sonnenseite im Leben gibt
Weil er mich, wenn auch gefesselt und gefangen, auf diese sonnige Seite führt

Unangenehmes, Schmerzhaftes, Vermisstes wird mit ihm erträglich und ganz weich
Schicksalsschläge, Lebenshärte wird mit ihm ganz schwerelos und sanft
Er ist die Betäubung, die ich für den Eingriff des Lebens und des Schicksals brauche
Er ist die Narkose, mit der ich in realitätsfern in einfachere, erträglichere Zeiten eintauche

Ich ertrage nur mit einem Freund an meiner Seite, der zuverlässig meine Hand hält
Und ich habe Alkohol als meinen verbündeten Freund ausgewählt
Und hat mich der Leichtsinn, Neugierde oder andere Leute zum Alkohol hingeführt
Habe ich durch Zufall seine betäubende, angenehme, einschneidende Wirkung gespürt

Und wenn mir diese Wirkung des sich Gutfühlens und der Entspannung im Leben fehlen
Dann werde ich Alkohol automatisch als meinen Verbündeten auswählen
Der mir Gefühle gibt, die ich bisher in meinem jungen Leben vermisste, nicht kenne
Und ich dieser Leere oder dem Käfig der Kindheit auf diese Weise alkoholisiert entfliehe

Mit Alkohol fühle ich mich stark
Mit Alkohol werden meine Schwächen hart
Mit Alkohol wechsle ich meine Identität
Mit Alkohol mir nichts mehr im Wege steht

Alkohol enthemmt und bricht innere Schranken
Alkohol sprengt alles und lässt mich innerlich auftanken
Alkohol entfesselt und lässt mich nicht mehr nachdenken
Alkohol kann alles Negative und Fehlbare in meinem Leben umlenken

Alkohol gibt mir Identität
Alkohol gibt mir, was mir fehlt
Alkohol wirkungsvoll an meiner Seite steht
Ich erkenne die spätere Abhängigkeit nicht

Ich sehe Dinge, das Leben, Dich, mich aus einer lockereren und unbeschwerteren Sicht
Und ich weiß nicht, dass Alkohol mein Leben trübt und langsam löscht mein Lebenslicht

Vielleicht fiel es Dir auf, dass ich bestimmte Verhaltensweisen immer regelmäßiger zeige
Dass ich z. B. übertrieben zu undosiertem Verhalten, Süßigkeiten, Essstörungen, Drogen neige
Auch Computerspiele können wie Esslust eine Droge sein
Denn das Ausmaß dieser Spiele stört unser Zusammensein
So mag ich eine Sucht entwickeln und diese intensivieren
Das kann zu Krankheiten, Lebensbedrohung und chronischen Symptomen führe

37 Süßigkeiten

Übermäßige Süßigkeiten decken in mir einen seelischen Bedarf, sie füllen tiefe Lücken
Esse ich Süßes, dann beginne ich mich dabei immer ganz besonders warm und wohl zu fühlen
Süßes schenkt mir ein Gefühl von Vertrautheit, Liebe, Wärme und positive Energien
Auch Muttermilch ist süß, vielleicht ist Nestwärme die Ursache, die mir diese Sucht verlieh

Löst Liebe evtl. etwas in mir aus, das man Endorphine, Glückshormone nennt
Ist Schokolade evtl. für diese Hormone, die mir fehlen, ein ausgleichendes Äquivalent
Der Genuss von Süßigkeiten beruhigt mich, er trifft bestimmte Regionen meines Hirns geschwind
Dann ist Schokolade der Motor, der diese Gehirnareale in mir zum Aktivieren bringt

Oder es gibt etwas, das mich fertig macht, Süßigkeiten helfen mir, das Leben zu ertragen
Weil Süßes in mir Hochstimmung schafft und mich von innen her wärmt an kalten Tagen
Zucker im Mund, Aromen, die mein Dasein versüßen, mich beruhigen und nähren
Zuckergeschmack signalisiert mütterliche Stärke, Sicherheit, einen Wohlfühl-Boden

Süßigkeiten sind für mich ein vielseitiger, starker emotionaler Erfüller
Süßigkeiten sind für mich ein seelischer und tröstender Glücksstiller
Sie lassen mich fühlen, dass ich bin
Sie geben meinem Dasein Wärme, Trost, Sinn

Süßigkeiten sind meine Brücke zu Liebe, führen mich zum inneren Fühlen hin
Und sie führen mich zu Mut, zu Belastbarkeit, zum besseren Ertragen hin
Süßes ist für mich vermisste Seelenfreude und gibt mir seelischen Halt
Süßes wärmt, stärkt, tröstet mich von innen, wenn es wird es wird kalt

Die Metapher, dass ich zunehme, mir ein dickes Polster anschaffe, ist für mich wichtig
Lege ich mir ein dickes Fell zu, werde ich optisch größer, kraftvoll und die Sorgen nichtig
Habe ich ein dickes Fell, so wirke ich nach außen stärker, mich erreicht nichts mehr so schnell
Und ich kann mich auch dahinter verstecken, ein Schutz, mein mich schützendes Fell

Die Probleme und Sorgen müssen erst einmal mal meine Hautschichten durchdringen
Um dann irgendwann einmal zu meinen Tiefen vorzudringen
Ich wachse und wachse, ganz besonders mein Bauch,
Vielleicht will ich wieder zurück in Deinen Mutterbauch

Ich mag mich nicht, akzeptiere meinen aufgeblähten Körper eigentlich nicht
Ich leide darunter, denn inzwischen bin ich schon ein ziemliches Schwergewicht
Aber ich leide geschützt, hinter einer Mauer, und ich habe viele Ausreden in mir drin
Denn zu naschen gibt mir und meiner aktuellen Resignation einen Sinn

Ich fühle sehr viel Liebe, wenn ich mir beim vielen Naschen zusehe
Und fühle dann Sicherheit, eine Wiege, Streicheln in meiner tiefen Seele
Ich bekomme alles, was ich bisher so reichlich vermissen musste
Ein Gefühl der Freiheit, getröstet sein und Seelenstärke bekommen durfte

Naschen ist auch ein sich selbst Verwöhnen
Naschen ist ein Seelenstreichler und kann Leben verschönern
Naschen ist eine Sucht
Naschen ist eine Flucht

Ich fliehe vor Kälte, Verlassenheit, Einsamkeit, Problemen, der belastenden Realität
Ich schütze mich mit jedem zugelegten Kilo mehr, mir fehlt Stärke, keiner versteht
Ich bin in mir selbst ganz allein, Zuckerwerk versüßt mein Leben
Des Lebens Süße musste ich irgendwie reichlich entbehren

Meine Seele fordert harmonisierend nur ihr Recht
Ich fühle mich genährt, aber meinem Körper geht es schlecht
Der Teufelskreis hat begonnen, innen ist es warm, aber außen streikt die Physiologie
Erst meine Seele, dann mein Körper nach Hilfe schrie

Einer muss eben leiden und die Nachteile verkraften
Entweder meine Seele oder meine Körperkräfte
Was soll ich tun, einen von beiden muss ich opfern, um zu leben
Es ist leichter, mit Übergewicht als mit seelischen Schmerzen zu leben

Ich musste wählen
Zwischen körperlichem oder seelischem Überleben
Und nun die Konsequenzen aus meiner Entscheidung möglichst tapfer tragen
Und darf jetzt nicht verzagen

Ich komme alleine nicht mehr aus diesem Teufelskreis heraus, ich bin in ihm verloren
Seelenleid oder Übergewicht, ich habe also nicht sehr viele Chancen
Wenn Du siehst, seit wann ich wie leide, dann bitte ich Dich, mein Leid zu erkennen
Und mit mir zu reden, meine Sucht nicht zu ignorieren

Denn ich verliere, egal, wie ich mich entscheide, ich muss ein Opfer in oder an mir bringen
Mich gegen mich, meine Entscheidung, zu naschen oder seelisch zu leiden überwinden
Ich bin zu jung oder schwach, um über Leid zu sprechen, denn ich kenne es bewusst noch nicht
Nur professionelle Hilfe bringt meine Schmerzen, mein Leid ans Tageslicht

Beleidige mich nicht
Auslachen bitte nicht
Ablehnen bitte nicht
Degradieren bitte nicht

Bitte verwehre mir ärztliche Hilfe nicht, oder gehe mit mir zum Psychologen
Denn diese Menschen sind für Kranke wie mich oft wirklich auserkoren
Sie können mein Leid erkennen und es im Kern und Wesen beim Namen nennen
Ohne mich dabei wirklich und gefährlich zu verbrennen

Erkenne bitte, wenn ich süchtig bin, und nur noch Naschwerk konsumiere
Und mich in krankhaftes Essverhalten verliere
Und versuche nicht, mich in Eigenregie davon abzuhalten und mich zu heilen
Denn mein Seelenleid wird dennoch immer in mir bleiben

Nur ein Arzt, ein Therapeut, ein Psychologe sollte dann an mich herantreten
Und mit mir gemeinsam gekonnt und professionell den Weg zu meinem Leid betreten
Denn diese Menschen haben es gelernt, mit Schokoladen-Sucht-Kindern wie mir umzugehen
Und sie können für Kinder wie mich wie ein sanfter, erlösender Flügelschlag sein, weil
  Kindern gewiss viele Engel zur Seite stehen

38 Ess - Störung, Bulimie

Als Kind sah ich oft aus wie ein kleiner Pummel
Du kaufst mir echt nur den letzten Fummel
Du entwertest mich, ich hätte zuviel Übergewicht
Du sagst mir oft: „Verschwinde aus meinem Gesicht"

Wenn ich mal nicht essen wollte, hast Du es in mich `rein gezwungen
Immer aufzuessen, dazu habe ich mich meistens durchgerungen
Ich war schon satt, musste aber dennoch in Deinem Takt essen und trinken
Mein Bauch schon voll, musste ich mich zum Weiter-Essen überwinden

Du beleidigst meinen Körper immerzu, Tag aus Tag ein
Zuviel Speck an mir, Du vergleichst mich wütend mit einem Schwein
Liebesentzug, Unterdrückung, Kälte und Beleidigungen am Stück
Ich brauche Schokolade, damit ich diese Schmerzen in mir unterdrück´

Du missachtest mich und hänselst mich, Du negierst meinen Körper
Meine Sucht nach Liebe und Verständnis wird dadurch immer stärker
Schokolade gibt mir Glücksgefühle und tut einfach nur gut
Denn Du verstößt mich, Dein Kind, Dein biologisches Fleisch und Blut

Durch Dein Verhalten lehne ich meinen Körper schon in jungen Jahren ab
Ich wäre lieber gertenschlank, spindeldürre, als einen Körper, der mein Grab
Du bereitest mir wegen meiner Figur eine Kinderhölle
Ich weine, verkrieche mich und hasse mich in einsamer Stille

Du lehnst mich ab, ich lehn´ mich ab, mein Dasein verbinde ich mit großer Scham
Du erniedrigst mich, mein Aussehen bereitet Dir vor anderen Frust und Gram
Mein Körperempfinden ist Ablehnung, Hass, der Speer der Selbstablehnung in mir sticht
Du bist nur auf fremde, schlanke, bildhübsche Kinder erpicht

Du schämst Dich meiner, lehnst mich ab, Du liebst mich nicht
Rückzug, verlassen, einsam, ausgelacht, Du lässt mich vollkommen im Stich
Ich hasse mich täglich und will aus meinem unförmigen Körper raus
Um mich zu ertragen, brauche ich Schokolade und immerzu Süssigkeiten - Schmaus

Ich mache Dir zu schaffen und habe bei Dir wirklich nichts zu lachen
Du lachst mich aus und hörst nicht auf, mich anzugaffen
Bei jeder Gelegenheit nimmst Du mich erniedrigend auf die Schippe
Ich bin Dein Blitzableiter, Du riskierst eine ziemlich dicke Lippe

Du zwingst mich zum Essen, ob ich will oder nicht
Ich bin älter und blocke ab, erste Ess - Störung kommt ans Licht
So, wie ich bin, wie aussehe, kannst Du mich scheinbar überhaupt nicht lieben
Mein Aussehen, mein Körper sind für mich ein Verderben

Zum Essen habe ich mittlerweile keinen gesunden Bezug
Essen bedeutet für mich nur noch Stress und Druck
Ich gehe jetzt meinen eigenen Weg, mich zu ernähren
Und lasse mich nicht mehr von Dir und Deinen Zwängen stören

Ich esse das, was ich selber essen will
Lass mich in Ruhe und verhalte Dich ab jetzt still
Mein Körper ist mir zu einer echten Droge geworden
Jedes verlorene Kilo wird mir inzwischen zum knochigen Verderben

Immer noch Schokolade, um mein liebloses Dasein zu ertragen
Ich stopfe sie rein, breche sie aus, um weiterhin Kilos zu verlieren
Die Bulimie löst meine ganzen inneren Spannungen auf
Durch Weniger - Werden halte ich es in meinem verhassten Körper aus

Ich verliere Kilo um Kilo und werde jeden Tag weiter rank und schlank
Meine Ess - Störung ist Deiner kalten Erziehung Dank
Dein Mich-Verachten, Deine Ablehnung machten mich krank
Jetzt halte ich nicht mal gesundem Essen Stand

Ich sehe jetzt so aus, wie ich Deiner Meinung nach von Anfang an aussehen soll
Du findest meine Figur passabel, durch Bulimie, Magersucht scheint mein Körper toll
Wer ist hier krank?
Bulimie ist der Dank!

Ich bin jetzt für mein Leben lang essgestört
War es das alles wirklich wert?
Mein Bezug zum Essen ist krank, ich wiege mich an jedem Tage
Mein Selbstwertgefühl richtet sich nach den Kilos auf der Waage

Ich spiegele Dich, Du hattest für mich nie ein Wertgefühl, zu keiner Zeit
Es war Dein verachtendes, erniedrigendes Verhalten, das mich hierzu treibt
Nur im schlanken, gut aussehenden Model - Körper
Wären Deine liebenden Gefühle für mich stärker

Ein Kilo zuviel und sofort lehnst Du mich ab, also lehne ich mich ab
Und heute ich kein eigenes Selbstwertgefühl hab
Erkennst Du die Macht, die Dir als Mutter ist mitgegeben?
Du kannst zerstören oder mit Liebe retten ein ganzes Kinderleben

39 Ess - Störung, Magersucht

Dir ist aufgefallen, dass sich meine Beziehung zum Essen verändert hat
Ich gebe schneller vor, ich wäre schon satt
Und ich esse immer weniger und verstricke mich in Ausreden
Und aus Ausreden werden Lügen, ich beginne Dich in Sachen Ernährung zu betrügen

Ich sehe in Essen ganz plötzlich eine für mich bedrohliche Gefahr
Sehe ich den Teller vor mir, dann kommt mir diese Gefahr ganz nah
Und ich wehre mich gegen sie, ich will sie nicht in mir haben
Kalorien und Fette sind für mich die aller größten Gefahren

Essen bedeutet für mich, meinen Körper und mich selbst zu erhalten
Und genau das will ich ab sofort nicht länger aufrecht erhalten
Ich will abnehmen, weniger werden und mich nicht mehr zeigen
Ich will mich selbst und meinen Körper an seine Grenzen treiben

Weniger werden heißt für mich, mich mit dem Niemand - und Nichts-Sein identifizieren
Weniger sein heißt für mich, mich allzu großen Belastungen völlig zu entziehen
Weniger werden heißt für mich, von Problemen, Negativem verschont zu werden
Weniger werden ist für mich ein Schutz, mich von allem, von der Welt zurückzuziehen

Jedes verlorene Kilo gibt mir innere Stärke
Ich erkenne die Magersucht nicht, aber leichter wird meine Lebenshärte
Je weniger ich werde, desto stärker wird mein Selbst, mein Ich
Spüre und sehe ich meine vorstehenden Knochen, dann liebe ich mich

Ich bekomme einen Wert und Bedeutung und schätze mich
Ich lerne ein unbekanntes Gefühl kennen, ich akzeptiere mich
Weniger ist mehr, noch weniger ist noch mehr, nichts ist alles
Gute Gefühle beim Nichts-Werden, das bedeutet mir alles

Ich erkenne nicht, dass meine Seele nach Hilfe schreit
Ich bin für jedes verlorene Kilo zu allem bereit
Es kann auch sein, dass ich Heißhungerattacken bekomme
Und dann gemeinsam mit Dir reichlich zu essen beginne

Und dann auf der Toilette alles wieder erfolgreich erbreche
Ohne Dein Wissen, ich zeige Dir nicht diese, meine persönliche Schwäche
Essattacken oder Hungern, das sind meine beiden Extreme
Zwischen denen ich Tag einTag aus ewig lebe

Esse ich, dann hasse ich mich, dieser Hass, der muss dann wieder aus mir raus
Nur das vollständige Erbrechen führt in mir wieder zu innerer Balance
Alles muss aus mir herauskommen, dass ich so reichlich in mich hineingestopft habe
Weil ich sonst Hassgefühle gegen mich selber und Ablehnung in mir trage

Also, Essen ist für mich ein Feind, gegen den ich den Kampf aufgenommen habe
Ich alleine bin es, die diese Belastung mit mir herum trage
Vielleicht gab oder gibt es etwas, das mich zu dieser Ess-Störung getrieben hat
Vielleicht eine zu schwere Last für mich oder es schwere Probleme für mich gab

Vielleicht gab es Ablehnung gegen meine eigene Person bzw. mich niedermachen zu tun
Ich akzeptiere mich nicht und komme innerlich gar nicht mehr zur Ruh
Wurde ich vielleicht von Dir oder einem anderen allzu sehr abgewehrt oder abgelehnt
Oder hat sich jemand irgendwann körperlich an mir vergangen, Gewalt im Raume steht

Oder werde ich immer nur unterdrückt, zerrissen und ziemlich klein gehalten
Ernte ich immer nur Ablehnung, Negatives, wenn ich einfach nur mal den Raum betrete
Erfuhr ich Verachtung, Ignoranz, Sanktionen, habe ich Deine Erwartungen nicht erfüllt
Wuchs ich vielleicht herzlos auf, ohne Liebe, ohne Wärme und ziemlich unterkühlt

Durfte ich mich nicht entfalten und entwickeln, so wie es meiner Natur entsprach
Und liegt dieses ganze Potential meiner Kindheit in mir vertrocknet und brach
War oder bin ich ungewollt und von Geburt an gar nicht wirklich willkommen
Hab ich schon früh Kälte, Abneigung, Gewalt, Zwang, Vernichtung, Bedrohung erfahren

Denn ich setze ja ganz unbewusst nur das fort, was ich schon in meinem Leben kenne
Ich kann dies alles nur nicht wirklich bewusst und treffend beim Namen nennen
Aber ich behandle mich so, wie ich einst von Dir oder jemand anderem behandelt wurde
Und diese Selbstvernichtung schenkt mir das Ergebnis, das ich zum Wohlfühlen brauche

Ich vernichte mich selbst, weil ich diese Vernichtung bereits erfahren und ertragen durfte
Ich halte diese Vertrautheit unwillentlich aufrecht, indem ich in mein Verderben laufe
Selbstvernichtung spiegelt Stärke und schenkt mir Selbstbestätigung
Diese negative Selbstbestätigung trat vielleicht durch Dich, andere an mich heran

Ich habe mich mit dieser negativen Energie in mir reichlich verbündet
Und ich alleine bin es, der nun dieses Schicksal durch kranke Fortsetzung verschlimmert
Und wenn ich mich übergebe, dann kotze ich diese negative Energie vorerst aus mir heraus
Essen heißt Wachstum, Präsenz, Lebenswille, daher ist Hungern mein wahrer Gaumenschmaus

Es macht so müde, schlapp, hilflos, ich verliere Kraft
Ein Spiegel, es ist kein Lebenswille in meinem Lebens-Saft

Dieses Müde- und Schlappsein ist auch meine Waffe, sie gibt mir Schutz
Denn Schwäche und Instabiler werden mich verschont und nicht so leicht benutzt
Die Sucht, schwach zu sein, um dann stark zu sein, die führt in den Tod
Ich habe seelisch ohne mein Wissen ganz ganz ganz große Not

Mit Druck, Zwang und Strafe kommst Du bei mir nicht weit
Denn es ist meine Sucht, die mich von Dir, meinem Leben und allem Negativen befreit
Und sie ist viel viel viel stärker
Und ich bin gegen Dich und alle anderen härter

Du weißt, dass ich nicht so geboren bin, ich war einmal ein gesunder Säugling und vielleicht auch ein gesundes Kind
Nur dann drehte sich irgendwann durch irgendwen einmal des Lebens Wind
Es gibt Ursachen, die mich so sehr in die Verzweiflung trieben
Und dieser Teufelskreis ist nun davon übrig geblieben

Meine Beziehung zu mir selbst, die ist sehr zerbrochen und fatal
Meine Beziehung zum Essen, zu Dir, zum Leben ist für mich eine Qual
Mit Deinem Willen, gutem Zureden kommst Du bei mir hier echt nicht weit
Denn meine Seele blutet, was ich aber nicht weiß, und dieses Seelenblut mich verschleißt

Solange ich es kann, werde ich versuchen, Dich bezüglich Essen zu belügen
Und Dich nach Strich und Faden in Sachen Essen zu betrügen
Und Dich zu täuschen, denn ich werde heimlich oder an anderen Orten brechen
Und mache Dir verlogene, aber nicht bös gemeinte, sondern kranke Versprechen

Diese Essstörung ergriff mich, beherrscht mich, ich bin total von ihr eingenommen
Und alleine oder mit Deiner Hilfe kann ich dieser Krankheit niemals entkommen
Du solltest so gut es geht die Gefahr erkennen, in der ich lebe
Weil ich langfristig zwischen Leben und Todeszone schwebe

Bring mich zu einem Profi-Therapeuten, der ganz sensibel und taktvoll zu mir ist
Der vielleicht irgendwann mal erkennt, was das ist, das ich so sehr und reichlich vermiss
Und der meine Sprache spricht und meine Krankheit in ihrem gesamten Umfang versteht
Und der dann mit mir Hand in Hand fürsorglich und gefühlvoll diesen Weg begeht

Ein Vollprofi, der das Blut in meiner Seele vorsichtig zu stillen versteht
Der mir in Spuren langsam das Vermisste, das Entbehrte, heilsame Energien gibt
Der alle Zeit der Welt hat, ohne mich jemals wirklich aufzugeben
Der dazu berufen ist, mit himmlischen Kräften zu retten essgestörter Kinder Leben
Jemand mit der Begabung und Berufung, Essgestörte in großem Umfang allseits zu verstehen

40 Selbsthass, Borderline

Es ist Deine Art, mir zu zeigen, dass ich Dich immer störe
Du machst mir klar, dass ich immer im Leben verliere
Du sagst, dass ich zu rein gar nichts tauglich bin
Du vermittelst mir, mein Leben mache gar keinen Sinn

Du sprichst mit mir in sehr demütigender Art und Weise
Ich schäme mich meiner selbst und weine leise
Du bist anmaßend, aggressiv, und das nicht nur verbal
Sondern Du schlägst mich, unterdrückst und missbrauchst mich fatal

Ich kenne es nicht anders, außer dass Du mich quälst
Gewalt und Hysterie sind für Dich das einzige, das zählt
Nie Gespräche, Klärung, ein liebes Wort oder Wärme
Stattdessen wirst Du cholerisch, handgreiflich, ich sehe nur noch Sterne

Du bekämpfst mich mit übelsten, unwürdigsten Worten
Du vernichtest mich mit Gewalt und sadistischen Taten
Ich bin Dir im Wege, Dein Blitzableiter, Dein Sündenbock
So, wie Du mich behandelst, stehe ich fast täglich unter Schock

So, wie Du mich hasst, so hasse ich mich
So, wie Du mich erniedrigst, so erniedrige ich mich
So, wie Du mich ablehnst, tue ich das selbe mit mir
Du verachtest mich, ich tue das selbe jetzt und hier

Ich war nie im Leben Dein Schatz
Du gabst mir im Leben nie einen Platz
Ich wurde geboren, um zu ertragen und zu leiden
Du versuchst, mich zu kränken, mich zu vertreiben

Mein ICH ist von Anfang an gebrochen
Meine Seele ist von klein auf völlig zerbrochen
Meine Beziehung zu mir selbst ist völlig gestört und krank
Durch Deine Kälte, Gewalt, Sadismus, „Mama / Papa, habt Dank"

Ich kenne es nicht anders, als mich selbst zu verletzen
Statt Balance versuche ich immer, mich selbst zu hetzen
Mich zu lieben ist mir fremd, so etwas kenne ich nicht
Ich hasse mich, bekämpfe mich, Dein Spiegel kommt in mir ans Licht

Du hast mich nie gewollt
Statt sprechen hast Du nur gebrüllt
Ich verletze mich
Versetze mir täglich einen Messerstich

Was soll aus mir werden?
Habe keinen Platz auf Erden
Siehe hin, was machst Du nur für Sachen
Leide ich, kannst Du nur hämisch lachen

Deine Beziehung zu mir ist unmenschlich und kalt
Hättest Du doch lieber einen gesünderen Weg gewählt
Mich von klein auf in Liebe aufgefangen
Dass ich aufwachse, ohne um mein Leben zu bangen

„So, wie Du mich behandelst, so behandle ich mich später
Bin ich mein eigenes Opfer und zugleich ein Täter"

Bestätigung, dass Du Dich freust, dass es mich gibt
Freunde sein, liebe Worte, Wärme, Freude, Du hättest mich lieb
Nestwärme, Hand in Hand an Deiner Seite zu gehen
So gibst Du mir auch meinen rechten Platz im Leben

Wenn Du mich liebst, so liebe ich mich
Gibst Du mir Wärme, Menschlichkeit, Schutz, so liebe ich Dich
Du berührst mich in Liebe, ohne Fesseln, mich zu schützen
Du tust alles für mich, versuchst Dein Kind immer zu stützen

So wird Deine Liebe als Vorbild in mir und keimen und wachsen
Wir können Freunde sein, zusammen weinen, lachen und spaßen
So freue ich mich, einfach nur zu leben und zu sein
In mir ist Dein Spiegel, in mir lebt Deiner Liebe Keim

41 Fan - Idol - Manie

Ich verfolge fanatisch und präzise das Leben mindestens eines bekannten Promis
Denn dieser Star hat alles, was ich in meinem Leben und in mir selber reichlich vermiss
Er sieht immer gut aus, fürsorgliche Menschen um ihn, ist überall top zurecht gemacht
Dieser Star auf Fotos und im Fernsehen immer glücklich ist, strahlt und lacht

Dieses Idol vermittelt mir eine heile, sichere, glückliche und großzügige Welt
Ohne Probleme, ohne Sorgen, nur Spaß, Glitzer und Geld-Reichtum wie Ruhm, Ehre zählt
Prominente Leute leben den Traum, den ich tief in meinem Innersten habe
Sie werden geliebt, verehrt, hofiert und ihr Leben hat reichlich Erfolg und Farbe

Sie sind bedeutend, bekommen sehr viel Wertschätzung und Ansehen geschenkt
Promis können alle etwas, sie leben und verwirklichen irgendein großes Talent
Promis sind so unerreichbar und leben in einer für mich unantastbaren Welt
Sie leben beschützt, behütet, bewacht, ihre Sicherheit hat oberste Priorität

Diese Menschen leben in sehr viel Glanz und in lauter Sonnenschein
Sie scheinen selbstbewusst, stark und in allem überzeugend zu sein
Und so versuche ich, einen Funken dieses Sonnenlichts für mein Leben abzubekommen
Wenns sein muss, werde ich meinem Idol, das ich so verehre auch hinterher rennen

Ich versuche, auf einen fahrenden Zug, der nicht mein Zug ist, mit aufzuspringen
Und meiner eigenen Identität und meinem Leben fluchtartig davon zu rennen
Ich beginne mich mit ihm, der Bühne seines Lebens, zu identifizieren
Und mich in die Welt meines Idols, meines Helden, meines Vorbildes zu verlieren

Ich erkenne nicht, dass Promis von ihren Fans wie mir reichhaltig leben
Ich erkenne nicht, dass Fans wie ich diesen Promis ihren Status geben
Ich erkenne nicht, dass Promis auch nur Menschen wie ich es bin sind
Ich erkenne nicht, dass sich auch ein Prominenter mal daneben benimmt

Ich lasse mich blenden von dem Blitzgewitter der erfolgsorientierten Fotografen
Ich lasse mich blenden von Bodyguards, den Paparazzi und den gierigen Fernsehtypen
Ich lasse mich von Show, Effekten, Glamour, Unnatürlichkeit und Fakesituationen täuschen
Ich lasse mich von trübenden, blendenden, irreführenden, manipulierenden Welten berauschen

Möglich, dass ich so fanatisch reagiere, weil ich in meinem Leben sehr viel vermisse
Möglich, dass ich den Anschluss zu mir selbst und meinen eigenen Qualitäten verpasste
Es könnte sein, dass ich noch nie Erfolgserlebnisse hatte und noch nie wirklich Anerkennung
Mag sein, dass ich noch nie gelobt wurde und das Herz meiner Eltern blieb für mich stumm

Ich gebe Promis und ihrem Talent meine Seele, Bestätigung, Anerkennung, Wertschätzung
Ich gebe ihnen alles, was ich nicht habe, auch nicht von Dir oder Euch bekommen kann
Ich habe kein eigenes Selbstwertgefühl und verliere mich in einer anderen Identität
Für mich mein Idol, mein Prominenter an oberster Stelle noch vor mir selber steht

Habe keine eigenen Ziele, kein Selbstvertrauen, da ich keine gesunde Beziehung zu mir habe
Ich rette mich, indem ich hysterisch den Traum meines Idol mit Fantasie und Fanatismus lebe
Ich kenne keine eigenen Qualitäten, keine eigenen Talente und keine eigenen Fertigkeiten
Kenne keine Selbstbestätigung, keine Wertschätzung meiner selbst, keine eigenen Fähigkeiten

Erfolgserlebnisse erleben, Respekt, Akzeptiert werden sind mir bisher stets nur fremd
Es gibt niemanden, der mich liebt wie ich bin, respektiert, schätzt und mich kennt
Es gibt niemanden, der mich als der, der ich nun einmal bin, im Ganzen annimmt
Es gibt niemanden, den ich interessiere, der meine positiven Eigenschaften benennt

Promis werden geachtet, angenommen, verehrt, geschätzt und von allen Menschen gesehen
Sie dürfen auf dem Weg der Sonnenseite, des Wohlstandes, der Ehre gehen
Sie dürfen durch Fans wie mich die Sonne in ihrer ganzen Schönheit leben
Sie müssen sich nicht mal akzeptieren, lieben, dafür wird es stets Fans wie mich geben

Indem ich fanatisch andere verehre, entferne ich mich noch mehr von meinem eigenen Kern
Ich habe mich selbst nicht im Geringsten aber im Großen und Ganzen den anderen gern
Ich empfinde in mir selber nichts als eine große, unerfüllte, ungestillte Leere und Sehnsucht
Erfüllung gibt mir meine irreführende, vor mir selbst, meinem Leben weglaufende Flucht

Ich renne auch per Gruppenzwang einem Traum und einer unerreichbaren Welt hinterher
Denn mein Leben ist innen wie außen schwarz-weiß, einsam und leer
Welchen Platz gebt Ihr mir in Eurem und in meinem Leben
Könnet Ihr mich halten, emotional versorgen, stärken oder gar verstehen

Ich kann das auch nicht und gebe Idolen all das, was ich mir selbst geben sollte
Bin aber noch jung, unreif und weiß nicht, wie ich mich und mein Leben gestalte
Ich suche meine Identität im außen, nicht in mir, in Euch, was alles erschwert
Ich verliere mich in anderer Träume, da meine Welt mich auslaugt und nicht nährt

Ich habe gelernt, vor mir oder Euch zu fliehen und mich nicht anzunehmen
Ich habe gelernt, dass ich schwach bin und ohne eigene positiven Qualitäten
Ich lernte, niemand eigenes zu sein, mich evtl. hinter Eurem Geld oder Eurer Leere zu verstecken
Ich lernte, mich mit Luft zu füllen, leer zu leben und mich mit fremden Federn einzudecken

Ich lernte evtl. die Werte, dass man sich Glück und Ersatzdrogen, jeden Trost kaufen kann
Ich lernte, dass Fliehen, Verdrängen, Käfige, Abhängigkeit zu Zielen führen kann
Ich lernte, Eure eigenen Schwächen, Fehlbarkeiten oder knebelnden Liebesdruck auszuhalten
Ich lernte, dass es schwer ist, Euch, Dich, den Jugendkäfig, mich selbst auszuhalten

Ich verleugne dich und mich, ich habe ein sehr zerrissenes Ich
Und bin in mir selbst leer, ängstlich, schwach und allein sicherlich
Um dem Realen, dem Sein, Euch und mir zu entfliehn, brauche ich einen fremden Traum
Einen eigenen hab ich ja nicht, ein Vorbild Zuhause, ein Freund hier, das wäre zu schön

Was ich brauche, das sind Struktur, einen Rhythmus, innere Sicherheit
Was ich brauche ist jemanden, der mir einen Platz gibt, mich versteht, für mich hat Zeit
Was ich brauche, ist Bestätigung meiner selbst, was ich kann, Zugehörigkeit und Liebe
Was ich brauche ist eine Hand, mich auf dem inneren Weg zu mir selbst zu führen

Was ich brauche ist, dass ich willkommen bin, sich jemand herzlich für mich interessiert
Was ich brauche ist, dass durch mich wird das Herz eines anderen berührt
Was ich brauche ist eine positive Resonanz über meine eigenen Stärken
Was ich brauche ist die Bestätigung und Wertschätzung meiner eigenen Werte

Was ich brauche ist positive Bestärkung in ich vielem, was ich sage und tue
Damit ich selbstbewusster, lebensfähiger und stärker in mir selber ruhe
Bitte beachte mich und nimm mich einmal als der wahr, der ich geworden bin
Bitte gib mir selbst, meinem Leben und meiner Persönlichkeit einen Sinn

Sei mein Freund, Vertrauter, Verbündeter, der mich in die eigene Lebensfähigkeit führt
Und dass ich eigene Träume, Ziele habe, die es beständig, selbstbewusst zu erleben gilt
Bitte verzeih´ mir kindliche Schwächen, Mängel und meine Fehlbarkeit
Bitte sei Du für mich so wie ich bin, im Herzen stark und bereit
Deine Liebe kann mich retten, da sie mich von Irrwegen, Versuchungen, Extremen befreit

42 Computerspiele

Ich nehme nicht mehr richtig am Leben teil
Und suche in Computerspielen mein Seelenheil
Ich verschließe mich vor der Welt, die mich umgibt
Ich verschließe mich vor jedem, der mich ablehnt, mich nicht liebt

Ich werde nervös, wenn Du mir das Spielen am PC unterbindest
Und Du Strafen, Entzug, Zwang für mich als Lösung findest
Ich werde animalisch und wütend, wenn ich nicht am Computer spielen kann
Du nimmst mir damit seelischen Inhalt und meinen ganzen Lebenssinn

Vielleicht habe ich auch nur das Gefühl, dass mich niemand von Euch sieht
Vielleicht habe ich das Gefühl, dass es für mich keinen Platz bei Euch gibt
Vielleicht interessiert es ja niemanden, wenn ich mal bin betrübt
Vielleicht ist mein Verhalten ein Spiegel auf Euer Verhalten, es also an Euch liegt

Ich suche in einem Avatar meine Identität
Virtuelle Freunde, Verbündete, ein Gleichgesinnter im Spiel mich immer versteht
Hinter fiktiven Figuren kann ich mich richtig gut verstecken
Und in virtuellen Welten meine Sehnsüchte nach vielem, das ich entbehren muss, decken

Vielleicht interessiere ich Euch nicht, vielleicht gibt es gar kein Zusammensein
Vielleicht bin ich Euch egal, es gibt nur Ignoranz, Intoleranz und keine Gemeinsamkeit
Vielleicht wehrt Ihr mich ab oder Ihr ignoriert mich viel zu viel
Vielleicht vermisse ich einfach nur ein elterliches Zusammengehörigkeitsgefühl

In der virtuellen Welt gibt es Zusammenhalt mit Figuren und Erfolgserlebnisse
Hier bekomme ich beim Spielen wohltuende und erfolgreiche Ergebnisse
Ich kann in eine modellierte Welt fliehen, in der es für mich Selbstverwirklichung gibt
Und in der ein Avatar, eine Fiktionsfigur richtig hinter mir steht oder mich lebt

Ich setze fort, was ich bei Dir oder Euch lerne, ich ziehe mich also zurück
Und verlasse meine Realität, damit ich das Abseitsstehen in meiner Familie unterdrück
Am Computer kann ich mich beim Spielen von Alleinseins-Schmerzen ablenken
Beim Computerspielen muss ich über rein gar nichts Belastendes nachdenken

Ich identifiziere mich mit einer Welt, die zu meiner anderen, neuen Realität wird
In meinem Herzen immer mehr Gefühl für mein eigenes Leben abstirbt
Ich baue eine Mauer und fühle mich eins mit dem Computerspiel
Und verliere mich in dieser Welt, und das ziemlich viel

Ich vermisse in meinem Leben Aufmerksamkeit und ein Gefühl, das man Liebe nennt
Ich vermisse Deine Beachtung, auch mal Lob, Anerkennung und dass man an mich denkt
Ich vermisse Respekt, Beachtung, Wertschätzung, Willkommen sein um meinet Willen
Ihr könnt evtl. meine jungen, emotionalen, persönlichen Bedürfnisse nicht stillen

Mein Familienersatz ist das Computerspiel, hier leben technische Wesen
Traurig nur, dass mir Karikaturen Freude, Anerkennung und ein Hochgefühl geben
Ich decke meine Bedürfnisse durch die farbige, treue, virtuelle Welt
Wo Schnelligkeit, Logik, Gemeinsamkeit und Unterhaltung zählt

Ich kann meine angestauten Energien loslassen, mich in fremde Identitäten hüllen
Und so meinen Durst nach Anerkennung, Achtung, Respekt und Wertschätzung stillen
Und mich vielleicht an Euch, Dir abreagieren und rächen
Für Missverständnisse, Ungeklärtes, Eure, Deine eigenen Schwächen

Ich werde am PC subtil gesehen, beachtet und bekomme Selbstbestätigung
Meine Zeiten werden schneller, es kommen immer bessere Ergebnisse dabei rum
Ich versuche strebsam, mich immer weiter selbst zu übertreffen
Werde dabei auch Druck los, verarbeite und lerne, mich selber zu schätzen

Mir werden Avatare bzw. Spielfiguren wichtiger als reale, lebende Menschen
Ich fühle mich eins mit den Spielern und kann an nichts anderes mehr denken
Ich lebe eine neue Identifikation, Gemeinschaft und Selbstwertgefühle
Meine innere Leere, Platzlosigkeit und Verlassenheit können fiktive Spielfiguren stillen

Ich habe mich aus Deinem, Eurem, meinem Leben zurückgezogen
Ich gebe auf und lebe jetzt im Dunkeln und im Verborgnen
Innere Verluste und Wut machen Druck und dieser macht mich am PC ziemlich schnell
Verlassenheit, Vernachlässigung führen am PC zu Zielen, das macht mein Leben wieder hell

An die Stelle meiner Familie und Gemeinsamkeit sind Computerspiele getreten
An die Stelle meines Elternteils ist ein Avatar oder ein anderer Spieler getreten
An die Stelle meiner Realität ist eine virtuelle Welt getreten
An die Stelle meines selbst ist eine neue, virtuelle Identität getreten

Lässt Du mich nicht zu, nimmst Du mir Raum, fühle mich ganz leer und allein
Fühle ich mich missverstanden, keine Klärung, werde wütend oder sehr klein
Habe ich in Deinem, meinem Leben keinen stabilen Patz, fühle ich mich nicht wohl
Sind wir nicht aus Augenhöhe, verstehen wir uns nicht, lebe ich ein resignierendes Gefühl

Du nimmst mir den Boden, um zu wachsen und gesund groß zu werden
Ich wachse und werde stärker in den ganzen Computerspielen
Du bist evtl. selber einsam, ich lerne mit Deiner Einsamkeit zu leben
Du hast eigene Leere und kannst mir gar nicht mehr als Bisheriges mir geben

Ich kann beim Spielen ein Kämpfer, ein Beschützer, ein Sieger sein
Kann das ausleben, was real nicht möglich ist, da ich zu jung und zu klein
Hier kann ich logisch und schnell kombinieren
Und muss weder mich selbst noch andere um mich herum fühlen
Und ich kann die Grenzen der anderen berühren
Und ich kann hier fast gar nicht wirklich verlieren

Alles geht hier, ich kann alles geben und zeigen, was mir im Leben verwehrt
Hier ist möglich, mich viel zu erfahren, dies meinen realen Alltag sonst erschwert
Ich lerne mich anders kennen, kann stressfrei autonom entscheiden
Und mich ohne reale Strafen oder Schmerzen an anderen reiben

Die Spielfiguren geben meinem Leben einen tieferen Sinn und Ziele
Sie spiegeln mich und Dich und nehmen mir Stressdruck für gute Gefühle

Ich habe beim Spielen keine Angst, etwas falsch zu machen
Es gibt hier niemanden, mich abzulehnen oder auszulachen
Hier ist eine unzerbrechliche, beständige, logische und heile Welt
In der Schnelligkeit, Logik, Gemeinsamkeit und Zusammenhalt zählt
Miteinander verbündet sein, zusammen sein ist es, was je nach Spielart zählt

Es geht hierbei auch nicht einzig nur um den Gewinn
Sondern mein Leben bekommt beim Spielen Inhalt und einen Sinn
Es ist mir zu einer Lebensaufgabe geworden, zu einer Sucht
Computerspiele, virtuelle Welten sind für mich eine Daseins - Flucht

Ich fliehe vor Euch, vor Dir, vor mir selber, den Umständen und meinem Leben
Wenn bei uns nur Ignoranz, Kälte, Stress und Schmerzen auf dem Tagesprogramm stehen
Ich fliehe auch, um mich selber, meine Aufgabe und alles, was ich vermisse, zu finden
Im Spiel habe ich Aufgaben, einen Platz und versuche mich, an diesen Sinn zu binden

Ein Computerspiel
Ist ein emotionales Ventil
Verleiht mir einen stabilen Platz
Ich werde hier nicht verletzt

Es löst meine Rache und Unmut, nimmt mir Druck
Ich quäle Dich, lebe und beschenke aber mich
Finde ich nicht mehr kontrolliert in die Realität zurück
Bricht aus mir heraus ein wichtiges Seelenstück

Gibt es noch Hoffnung, sei für mich beständig da, wie ein Avatar
Gibt es noch Chancen, nimm meine Sucht an, nimm mich liebevoll wahr
Kannst Du mir evtl. Ersatz für das Spielen geben
Wäre es Dir möglich, die Spielzeiten zu kontrollieren

Nicht aggressiv befehlen
Nichts gewaltsam übergehen
Verrsuche, die Sucht anzunehmen
Aber sie für mich kontrollieren

Kannst Du sie dosieren
Meine Spielabsichten auf andere Wege führen
Beginne Dich für meine Spiele zu interessieren
Werde ein Verbündeter, mich auf diesem Weg heraus zu führen

Die Türe zu mir ist, das Spiel anzunehmen
Lass es Dir von mir zeigen und erklären
Spiele evtl. auch mit, das wäre ein Weg zu mir
Sei ein Freund, kein Feind, sonst schließe ich die Tür

Ich verliere vielleicht ganz die Kontrolle über das Spielen
Es kontrolliert mich, ich kann es nicht mehr dosieren
Kann mich nur noch im Banne des Spielens verlieren
Ich bin nicht mehr erreichbar, niemand kann mich noch berühren

Kontaktgestört, lebensunfähig scheine ich zu werden
Brauche Hilfe, die Ursachen für diese Sucht zu überwinden
Was spiegelt meine Spielsucht in Deinem, meinem Leben
Die Antworten kann Dir, uns eher ein versierter Heiler geben

Bitte suche mir Hilfe, einen Menschen, der mein Leid und meine Sucht versteht
Bitte besorge mir jemanden, der erfahren, gekonnt und professionell mit mir und meiner
    Sucht umgeht
Bitte lass mich niemals allein, vergiss mich nicht und verlasse mich nicht
Bitte nimm Dir zu Herzen dieses SOS - Gedicht

43 Spielcasino, Wetten

Und habe ich Geld - Spielsucht entwickelt und verzocke mein ganzes Taschengeld
Dann ist sie auch nicht in Ordnung meine noch junge jugendliche Welt
Wenn ich spiele, habe ich ein Hoch in mir, es ist auch die Umgebung, die zählt
Spielcasinos haben etwas, das mir vielleicht Zuhause reichlich fehlt

Sie sind sauber, geordnet, ein ruhiges Wohnzimmer, in welchem Charisma lebt
Ein warmes Ambiente, entspannende Farben, angenehme Geräusche, Stress vergeht
Gedämpftes Licht, Gemütlichkeit, ähnlich wie im Mutterleib könnte es sein
Ich fühle mich gut aufgehoben, bin willkommen, ich bin nicht allein

Ich betrete eine kunterbunte Welt aus Hoffnung, Glück, Selbstfindung und vielen Automaten
Diese Welt hilft mir, auf Glück zu hoffen, mich über Geld - Träume zu nähren
Vielleicht wurde ich bisher getadelt, unterdrückt, nicht geliebt und allzu oft ignoriert
Ich wurde verlassen, wuchs nur so nebenbei auf, sodass es mich stets innerlich friert

Vielleicht musste ich mich zu sehr im Leben vor Euch beweisen
Vielleicht gelte ich nur, wenn ich etwas erreiche
Vielleicht liebst Du mich nur, wenn ich Deine Erwartungen erfülle
Und Deine eigene Leere und Einsamkeit fülle

An den Automaten habe ich immer eine Chance auf ein Glück, Freude und Bestätigung
Gewinne ich ab und zu, dann ist es für mich gute Stimmung, Hoffnung und Entspannung
Diese Welt von Gewinn und Verlust, sie gibt mir Kraft
Und gibt mir die Chance, dass ich ab und zu durch einen Gewinn auch mal etwas schaff

Sobald ich Geld in den Schlitz einwerfe, beginnt für mich ein Hochgefühl und Entspannung
Es geht auch nicht nur um Gewinnen, diese Casinos sind für mich auch intensive Tarnung
Meinem Dasein, meinem kümmerlichen Seelenleben zu entfliehen, die Ursachen dafür
  abzuwehren
Glück, Erfolg, Wertgefühle und Wohlstandgefühle sind zum Greifen nah, kann sie fühlen

Es ist die Ruhe im Casino, mich hier neu zu fühlen
Eine Traumwelt aus Bestätigung, Erfolg, Belohnung in mir zu etablieren
Und mich auf diese Weise von den Verlusten in meinem Leben zu betäuben
Und mich durch die Ruhe hier zu fühlen und von der Hoffnung Glück zu nähren

Automaten belohnen mich durch einen kleinen Gewinn
Sie machen auch Geräusche, da bekommt meine Seele ein Lächeln hin
Automaten haben Geduld und heissen mich willkommen
Das Casino ist ein gemütlicher, leiser Ort, fast zum Wohnen

Du investierst und bekommst Spassfaktor sowie auch Hoffnung geschenkt
Eben diese Dinge habe ich im Leben zuviel entbehrt
Daher gebe ich die Kontrolle an diese Casino - Welt ab, mich damit zu füllen
Und meine seelischen Mängel und Bedürfnisse zu stillen

Ich komme hier zur Ruhe und begebe mich in eine farbenfrohe Welt
Hier investiere ich anstelle tieferer Gefühle nur reines Geld
Aber für dieses bekomme ich ziemlich gute Gefühle in mir geschenkt
Das ist der Deal zwischen mir und Automat, der mich in positiver Laune hält

Was immer es auch ist, sicher sind mir meine inneren Leeren gar nicht wirklich bewusst
Wichtig ist nur, dass da Verlangen und mindestens ein starkes Bedürfnis in mir ist
Das ich durch die Spielsucht versuche bestmöglich zu decken
Casino, Las Vegas, Verwegenheit, eine neue Identität hilft mir, mich zu verstecken

Der Coin geht rein und das Spiel des Lebens beginnt
Gefühle für Geld, wer hier wohl gewinnt
Das Kribbeln, ran an den Schatz im Automaten
Diese Chance auf Glück und Freiheitsgefühle lass ich mir nicht entgehen

Wie bei allen Süchten, sobald sie mich ergreifen und programmieren
Und mich aus der Eigenkontrolle, der Eigenverantwortung führen
Und ich derartig ausgeliefert in ihnen gefangen bin
Machen Druck, Befehle, Zwang und Strafen auch keinen Sinn

Denn dann brauche ich einen Therapeuten, Arzt, der sich auskennt
Der weiß um die Suchtprogramme und wie man aus der Sucht heil davon kommt
So hilf mir bitte durch Hilfe anderer und versuche zu verstehen
Ich bin nur so, weil ich bereits programmiert bin von meinem Kindheitsleben

Keine Schuld, kein Vorwurf, sind hier wirklich nicht angebracht
In mir lebt gewiss auch ein gesundes Kind, das zur Zeit nur nicht lacht
Aber der Weg zu diesem, den scheinen wir alle nicht zu finden
Schnell zum versierten Heiler und nicht selbst in bester Absicht experimentieren

Er kann uns wieder zusammenbringen
Und wir müssen beide nicht mehr um unsere Beziehung ringen
Gewiss hast Du, habt Ihr auch ziemlich viel erlebt
Wir kriegen das hin, dass ich süchtig bin, in mir immer noch Euer / Dein Kind lebt

44 Scheidungskind, Eheprobleme

Manchmal kann es richtig große Probleme zwischen Euch Eltern geben
Und es sieht nicht immer gut aus, weiterhin unter einem Dach zusammen zu leben
Es kann immer Sorgen, Schwierigkeiten geben, die dann zwischen Euch stehen
Und es ist oftmals besser für Euch, dann auch wirklich getrennte Wege zu gehen

Aber es gibt hier noch jemanden, mich, der je nach Alter dann nichts mehr versteht
Für mich dann plötzlich ein ganz anderer Wind als für Euch Erwachsene weht
Für mich kann die Sicht der Dinge eine ganz andere, eine viel viel persönlichere sein
Ich entwickle verirrte Gedanken, Gefühle, und die fressen sich tief in mich hinein

Kinderseele sagt unbewusst, dass ich mich für Eure gescheiterte Ehe verantwortlich mache
Und ich bilde mir dann Ungesundes ein und glaube an die verrücktesten Sachen
Ich ziehe mich entweder zurück, entwickle Frust und Selbstvorwürfe, die in mir beginnen
Fühle unbewusst Schuld oder werde aggressiv und werde mich altersabhängig später betrinken

Ich könnte denken, dass ich etwas tat, das mich für Euer Ehe-Aus verantwortlich macht
Vielleicht war ich unartig, nicht lieb, wurde Euren Anforderungen nicht gerecht
Ich bin noch klein, aber fühle mich schlecht und nehme Eure Trennung persönlich
Und versteh´ ich schon, dann brauche ich eine Aufklärung von Dir, und dies persönlich

Es ist wichtig, dass Ihr mir altersgerecht Eure Situation verständlich erklärt
Und meinen zarten, fragilen, kindlichen Seelenfrieden nicht zu drastisch stört
Und Ihr mir wirklich alle Schuldgefühle und Belastung, die Eure Krise mit sich bringt,
　versucht zu nehmen
Und versucht, mich besonders jetzt in der Trennungssphase anzunehmen, zu lieben

Je nach Alter entlastet mich oder beteiligt mich, passt auf, dass Ihr mich nicht übergeht
Weil ein Kind, je nach Alter und Charakter, alles auf seine eigene Weise versteht
Ich nehme noch alles persönlich, ich kann Dinge noch gar nicht von mir trennen
Bin ich noch klein, kann ich mich immer nur mit Euch identifizieren
Habe kein stabiles, sicheres Ich, kein erwachsenes Selbst, werde mich gewiss verrennen

Ihr solltet mich davor bewahren, mir Schuhe anzuziehen, die mir gar nicht passen
Wenn Ihr einander weh tut, werdet Ihr evtl. unwillentlich Eure Gefühle an mir auslassen
Und mich je nach Alter darin bestärken, dass Eure Trennung nicht durch mich geschah
Ich fühle und handle unbewusst, mir sind diese Dinge noch nicht klar

Diese Erfahrungen prägen mich auf meinem Weg
Bis ich mir selbst als junger Erwachsener im Wege steh´
Da ich das Leid Eurer Trennung von klein auf unbewusst in mir trage
Es wurde nie gelöst, blockiert mich seelisch, keine Frage

Ihr solltet mich auch altersgerecht bei Sorgen, die uns betreffen, mit einbeziehen
Ehrlich zu mir sein, mich teilhaben lassen, mit mir beraten, mich kindgerecht integrieren
So fühle ich, dass wir eine stabile, starke Einheit, ja, Verbündete sind
So wächst mein Vertrauen, meine Position, ich nehme mich ernst, weil Du/Ihr uns nicht trennt

Vorausgesetzt ist aber mein Alter, so solltet Ihr immer möglichst altersgerecht reagieren
Und mich bestmöglich an die sich verändernde Situation heranführen
Wenn ich noch kleiner bin, könnt Ihr ruhig zärtlich kindgerechte Erklärungen finden
Ohne mir gleich einen allzu dicken Bären aufzubinden

Die Gefahr ist immer, dass ich bzw. Kleinkinder sehr zarte, fragile Seelen haben
Diese werden schnell von Missverständnissen in ungesunde Richtungen getragen
Aber wenn Ihr diese negativen Gefühle, deren Ursachen von vornherein möglichst ausschließt
Mein Herz akut wie auch später dann kaum bis gar keine blutige Tränen vergießt

Ich sehe alles aus meiner eigenen, kindlichen und persönlichen Sicht
Bei mir erscheint vieles in einem völlig anderen Licht
Ich nehme Dinge ganz anders als Ihr Erwachsene wahr
Und komme somit auch ganz leicht in seelische somit emotionale Gefahr

Egal, welche Probleme es auch in der Familie gibt
Wichtig ist immer, dass ich auch dann noch wie gewohnt werde geliebt
Und dass ich mir keinen falschen, mir nicht passenden Schuh anziehe
Und dass ich bewahrt werde vor allem, das mein fragiles, zartes Herz betrübe

Mit mir zu reden ist wichtig, mir Situationen möglichst ehrlich, kindgerecht erklären
Und mir nicht Gefühle wie Liebe, Anerkennung, Wertschätzung und Respekt verwehren
Mich nicht einfach so aus dem Leben, Situationen ganz rigoros ausschließen
Weil ich mich sonst ganz traurig, einsam, zurückgezogen und schweigend verschließe

Ich verstehe vieles, wenn man es liebevoll und verständnisvoll rüber bringt
Und man mich dabei liebevoll mit Herz und Gefühl und Sensibilität wärmend auffängt
Damit sich auch bloß kein Irrglaube oder irgendein ungesundes Gefühl tief in mir aufdrängt
Mich verantwortungsvoll vor Leid zu bewahren ist für mich ein großes Kindheitsgeschenk

Versucht mal, die Probleme und die Welt aus meiner Sicht mit Kinderaugen zu sehen
Dann beginnt Ihr auch, mich viel besser und intensiver im Gefühl zu verstehen
Und Ihr könnt somit auch viel einfacher mit mir, Euerem Kind umgehen
Und bin ich noch klein, so ist es Euer Ton, Eure Stimmlage und Mimik, die ich verstehe

Und so könnt Ihr dann mit mir in jedem Alter problembehaftete Wege gehen
Ihr müsst nur wahrhaftig, liebevoll und treu, ehrlich und aufrichtig hinter mir stehen
Bzw. mich adäquat mit einbeziehen und mir zeigen, dass wir durch alles gemeinsam gehen
Und auch in harten, schweren Zeiten zueinander stehen, ich werde das in mir verstehen
Probleme werden groß, wenn wir nicht mehr Hand in Hand gehen
Wenn wir uns trennen auf unseren Wegen
Wenn Sorgen und Schmerzen viel mehr Raum einnehmen
Und wir dann nicht mehr gemeinsam hintereinander stehen

Vermittle mir, dass wir trotz allem zusammenhalten
Und wir gemeinsam unseren veränderten Alltag ohne emotionalen Verlust bestreiten
Und dass ich immer noch sehr wichtig bin und von Dir oder von Euch geliebt
Diese Basis mit Liebe wird es sein, die über meine Kinderverirrungen siegt
Dies wurde geschrieben, damit man auch als getrennte Eltern sein Kind weiterhin liebt

45 Kinder bei Oma und Opa

Manchmal muss ich bei meinen Großeltern aufwachsen, weil es nicht anders geht
Bei Großeltern wie auch meinen oftmals ein ganz anderer Erziehungswind weht
Großeltern haben meist in ihrem Leben viel Schönes und Grausames wie Kriege erlebt
In ihnen oft immer noch der Schmerz des Krieges oder Wut über Menschen lebt

Manche Großeltern sind wahre Engel, sie verwöhnen uns Enkel nach Strich und Faden
Aber ob das immer so gut ist, bleibt eine interessante, unbeantwortete Frage .
Und andere, die machen es uns Enkeln wirklich ziemlich schwer
Verbieten nur, sind grob, streng, humorlos durch Störungen in ihrem eigenen Seelenmeer

Manche quälen uns Enkel, wir sollten froh sein, wie gut es uns doch eigentlich ginge
Denn früher mussten sie selber im Krieg um ihr Leben und das Überleben ringen
Und sie legten einen kilometerlangen Schulweg zu Fuß im tiefsten Schnee zurück
Heute gäbe es einen Schulbus oder wie hätten ja ein Fahrrad, was für ein Glück

Und so werde ich als Enkel erst mal wegen der aktuellen kriegslosen Zeiten degradiert
Wir sollten dankbar sein, dass kein Bombenalarm oder Handgranate uns die Kehle verschnürt
Die Energie des Krieges, Depressionen der Großeltern haben uns arme Enkel nun eingeholt
Ob Oma und Opa eigentlich wissen, wie man sich als Enkel bei diesen horror Infos so fühlt

Als ob ich als ich Enkel etwas dafür kann, in welcher Zeit ich geboren bin
Vielleicht lebte ich ja bereits im ersten Weltkrieg, wer kriegt dieses Wissen hin
Vielleicht ist mein Leben heute, meine Zukunft hier ja auch schlimm
Großeltern stecken nicht in einem Kind, einem Teenager drin

So werde ich als Enkel mal zum Blitzableiter und beneidet um meiner schönen Zeiten
Dass diese krieglos sind, gewaltlos und einfach, dies will ich jetzt mal bestreiten
Wir erleben auf anderen Leveln unsere eigenen und gemeinsamen Kriege
Eure Renten, wird irgend ein Enkel so eine Sicherheit jemals kriegen

Wir erleben Zwänge und rohe Gewalt, wir kennen Kälte, werden Opfer, was niemals heilt
Wir kennen Druck, Befehle, Waffen und Bomben, die auf anderem Level machen uns kalt
Unsere Kriege sind subtil bis sichtbar, wenn man sie sehen will, sind sie offenbart
Unser Leben ist nicht einfacher, bloß weil man Autos und Computer hat

Großeltern können so manche wertvolle Lebensweisheit für uns von sich geben
Aber nicht immer erleichtern oder verschönern sie mein junges Leben
Wenn sie nur in der Vergangenheit leben und der Zukunft naiv davon rennen
Und nicht die Lebensumstände der Neuzeit im Hier und Jetzt erkennen

Und immer nur ihren eigenen Erinnerungen und Erfahrungen nachhängen
Und mich, ihren Enkel genau damit, was ich gar nicht gebrauchen kann, bedrängen
Sie erwarten, dass ich sie mit Verständnis und Trost im nachhinein nähre
Ich bin ein Kind, Teenie und kein Therapeut, der sein Psychohandwerk verstehe

Manchmal erwarten Großeltern von mir selbigen Gehorsam, den sie einst leisten mussten
Sie hören nicht auf, sich selbst von damals mit mir heute unaufhaltsam zu vergleichen
Heute gäbe es zu essen in Hülle und Fülle
Als ob dies alles wäre mein eigener Wille

Sie vergleichen immerzu mit heute die alten, vergangenen Zeiten
An denen sie oftmals reichlich und vehement festhalten
Was kann ich, ein Kind des 21. Jahrhunderts dafür, was damals alles geschehen war
Heute ist heute, wichtig ist, was heute, was jetzt und was gerade mir geschah

Wir Kinder sind heute einem ganz anderen, sehr vehementen Druck und Stress ausgesetzt
Du bist nämlich niemand und gar nichts, bist Du nicht mindestens per Handy vernetzt
Wir stehen unter Dauerstress und Druck, wir müssen uns in einer Welt aus Schnelligkeit,
    Unbeständigkeit, Oberflächlichkeit und Reizüberflutung zurecht finden
Jeder versucht den anderen immer und überall an irgendwelche Bedürfnisse, Sehnsüchte,
    Gelüste, Erwartungen zu binden

Junk-Food heißt meine heimische Küche, die mir als vitaminlose Nahrungsquelle dient
Innere Werte, Familie, Zusammenhalt, Sicherheit, Liebe und Fürsorge so mancher nur
    aus dem Fernsehen kennt
Jeder stellt an uns / mich Erwartungen, Schule, Gesellschaft, Eltern, Gruppen und
    Industrie, Grosseltern, alle machen immensen Druck
Die Masse bestimmt, bist Du In, bist Du cool oder machst Du keinen Sinn und bist
    einfach nur out

Jede Zeit hat Vor- und Nachteile, vergleichen kann man die Vergangenheit nicht mit jetzt
Und so werde ich öfter verständnislos durch die Vergangenheit meiner Großeltern gehetzt
Nicht alle sind so, aber vielen ist die Zeit im Eiltempo einfach davon gerannt
Viele von ihnen haben die Gefahren, Nachteile, Sorgen von heute nicht im Kern erkannt

Großeltern sollten sich so gut es geht meinen Umständen, meiner Welt anpassen
Und nicht immerzu in ihrem eigenen Interesse in der Vergangenheit graben
Generationsunterschiede können förderlich aber auch hinderlich für meinen Lebensweg sein
Gut ist es, wenn Oma und Opa mit offenem Herzen gehen mit mir in meine Welt hinein

Ihr müsst ja hier gar nicht so viel verstehen
Aber wenigstens humorvoll und offenherzig mit mir meine Wege gehen
Und sich so gut es geht mir und meiner Welt auch mal interessiert anpassen
Auch wenn ich manchmal in Hieroglyphen spreche, kann man dennoch lachen und spaßen

Ich kann nichts dafür, was der Krieg bei Euch Großeltern angerichtet und aufgestaut hat
Aber sicher haben es alle Enkelkinder, wie ich es auch, immer wieder satt
Zu hören, wie gut es uns in dieser oberflächlichen, unbeständigen, schnellen Welt geht
Ich leide anders als Ihr früher, auch für Enkelkinder die Fahne des Kämpfens weht

Liebe Großeltern, Ihr bekommt mich, einen Enkel der Neuzeit in Euer Leben geschenkt
Bewahrt mich vor Euren Kriegsdepressionen, das erreicht mich anderswo als Ihr denkt
Begleitet mich eher liebevoll, verständnisvoll entkrampfend auf meinem stressigen Weg
Öffnet Euer Herz für das, was auf dem Lebensprogramm von mir, Eures Neuzeit-Enkels steht

Mit dem Sandmännchen fängt alles meistens an
Dann kommt die Sesamstrasse irgendwann mal auf meinen Tagesplan
Wenn möglich erzählt mir ein Märchen zur Nacht
Und die Zahnfee dann über meine Träume wacht

Und mit der Schule beginnt meine Welt der Zahlen, der Worte, der technischen Spiele
Dann kommen Handy und Laptop dazu, um mit dem Strom der jungen Gesellschaft zu schwimmen
Technische Kommunikation, virtuelle Welten, Hausaufgaben runterladen werden zum Tagesprogramm
Und an meine Kleidung müssen aktuelle Labels und der coolste Schrei immer öfter dran

Gegessen wird auf der Straße, mein Taschengeld für eine Limo und Junkfood reicht
Meine Frisur, Schmuck, Schminke, provokative Kleidung einer Horrorpicture-Show gleicht
Ich stehe auf Individualität, Auffallen, cool sein, einfach nur In sein um jeden Preis
Und brauche Schuhe aus fragilem Plastik zu einem allerhöchsten Preis

Willkommen in meiner farbenfrohen Welt von uns jungen Leuten
Unser Leben ist nun mal schneller, schräger, fantasievoller und bunter heute
Ja, ich verstehe, da muss man als Oma oder Opa erst mal mithalten können
Und sich erst mal im ganz Kleinen überhaupt mal auskennen

Wenn man wenigstens schon mal ein Handy einigermaßen bedienen kann
Dann steht Ihr auf der Liste der coolen Großeltern gewiss mit oben an
Wenn Ihr dann einen Zungenpiercing nicht gleich mit einer oralen Verletzung verwechselt
Dann habt Ihr so manche Botschaft Eures Teenies, mir also, ziemlich gekonnt gewechselt

Also, liebe Großeltern, mich zu betreuen kann eine wundervolle Herausforderung sein
Lernt auch von mir, bleibt offen und cool, so hole ich Euch in meine Welt hinein
Und dann bekommt Ihr vieles aus meiner Welt auch vertrauensvoll fix und upgedated mit
Und begleitet mich fürsorglich, offenherzig und haltet mit mir langsam Schritt

Was kann es denn Schöneres für Euch weltoffene Großeltern geben
Als dass ich, ein Hightech-Neuzeit-Enkel versüße Euer betagtes Leben
Führt mich möglichst behutsam mit inneren Werten, Liebe und Humor weise
  an diese heutige, an meine Welt heran
Seid geduldig, offenherzig, weltoffen, Neuem aufgeschlossen, fremden Dingen
  gegenüber so tolerant, wie man nur sein kann
Und ich zeige Euch dann geduldig die Welt aus meiner Sicht, so wie sie ist und sein kann

Ich werde es Euch danken, indem ich mich selbst finde, die richtigen Entscheidungen treffe
Und andere durch meine Stärke, Gefühl, Überzeugung und weiser Klugheit besteche
Und ich werde es sein, dessen Herz auch für ältere Menschen sehr liebevoll schlägt
Weil Eure Liebe, Verständnis, Humor liebevoll in meinem Herzen als Euer Erbe weiter lebt

46 Alleinerziehendes Elternteil

Es ist nicht einfach, mich, Dein Kind ganz alleine groß zuziehen,
Besonders dann, wenn Du auch noch regelmäßig musst zur Arbeit gehen
Da ist der stressige Job, der Haushalt, Alltagspflichten und Deine große elterliche Pflicht
Jeden Tag musst Du neu funktionieren, damit das Gerüst auch ja nicht zusammenbricht

Wie gerecht kannst Du mir in so einer schwierigen Situation wirklich werden
Ohne meine Gefühle, meinen Rhythmus, Bedürfnisse und mein Seelenleben zu gefährden
Welches Ventil hast Du denn eigentlich selber, um Dich vom Alltagsstress abzureagieren
Schnell kann es passieren, mich dann in die Rolle eines erwachsenen Partners führen

Und Dich an mir emotional auslebst, ohne mein Alter, meine Kinderwelt zu sehen
Und all meine natürlichen Rechte, meine Gefühle und Grenzen zu übergehen
Du bist überfordert, versuchst nur Dich selber und nicht auch mich zu verstehen
Wie schnell sagst Du mir Sachen, die Dir später leid tun, sie können Arges säen

Jeden Tag funktionierst Du, um allen gerecht zu werden, aber am wenigsten Dir selbst
Es sind Deine vielen Aufgabe und Dein Pflichtbewusstsein, das da meistens zählt
Und woher nimmst Du dann noch die Kraft, um für mich ganz und gar da zu sein
Du bist für mich das Wichtigste, Du bringst meine Wurzeln in mich hinein

Auch wenn Du manches nicht immer so meinst, ich bin echt kein erwachsener Partnerersatz
Auch wenn Du bereust, ich bin kein Ventil, kein Objekt sondern ein wertvoller Schatz
Und wenn das Leben hart ist, Dir Zeit und Kraft fehlt, dann solltest Du mit mir sprechen
Und mir sagen, was Du fühlst, wie es Dir selbst geht, ohne gleich emotional auszubrechen

Du kannst mir alles sagen, was Dich bedrückt, ohne mich gleich vehement zu belasten
Kannst Deine Gefühle, Gedanken mit mir teilen, ohne mich gleich in Angst zu versetzen
Du könntest lieber Wäsche, Geschirr liegen lassen, dafür mehr Zeit in mich investieren
Bitte gib mir nicht das Gefühl, dass ich Dich an Deinen Job, Sucht, Pflichten verliere

Kommuniziere mit mir altersgerecht
Teile Dich mit, lass mich zu im größten Stress
Schenke mir in Deinem Leben trotz allem genügend Raum
Ich fordere Dich, aber tröste auch, Du gibst mir die Wurzeln, auf die ich einst bau

Du bist die einzige wahre Bezugsperson, die ich in meinem jungen Leben habe
Du gibst mir durch Deine Liebe sicheren Boden, damit ich gut in mein Leben starte
Du kannst mich kindgerecht in Deine erwachsenen Gefühle und Schwächen einweihen
Und Deine Gedanken und Gefühle ruhig auch immer mit mir teilen

Wichtig ist aber immer die allerhöchste und oberste Priorität
Dass neben Deinen Funktionen auch Deine wichtige elterliche Pflicht besteht
Ich brauche das Gefühl, dass Du versuchst, in möglichst allem zu mir halten
Dich bestmöglich an meine tieferen, innigen Bedürfnisse zu halten

Du versuchst, als Team mit mir unseren Alltag bestmöglich zu gestalten
Und dass Dein Herz für mich nicht beginnt, wegen Stress / Frust zu erkalten

Ich sollte nicht leiden, weil Du dabei bist, Stress oder größeren Druck zu empfinden
Ich brauche Dich ebenso wie andere, manchmal kannst Du Dich aus Liebe zu mir überwinden
Und den Haushalt auch einfach mal zu meinen Gunsten Haushalt sein lassen
Und Dich nicht für Deine ganzen Aufgaben und alle Pflichten selbst versklaven

Du kannst mich auch in kleine kindgerechte Aufgaben mit einbeziehen
Und mir Verantwortungsbereiche, die Dich evtl. entlasten, im Kleinen übergeben
Manchmal will ich ja nur einfach bei Dir, in Deiner Nähe sein
Gemeinsam mit Dir, teamstark mit Dir Hand in Hand zusammen sein

Es ist so wichtig für mich, gemeinsam mit Dir füreinander da zu sein
Und gemeinsam zusammen zu halten, in Verbundenheit ein starkes Team zu sein
Lieber mal eine Hose einige Tage länger in der Schule tragen
Als Dich an alle Aufgaben und Pflichten wirklich verloren zu haben

Ich brauche es, gemeinsam zu kuscheln, zu reden, alles zusammen zu besprechen
Als dass Du irgendwann einmal von allseitigen Pflichten gehetzt wirst zusammenbrechen
Denn Du scheinst oft bedrückt, ausgepowert und im Kopf ziemlich zu
Und suchst Zuhause verständlicherweise nur noch Deine ganz private Ruh

Es kann hart sein, je nachdem wie klein ich bin, bin ich es, der Dich am meisten ordert
Ich bin es, der Dich alle Zeit immerzu gnadenlos fordert
Ich bin evtl. unberechenbar, unkontrolliert und anstrengend in meiner Natur
Ich gönne Dir keine Auszeit und fordere mein Recht in einer Tour

Es kann hart sein, ich bin noch klein und habe rein gar nichts im Griff
Ich schaukle gewiss ziemlich heftig hin und her unser gemeinsames Schiff
Ich konfrontiere Dich mit all meinen ungestümen Gefühlen und meinem ganzen Temperament
Ich störe, ich bin willensstark, in mir das Feuer großer Aktivität, Stimmungsmacherei brennt

Lebst Du mit einem Kind zusammen, solltest Du so gut es geht mit mir ZUSAMMEN leben
Und keine eigenen, nebeneinander einsamen, mich ignorierenden, blinden Wege gehen
Denn es könnten Dir ganz plötzlich wichtige Informationen oder Zeichen von mir entgehen
Du könntest mich und meine Probleme und Signale versehentlich und unbedacht übersehen

Gespräche miteinander sind so wichtig wie der wichtigste Job, sie sind elementar
Mich in vieles einbeziehen, auch wenn Du k.o. bist, Hauptsache Du bist ehrlich und wahr
Wenns geht, solltest Du mir weder Aufmerksamkeit noch Liebe und Fürsorge entziehen
Ich bin sensibel, merke alles und beginne dann schnell in meine eigene Welt zu flehen

Du kannst Dein Kind immer lieben, egal, wie groß der Stress auch ist
Du kannst Dein Kind immer fühlen, auch wenn noch so groß auch die Pflicht
Du kannst Dein Kind immer wahrnehmen, auch wenn Du todmüde bist
Du kannst Dein Kind immer anlächeln, auch wenn Du noch so beschäftigt bist

Mit Liebe ist gemeint, mir Gemeinsamkeit, Wärme, Worte und Verständnis zu geben
Ist gemeint, mir ab und zu guten Willens zuzuhören bei meinen kleinen großen Problemen
Es ist gemeint, mir meine Sicherheit und Nestwärme nicht zu entziehen
Und immer liebevoll bestmöglich hinter mir zu stehen

Deine Liebe geben kann schon ein kleines Lächeln sein
Deine Liebe kann ein Streicheln über die Wangen sein
Deine Liebe kann ein liebevoller, sanfter Tonfall sein
Deine Liebe kann ein lieblicher Kosename sein
Deine Liebe kann eine zärtliche Wortwahl sein
Deine Liebe muss keine Kraft kosten, kann ein bloßes über die Haare streicheln sein

Du kannst mit mir über alles sprechen, ganz so, wie es in meiner Sprache angebracht ist
Und versuchen, dass ich, Dein Kind möglichst wenig bis gar nichts vermisst
Und wenn Du selbst so müde bist und Kraft brauchst, dann kannst Du es liebevoll sagen
Es muss ja nicht gleich in Launen, Frust, negativen Stimmungen oder Stress ausarten

Ich brauche das Gefühl, mitten im Alltag dennoch nicht alleine zu sein
Und geborgen, aufgefangen und trotz Stress immer noch geliebt zu sein
Und auch, wenn Du Dir noch lange nicht alles leisten kann
Innere Werte, innere Stärke und Deine Liebe bringen mich voran

Habe ich viel Temperament, versuche mich mit Erklärungen, Einsichten zu dämpfen
Und meine Power in angemessene, für mich rücksichtsvolle Richtungen zu lenken
Und mir Dein Befinden, wenn Du kaputt bist und Ruhe brauchst, kindgerecht erklären
Und mich liebevoll und verständnisvoll in meinem großen Herzen berühren

Ich kann altersabhängig vieles lernen, wenn Du versuchst, meine Sprache zu sprechen
Und nicht gleich dazu neigst, einen manifesten Stab über mich brechen
Ich benutze Dich auch als Ventil, denn dafür bist Du einerseits auch noch da
Aber je älter ich werde, desto mehr werde ich meiner Gefühle gewahr

Und mit zunehmendem Alter werde ich lernen, meine Gefühle immer mehr zu kontrollieren
Und mich nicht in Gefühlschaos oder Aggressionen, Wut und Ungehemmtheit zu verlieren
So kannst Du mich trotz Job und Alltag vor mir selber schützen
Indem Du mich liebevoll, achtsam und mit intensiven, klärenden Gesprächen unterstützen

Ich werde verstehen, dass, wenn man alleine erzieht, es immer mal Probleme gibt
Hauptsache ist aber, dass, egal was auch ansteht, was immer auch geschieht
Dass Du mir immer das Gefühl gibst und lässt, dass Du mich trotz allem immer liebst
Damit ein möglichst gesundes und starkes Herz in mir wächst und schlägt
Und einst Liebe, Rücksicht, Verständnis, Selbstachtung in meinem jungen Herzen siegt

Ich kann die Welt noch nicht so wie ein Erwachsener verstehen
Ich kann nicht in Deinen, in erwachsenen Schuhen gehen
Ich werde immer den Alltag, Schule, Erwachsenenwelt ganz anders als Du erleben
Und brauche immer den Boden der Liebe, Nestwärme und der Güte, um sicher zu gehen

Und wenn Du mir mal keine Liebe geben kannst, weil Dein Akku fast leer gepowert ist
Dann bringt ein klärendes Gespräch oder Umarmung, je nach Alter, schon ein helles Licht
In die Situation und ich werde je nach Alter auf meine Art verstehen
Dass Du Ruhe, Kraft brauchst, um dann gemeinsam mit mir frisch durchs Leben zu gehen

Aber soviel Zeit, um mit mir zu reden oder zu flüstern, die sollte schon sein
Das bringt meistens Verständnis und Klärung in mein Kinderherz hinein
Hauptsache, ich habe nicht das Gefühl, von Dir wegen Stress verlassen zu sein
Hauptsache ich habe nicht das Gefühl von Einsamkeit, Verlassenheit, Ungeliebtsein

Hauptsache ich kenne meine Grenzen, ohne Deine Liebe zu verlieren
Hauptsache ich bemühe mich, Dich zu verstehen
Hauptsache ich weiß, ich werde Dich nicht verlieren
Hauptsache, Du hörst nie auf, mich trotz Übermüdung und Erschöpfung zu lieben

Hauptsache, Du gibst mir Deine Gefühle, Deine Bedürfnisse altersgerecht, um zu verstehen
Hauptsache, wir werden niemals getrennte Wege gehen
Auch wenn ich noch klein bin, ich will Dir niemals bewusst im Wege stehen
Sollte ich anstrengend sein, heißt das nicht, ich würde dich nicht lieben
Siehe meine kindliche Natur, Ansprüche an Dich, Kindheitsrechte von neuen Perspektiven
Was ich auch tue, was ich auch kann, es geschieht nicht ohne Dich zu lieben

47 Der neue Partner des Elternteils

Ich habe nur Dich, Du bist meine einzige Bezugsperson
Bisher waren wir ein Team, eine Gemeinschaft, und ich fühlte mich wohl
Als Kind sehe ich Deine Einsamkeit noch nicht
Weil mit Dir zusammen zu sein für mich das aller größte ist

Ich denke, dass Du auch gerne Deine Zeit mit mir verbringst
Ich weiß nicht, dass Du aus Einsamkeit mal Suchtmittel zu Dir nimmst
Sei es Alkohol, mehr Nikotin, Tabletten oder reichlich Schokolade
Weil sich leichte Depressionen und Einsamkeitsfrust in Dir aufstauen

Als Kind nehme ich diese Dinge leider noch gar nicht wirklich wahr
Meine Welt ist in Ordnung, solange Du einfach nur bist da
Deine Sehnsucht nach einem Verbündeten, einem Partner ist sehr groß
Und Du gehst abends und an Wochenenden immer mehr und länger aus

Dann lernst Du einen Menschen kennen und verliebst Dich, Du schwebst auf Wolke 7
Und beginnst den anderen wirklich immer mehr und tiefer zu lieben
Ich lerne diesen neuen Menschen dann auch endlich mal kennen
Denn es ist ja wichtig, dass wir uns auch miteinander verstehen

Ich bin Dir dankbar, wenn Du mich auf diese Begegnung sensibel vorbereitest
Und Dich mir mitteilst, wer er / sie ist, damit sich keine Ängste in mir ausbreiten
Du musst mir nicht gleich sagen, dass Du den für mich immer noch Fremden liebst
Weil Du ansonsten großen Verlustängsten tief in meinem Herzen sehr viel Raum gibst

Ich sehe in Dir, je nach Alter, meinen Verbündeten, meinen Lebensgefährten
Du bist einzige Bezugsperson, wir lieben uns, gehen zusammen auf unseren Wegen
Deine Aufmerksamkeit, Herz, Interesse, Deine Liebe gehörten bis hierhin nur mir
Kommt jemand Neues dazu, muss ich all das verstehen, das ist für mich oft schwer

Daher lass den Fremden bitte erst einmal ganz neutral, für mich risikofrei erscheinen
Als belanglosen Freund, als Kamerad, als pos. Beitrag des Lebens mein Leben beschreiten
Teile mir die Bedeutung dieses Partners für Dich meines Alters entsprechend nicht mit
Gib uns zum Kennenlernen Zeit, uns zu beschnuppern, zu akzeptieren, Schritt für Schritt

Wenn Du mich mit einem neuen Menschen in unserem Leben überfällst, kann es passieren
Dass ich ihn abwehre, keine Chance gebe, vor ihm verschließe all meine inneren Türen
Denn bisher waren wir beide ja ganz allein
Wir gehörten zusammen und jetzt kommt auch in mein Leben ein neuer Mensch hinein

Bitte denke nicht nur an Dich, falls ich noch klein bin, siehe auch meine kleine Sicht
Hast Du vielleicht den anderen jetzt viel viel viel lieber als mich

Vorsicht:
Du gehst mit ihm anders um, Du zeigst ihm andere Gefühle, die ich von Dir nicht kenne
Könnte sein, dass ich mich nun in ungesunde, verlassene, ablehnende Gefühle verrenne

Ich denke, Du brauchst Du jemanden, weil Du mich nicht mehr liebst
Ich denke, dass es ab jetzt kein UNS, kein Team, keine Gemeinsamkeit mehr gibt
Jemand anderes nimmt nun meinen Platz in Deinem Herzen ein
Ich darf nicht länger der geliebte Mensch Deines Herzens sein

Ich vergleiche den Fremden dort mit mir, aber er hat in allem gewonnen
Er hat Dich, Dein Herz, Deine Liebe, die bisher mir allein gehörten, ganz bekommen
Der andere ist also mein Gegner, mein Konkurrent, mein allergrößter Feind
Und es ist mein kleines, junges Herz das da in mir höllisch brennt und blutig weint

Ich bin überfordert und kann mit dem neuen Menschen gar nicht wirklich umgehen
Plötzlich erscheint ein Fremder, der Dich mir wegnimmt, in Deinem und meinem Leben
Ich komme mit der ganzen Situation überhaupt nicht mehr klar
Und wünschte mit, ich wäre nie geboren, wäre einfach nicht mehr da

So könnte es passieren, genau diese Gefühle und weitere könnten sich in mit entwickeln
Ich könnte mich in sehr heftige Gefühle, die mein gesamtes Leben begleiten, verstricken
Und um genau diesem Teufelskreis wirklich von vornherein zu entgehen und vorzubeugen
Solltest Du mich Deiner Liebe und Fürsorge zu mir niemals berauben

Egal wie jung ich auch bin, rede mit mir in einer altersgerechten, mir angepassten Sprache
Bleibe kindgerecht, denke an meine Gefühle, an meine bisherige Welt und meine Ängste
Sehr schnell entstehen zwischen uns ungewollte und große Missverständnisse
Nimmt der Neue Dich mir weg, was ändert sich für mich / uns, kommen nun alles Hindernisse

Schenkt er uns positive Energien, Freude, Spaß, Liebe ohne dass er an meinen Ängsten sägt
Wichtig, dass der Fremde respektvoll, achtsam, kindgerecht, gütig, feinfühlig mit mir umgeht
Beobachte mich zusammen mit ihm, was für eine Wirkung hat der / die Neue auf mich
Lass mich niemals zugunsten von ihm oder Deiner eigenen Gefühle wirklich im Stich

Je kleiner ich bin, desto mehr sehe ich, desto mehr nehme ich ihn und Dich wahr
Je kleiner ich bin, desto mehr fühle ich, werde jede Deiner Veränderungen gewahr
Je kleiner ich bin, desto mehr kann ich sehen und empfinden und ganz anders wahrnehmen
Uns Kleinkindern ist hochsensibles, mystisches, feinstoffliches Potential gegeben

Altersgerecht kannst Du mir ganz sensibel erklären, wieso ein Mensch unser Leben betritt
Was hat er, das ich nicht habe, ich versuche evtl. alles, um mit ihm zu halten Schritt
Denn Du bist genau das für mich, was der andere nun für Dich sein wird
Ein Verbündeter, ein Vertrauter, Intimster, der ab nun unser Leben immer mehr kürt

Bitte sei aufmerksam und beobachte mich
Gibt es an mir Veränderungen, Auffälligkeiten aus Deiner Sicht
Bin ich vielleicht ruhiger, stiller und zurückgezogener geworden
Und zeige ich mich anders als bisher, bleibe ich für mich allein, vor Dir verborgen

Oder bin ich unruhiger geworden und kann nicht mehr in Ruhe einschlafen
Quengle ich öfter, beginne ich Deine Nerven ziemlich zu stressen und Dich zu schaffen
Nimm wahr, ob und wie ich mich seit Erscheinen des anderen im Leben verändert habe
Es könnte sein, dass ich seitdem negative Gefühle, Ängste, Abwehrreaktionen in mir trage
Bin ich noch zu klein, dann kann ich natürlich nicht über diese Dinge sprechen

Bin ich Schulkind, so könnte es sein, dass ich schweige, um Dir nicht im Wege zu stehen
Bin ich schon größer, dann könnte es mir peinlich sein, über diese Dinge zu sprechen
Wie jung ich auch immer bin, wichtig ist, zu versuchen, mit mir über alles offen zu sprechen
Bin ich noch ein Baby, solltest Du mir meinen Rhythmus, unsere Rituale nicht nehmen

Als Baby nehme ich Veränderungen wahr, in Deinem wie auch in meinem Leben
Tritt ein neuer Mensch in Dein Leben, bin automatisch auch ich selbst mit betroffen
Was immer Du tust oder sagst oder tust, Du wirst stets für uns beide Entscheidungen treffen

Meine Position in Deinem Herzen, die sollte wirklich immer unantastbar sein
Egal wie alt ich auch bin, lass nie einen anderen auf meine Position in Dein Herz hinein
Ein Bereich in Deinem Herzen, der sollte wirklich unantastbar nur mir allein gehören
Und kein Außenstehender sollte es jemals schaffen, diesen Teil Deines Herzens zu stören

Solltest Du mich mit dem neuen Partner unerklärlich nicht zusammenbringen können
Dann versuche bitte niemals, mich ihm oder ihn mir mit Druck aufzuzwingen
Denn kleine Kinder sehen mehr als Erwachsene und haben meist einen unsichtbaren Grund
Wenn ich den neuen Menschen nicht annehme, bitte respektiere, auch wenn Dein Herz wund

Es kann schwer sein, wenn Du jemanden liebst, den ich ablehne, in unser Leben zu lassen
Aber bitte beginne nicht, mich aus diesem Grund nun unendlich zu hassen
Jeder hat einen anderen Geschmack, vielleicht spiegelt er, was nur ich sehen kann
Vielleicht ist etwas an ihm, mir selber nicht bewusst, aber etwas ist immer dran

Es ist nicht einfach, dann uns beiden und Dir selber gerecht zu werden
Bin ich noch ein Kind, komm ich nicht alleine da raus, ihn abzulehnen
Vielleicht hatten wir ja auch nur einen ziemlich holperigen Start
Vielleicht gibt es aber auch etwas Negatives an ihm, dass unsere Beziehung erschwert

Du bist nicht ich und ich bin nicht Du
Was ich brauche, das brauchst sicher nicht Du
Was mir gefällt und mein Herz erobert sind ganz andere Sachen
Und Dich bringen nun mal ganz andere Dinge zum Lachen

Es kann auch an gar nichts liegen, sondern einfach nur an Deinem Geschmack
Und bin ich noch klein, dann habe ich den anderen eben sehr schnell mal satt
Vielleicht ist es seine Stimme, seine Blicke, sein Verhalten
Mit dem der andere Mensch versucht, sich selbst und Situationen zu gestalten

Was immer es auch sei, bitte nimm mir niemals meinen Platz in Deinem Herzen
Sollte ich schon etwas größer sein, dann teile ruhig mit mir Deine Schmerzen
Aber zeige mir dennoch Deine ganze Liebe und lehne mich nicht ab
Denn vielleicht ist es ja auch nur mein belangloser, anderer Geschmack

Kinder sind ehrlich und zeigen uns die Wahrheit
Kinder sorgen oft durch ihre Direktheit für Klarheit
Nichts geschieht grundlos, alles unterliegt einer kosmischen Kausalität
Auch wenn Du vielleicht zwischen Deinem Kind und einem neuen Menschen stehst

Manchmal geht der Traum einer neuen Familie nicht wie Du es willst einfach auf
Manchmal nimmt das Leben eben einen ganz anderen Weg in Kauf
Erzwingen geht nicht, man kann durch Zwang, Druck nur Gefühle, Situationen zerstören
Man sollte sich nicht, was menschlich ist, unvorsichtig in Gefühle verlieren

Manches Kind hat sein Elternteil schon vor so manch fataler Entscheidung bewahrt
Durch sein Verhalten, auch wenn es am Anfang für das Elternteil war hart
Und so manch anders Kind stand dem Glück seines Elternteils schon mal öfter im Wege
Es wuchs heran und das Elternteil brauchte nie einsame, traurige, gefrustete Wege gehen

Wie auch immer, es gibt kein Rezept für Lebensglück, aber je jünger wir Kinder sind
Desto sensibler solltest Du sein für Überraschungen, Ungeplantes und Dein Kind
Je kleiner wir sind, desto zerbrechlicher können unsere Gefühle sein
Je kleiner wir sind, desto mehr können wir intuitive Beschützer und Propheten sein
Beten, beten, beten und hoffen könnten hilfreiche Mittel für suchende Partner sein

48 Ein neues Geschwisterchen

Uns steht die Geburt eines weiteren Kindes vor der Tür
So dürfen für mich, besonders weil ich noch klein bin, liebevolle neue Pläne her
Du kannst mich z.B. auf meine neue Rolle als großer Bruder / Schwester vorbereiten
Und mir so richtig schmackhaft machen die bevorstehenden schönen Geschwisterzeiten

So kann mein Geschwisterchen künftig mein neuer, interessanter Spielkamerad werden
Und somit dann spielerisch verschönern mein Leben auf Erden
Meine neue Rolle, bald ein großes Geschwister für das kleine Neugeborene zu sein
Bringt ganz neue, positive, frische, leicht verantwortungsvolle Energien in mich hinein

Und wenn der Säugling dann geboren und natürlich mehr Aufmerksamkeit fordert
Dann kann ich in Dir helfen, dabei sein, bevor die Energie der Eifersucht in mir lodert
Und Du kannst mir zeigen und erklären, was das Baby warum alles so intensiv braucht
Und mich mit alldem konfrontieren, bis mein kleines aufmerksames Köpfchen raucht

Möglich, dass ich dann dieselbe babygerechte Liebe und Fürsorge von Dir verlange
Weil ich unbewusst um meine Position bei Dir und um Verluste wie Liebesverlust bange
Klingt seltsam, aber gut wäre, mir dieselbe Aufmerksamkeit wie dem Baby zu schenken
Und meine Ängste, Sehnsüchte, Bedürfnisse in die richtigen, gesunden Bahnen zu lenken

Mit der Zeit werde ich dann schon selber irgendwann erkennen
Dass mir weder Eure / Deine Liebe noch meine Erstgeborenenposition davon rennen
So teste ich Euch Eltern unbewusst und fordere einfach nur mein kindliches Recht
So hast Du evtl. mal für einige Zeit kurz zwei „Babies", sonst ginge es mir evtl. schlecht

Wenn ich ein Geschwister bekomme, dann will ich doch einfach nur spüren
Dass ich Eure Liebe und Fürsorge, besonders die meiner Mutter gar nicht werde verlieren
Du musst auch nicht das Gefühl wecken, Deine Liebe zwischen uns beiden Kindern aufzuteilen
Du kannst vielleicht ebenso intensiv und lange wie beim Baby auch bei mir verweilen

So könntest Du meine Eifersucht und Ablehnung gegen das Baby von vornherein unterbinden
Du darfst diplomatische, verständnisvolle und liebevolle Wege für Deine Kinder finden
Ich kann altersgerecht helfen, das Baby mit zu versorgen, zu waschen und zu pflegen
Ich sollte nie von Dir das Gefühl bekommen, beim Baby jemals zu stören, im Wege zu stehen

Ich sollte evtl. wissen, was klein / hilflos bedeutet, und ich selber auch mal so klein war
Dann verstehe ich besser den Umgang mit dem Baby und sehe die Dinge ziemlich kindlich klar
Du musst aufpassen, dem Baby keine anderen, intensiveren Gefühle als mir entgegenzubringen
Um welche ich dann ganz unbewusst und kämpferisch muss ringen

Das mütterliche, sanfte, liebende Herz, welches Du dem Kleinen beim Saugen schenkst
Brauchte in derselben Qualität altersgerecht auch ich, das größere, heranwachsende Kind
Das sanfte, zärtliche Lächeln und über die kleinen zarten Babywangen streicheln
Sollte auch mich ganz genauso liebevoll und zärtlich auf meinem Weg begleiten

Ich sehe alles, was Ihr Erwachsenen gar nicht alles ermessen könnt
Ich fühle alles, was Ihr Erwachsenen niemals alles beim Namen nennt
Kinder haben einen 7. Sinn, den niemand von Euch Erwachsenen jemals wirklich erkennt
Ich sehe Dinge, die Euch Erwachsenen ganz ganz tief verborgen sind

Mir entgeht gar nichts, keine Mimik, keine Gestik, kein Gefühl
Ich, Euer erstes Kind Euch viel besser als Ihr Euch selber kennt

Ich sehe auch haarfein, zart und filigran mit meinem jungen Herzen
Ihr Erwachsenen neigt dazu, mir oft ungewollt zu verpassen Schmerzen
Ich sehe mit meiner fragilen, zarten Seele subtil und empfange überaus viel
Ich erkenne alles, während Ihr Euch uns verfangt in emotionalem Gewühl

Ich nehme alles aus einer Euch verborgenen kindlichen Perspektive wahr
Ich werde Eurer Gefühle viel intensiver als Ihr selber gewahr
Ich lese aus Eurer Mimik und in Euren Augen sehr tief
Meine Kinderseele fühlt und empfängt alles, was immer es auch ist
Und mein Gehör für Eure Stimme, Euren Tonfall, Eurer Geflüster ausgezeichnet ist

Es liegt an Euch, ob sich Verlustangst, Neid in meiner neuen Rolle entwickelt
Es liegt an Euch, ob Ihr mich nun in weniger und reduziertere Gefühlen einbettet
Es liegt an Euch, ob ich eifersüchtig werde und das neue Baby ablehne
Es liegt an Eurem Verhalten, ob Ihr mich auf diese ungesunden Wege führt

Wir Kinder leben die Konsequenzen Eures Verhaltens im Detail, ich trage sie alle aus
Ich reagiere auf Euch, bin Euer Spiegel, dreh Euch einen Strick aus Euren Defiziten ´raus
Und aus dieser Nummer komme ich ganz alleine gar nicht wieder raus

Ich kann nichts dafür, wenn ich negative Gefühle für das Neugeborene entfaltet habe
Dies ist die Konsequenz Eures einseitigen, unbedachten Verhaltens an vielen Tagen
Und dafür könnt Ihr mich dann wirklich nicht verantwortlich machen
Denn ich reagiere auf Euer unbewusstes, unachtsames, missverständliches Verhalten

Ja, so ist sie, die junge, zerbrechliche Kinderseele in mir, sie reagiert
Indem sie von Euch auf diese oder auf positive Wege wird geführt
Daher solltet Ihr immer achtsam und wachsam, liebevoll und gefühlvoll bleiben
Und mich genauso wie das Baby gleichwertig, gleichliebend und in allem gleich begleiten

Und das Baby sollte möglichst keine höhere Bedeutung als ich bekommen
Nur eine andere Bedeutung, sonst wäre meine kleine Welt im Nu zerronnen
Das Baby und ich sollten gleichwertig liebevoll und verständnisvoll behandelt werden
Und ich sollte wirklich keine Unterschiede Deiner Mutterliebe und Deiner Gefühle merken

Dies würde ich nämlich gar nicht so einfach ohne Schaden verkraften
Und seelische Schäden sind auch noch im Erwachsenenalter kaum bis gar nicht zu verkraften
So eine Macht, so eine unglaubliche Wirkung haben Eltern, dies solltet Ihr alle echt wissen
Ihr seid für alle Kinder, auch für mich die mächtigsten, wichtigsten und ursächlichsten Wesen

Wir Kinder tragen die Fehler und Unwissenheit von Eltern in unseren nicht gesunden Herzen
Wir Kinder tragen in uns die gesamten gewollten und unabsichtlichen Kindheitsschmerzen
Liebe Eltern, bitte nehmt Euch diese wichtigen, prägenden Zeilen einmal tief zu Herzen
Denn Ihr könnt durch Eure Achtsamkeit Kranke und die Kinder von heute und der Zukunft retten

49 Adoptiertes Kind, Heimkind

Du willst mich, ein Kind aus dem Heim adoptieren
Und mich von nun an durch mein und Dein Leben führen
Jedes Kind von uns dort hat eine Vergangenheit, durch die es wurde geprägt
Kann sein, dass an einem fremden Kind, wie an mir, ein Schicksalsschlag, Trauma sägt

Ein Kind eines fremden Menschen, wie ich, trägt in sich auch dessen fremdes Potential
Für so manches Kind, vielleicht auch für mich, war die Vergangenheit eine einzige Qual
Manches Heimkind, auch ich muss viele Erlebnisse verarbeiten und auf die Reihe kriegen
Manche haben eine Vergangenheit, vielleicht auch ich, dass sich die Balken biegen

Wenn Du mich adoptieren willst, dann solltest Du Dich über mich informieren
Was ich erlebt habe und wieso mich Erwachsene mussten ins Heim abschieben
Und Du solltest ein liebevolles Herz dafür haben, falls ich Störungen in mir habe
Weil ich das Potential meiner Vergangenheit in mir trage

Sei Dir darüber im Klaren, wieso Du ausgerechnet mich haben willst
Und bist Du in der Lage, dass Du meine Bedürfnisse so gut es geht stillst
Ich komme in eine neue Umgebung, bisher war ich mit anderen Kindern zusammen
Es könnte anfangs vielleicht sein, dass mich die neuen Eindrücke bei Dir erst mal beklemmen

Vielleicht musste ich im Heim mit anderen Kindern in einem Raum schlafen
Und diese Umgebung fehlt mir vielleicht jetzt, ich könnte die anderen Kinder vermissen
Und bei Dir gibt es andere, neue Geräusche, an die ich noch nicht gewöhnt bin
Und auch neue Gerüche und fremde Düfte kommen mir in den Sinn

Vielleicht beobachte ich Dich am Anfang erst mal sehr genau
Vielleicht wird es mir anfangs in meinem Magen, ohne es zu sagen, ab und zu mal flau
Vielleicht kann es sein, dass ich mich gar nicht richtig aus mir selbst heraus trau
Vielleicht sehe ich die Welt immer noch grau in grau

Vielleicht habe ich Ängste vor meinem neuen Leben
Weil es so viel Ungewohntes gibt, ich kann dies nicht ungehemmt annehmen
Schenkst Du mir Liebe, kann es sein, dass ich Zeit brauche, um diese zu verkraften
Vielleicht kenne ich Liebe noch nicht, durfte bisher nur Gegenteiliges verkraften

Es ist aber alles altersabhängig und hängt auch von meinem Charakter ab
Bin ich noch ganz klein, dann bekomme ich noch nicht soviel bewusst davon mit
Und könnte Deine Liebe ungeniert annehmen, weil mir mein Geist nicht im Wege steht
Das geht evtl., wenn ich noch klein bin und von Schicksal weitgehendst unberührt

Aber wenn ich schon Bewusstsein habe, dann kann es leicht passieren
Dass mich Deine Liebe und Wärme schmerzhaft und unerträglich im Herzen berühren
Denn wenn ich diese Gefühle nicht kenne, dann sind sie mir richtig fremd
Und was macht ein Kind, wenn es etwas, das zwar gut tut, nicht kennt
Es tickt aus oder zieht sich zurück, einsam in seine eigenen Herzensträhnen getränkt
Und dennoch bist Du für mich, ist Deine Liebe für mich ein Himmelsgeschenk

Kann sein, dass ich mit Deiner wundervollen, liebevollen Art erst nicht umzugehen weiß
Kann sein, dass mir vor lauter Glücksgefühle, Wohlfühlen in Deiner Nähe wird ganz heiß
Kann sein, dass, wenn ich nur Deine Stimme höre, ich ertrinke in meinem eigenen Schweiß
Kann sein, dass ich Dich liebe, ohne es zu sagen, meine Liebe lebt innigst und ganz leis

Verstehe mich nicht falsch, wenn ich Angst habe, etwas falsch zu machen
Und wenn ich Angst habe, Deinen Erwartungen vielleicht gar nicht zu entsprechen
Ich entwickle für Dich Gefühle, die mir in diesem Ausmaß auch bisher fremd waren
Sie sind so ehrlich, rein und wahr, ich liebe mein neues durch Dich geschenktes Leben

Du wirst mein engster Vertrauter, mein Verbündeter, mein Freund, meine geliebte
   Bezugsperson
Am liebsten würde ich in die Welt singen, wie sehr ich Dich liebe, über ein Welten-
   Mikrophon
Wir sind nun ein tolles Team, es gibt ein Uns, so wie ich es nur aus dem Fernsehen kenne
Du gibst mir alle Zeit, mich in allem zu Dir und zu uns und zu mir selbst zu bekennen

Ich brauche aber evtl. auch meine Zeit, mich an Dich und Deine Hingabe zu gewöhnen
Es sind meine Erfahrungen und Prägungen, die mir da heftig im Wege stehen
Gib mir in allem Zeit, denn Du kennst mein Seelenleben nicht
Mit der Zeit erkennst Du viel, so manches in mir kommt ans Tageslicht

Was für Dich normal ist, das muss für mich noch lange nicht so normal sein
Denn ich habe eine Vergangenheit, und diese trieb mich dann ins Kinderheim
Wir Heimkinder haben in unseren Herzen ältere so wie auch frische Narben
Wir sind kleine Wesen, die viel tragen, den Kopf hinhalten und nie wirklich klagen

Vergiss nicht, ich wurde bisher erst einmal zu dem gemacht, der ich heute bin
Ich bin der Spiegel, der Dich zu meiner Vergangenheit führt bis zum Gestern hin
Ich habe Stärken, Schwächen und Überlebensstrategien in mir aufgebaut
Und sicherlich sind da tief in mir reichlich Frust, Ängste, Depressionen angestaut

Auch wenn sich Dir diese negativen Gefühle vielleicht nicht gleich am Anfang zeigen
Könnten sie im Laufe meines Lebens als Eisscholle an der seelischen Oberfläche treiben
Und sie werden dann nur die Spitze eines größeren Eisberges sein
Auch wenn dies nicht aktuell so sein muss, dessen solltest Du Dir immer im Klaren sein

Holst Du mich aus dem Heim, so bekennst Du Dich zu einem fremden, belasteten Kind
Für mich wehte vor Deiner Begegnung ein ganz anderer und auch gefährlicherer Wind
Gefahren und Negatives durfte ich von klein auf gewiss sehr zahlreich erleben
Und diese prägten bis heute mein tiefes, vielleicht verstörtes, krankes Seelenleben

Gehe immer davon aus, dass ich schon einiges hinter mir hab
Was Dir oder anderen Kindern in meinem Alter und älteren bisher erspart
Gehe davon aus, dass ich vom Schicksal bis heute nicht gerade wurde geliebt
Möglich, dass in mir unbewusst viele Energien, die für mich ungesund sind, leben
Gehe davon aus, dass sich diese nicht gleich in ihrem ganzen Wesen, ihrer Natur zeigen

Ein Heimkind hat immer Erfahrungen hinter sich, die unangenehm waren
Ein Heimkind kennt schon von klein auf Negatives und zum Teil auch Gefahren
Ein Heimkind hat Probleme, die andere Kinder überhaupt nicht haben
Weil Heimkinder Hemmungen, Ängste, Schmerzen und Vorsicht in ihren Herzen tragen

Zeige mir bitte immer, was ich alles darf und was für mich verboten ist
Zeige mir bitte Grenzen und den ganzen Rahmen, in dem ich willkommen bin
Sage mir bitte ganz sensibel und feinfühlig, wieso Du überhaupt hinter mir stehst
Sage mir bitte taktvoll und liebevoll, wenn Du mich mal nicht verstehst

Ich habe Dich und Deinen Nachnamen angenommen und bekomme so eine neue Identität
Zusammengehörigkeitsgefühl, zu Dir zu gehören auf meinem neuen Lebensweg steht
Jemanden an meiner Seite zu haben, zu jemandem zu gehören, das muss ich verkraften
Du versuchst nicht, nach meinem Leben, meinen Gefühlen, meinem Herzen zu trachten

Du rettest mich aus dem Jetzt und aus meiner Vergangenheit
Anders als andere Kinder brauche ich für so manches vielleicht viel mehr Zeit
Es wäre wundervoll, wenn Du mich so annimmst, wie ich bis heute geworden bin
Dich zu verlieren, das wäre für mich, sobald es ein Uns gibt, sehr schlimm

Entziehe Dich mir bitte nicht, lass mich Deine Gefühle bitte nie mehr vermissen
Mache ich Fehler, wie klein oder groß sie auch sind, lass es mich bitte sanft wissen
Rede über alles mit mir, lass mich bitte ein Teil Deines Lebens sein
Du bedeutest für mein Leben weitaus mehr als nur rettender Sonnenschein

Lass mich wachsen, lass mich mich Dir allseits zeigen, damit Du mich rundum siehst
Lass mich mich Dir öffnen, damit Du mich allseits klar und wahrhaftig verstehst
Schenke mir Raum, mich zu entwickeln, zu wachsen und mich zu entfalten
Du darfst in meinem Leben und in mir selber in bester Absicht schalten und walten

Je mehr Du mich kennst, kannst Du Dich dann immer für oder gegen mich entscheiden
Besser, Dir vorher solche Gedanken zu machen, denn ein Heimkind wird unsichtbar weinen
Wenn Du ein Kind wie mich adoptierst, so rechne mit allem, sei auf Überraschungen gefasst
Vielleicht bin ich es, der Dir öfter mal Wahres, Wundervolles, Unvergängliches verpasst

Heimkinder haben oft ein Gefühl für Gefahren, für Schicksal, Menschen und das Leben
Wir Kinder neigen oft dazu, unseren Feinden, wer immer sie waren, leichter zu vergeben
Heimkinder sind hoch sensibel, empathisch, sehen Menschen aus einer filigranen Perspektive
Sie sehen schnell in die Herzen von Menschen und erkennen sehr rasch das Zentrum der Liebe

Du wirst für mich, Dein Adoptivkind immer ein besonderer Mensch im Leben sein
Du wirst für mich aller bester Vertrauter, Verbündeter, Geliebter, Lebensfreund sein
Du wirst für mich mein engster, innigster, geliebtester Lebensgefährte im Leben sein
Du bist ein Mensch, der mir das Gefühl gab, wichtig, gewollt, besonders zu sein
Du bist ein Mensch, den ich nach meinem Schicksal wieder ließ in mein Herz hinein

Diese Bindung zwischen uns ist ganz besonders, so, als hättest Du mich evtl. geboren
Und mir mein Leben wie eine Wiedergeburt ganz selbstverständlich neu gegeben
Wir haben ein Band, das ich in meinem Herzen und meiner Seele sehr zu pflegen weiß
Ein Band ohne jeglichen Verschluss, ohne Verengung, ohne jeglichen Verschleiß

Kann sein, dass Dich Dein Adoptivkind, ich, also wirklich über alles lieben wird
Und Dich in Deinem Herzen vielleicht ganz anders als andere, die Dich lieben, berührt
Und diese Liebe wird dann mit den Jahren einmal innig partnerschaftlich werden
Ein Leben ohne Dich kann ich mir vielleicht nicht mehr vorstellen auf Erden

Wie auch immer, Du bist da, und genau so kann sich alles zwischen uns entwickeln
Aber es gibt weitere Heimkinder, die Dich auf ihre Weise um den Finger wickeln
Jeder von uns hat auch ein ganz anderes, eigenes Temperament
Nicht jedes Heimkind sich hochsensibel, schüchtern, liebend und scheu benimmt

Es kann auch sein, dass andere Heimkinder in ihrem Herzen einfach zu gemacht haben
Um nicht noch mehr Schmerzen in ihrem Leben, ihrer Seele zu erfahren
Oder Dich nicht an sich heran lassen, um sich vor weiteren negative Erfahrungen zu bewahren
Sie sehen in Dir vielleicht einen Retter, haben dennoch Angst vor weiteren Gefahren

Und sie Dich daher nur benutzen und sich anders entwickeln als die Sensiblen
So kann es dann auch einmal mit Dir und einem Heimkind unglücklicherweise passieren

Oder wieder andere leben das Potential der negativen Kräfte in sich aus
Aus ihnen kommen viele negativen Gefühle und ungute Gesinnungen raus
Ihr Verhalten wird ziemlich übel, sie treffen ungute Entscheidungen
Und haben sich auf den falschen Weg, zu falschen Freunden und Aggressionen durchgerungen

Wenn die Seele krank ist oder gar ziemlich verstört
Dann läuft in uns Heimkindern vieles ziemlich verkehrt
Und alleine kommen wir aus diesem seelischen Leid gar nicht raus
Meistens brauchen wir eine Therapie oder anderes, damit uns unser Leid in uns
  nicht so schlaucht

So besteht stets die Möglichkeit, dass wir Adoptierten anders als andere Kinder ticken
Und wir Dich in einem anderen Licht, aus einer anderen Sicht wahrnehmen und erblicken
So können wir Dich auf eine uns ganz eigene Heimkind-Art sehr innig, liebevoll entzücken
Und mit Dir Hand in Hand gemeinsam als Lebenspartner in die Zukunft blicken

Aber diese Dinge liegen an Dir und an mir, an unserem Band und gemeinsamen Leben
So werden Heimkinder auch zu einem sehr sehr großen beständigen, innigen Segen
So hatte das Leben einen Grund, dass es am Rädchen Deines und meines Schicksals dreht
Damit einer mit dem gemeinsam, erst Du mit mir, dann ich mit Dir durchs Leben geht
An dessen Ausgang dann der weite weiche Flügel eines himmlischen Engels weht

50 Nicht Essen wollen und Ernährung

Kinder können auch beim Essen andere Geschmäcker als Erwachsene haben
Wir lieben beim Essen ganz andere, ganz eigene, fröhliche, lebendige Sachen
Wir lieben süß, Kohlenhydrate und lustige, bunte Sachen, die bringen uns zum Lachen
Die uns allein beim Ansehen schon und dann beim Essen viel Freude machen

Ich brauche immer die Anregung meiner Fantasie und das oft auch beim Essen
Weil meine Fantasie nie still steht und meine Welten in Deiner Welt stressen
So wird aus einer Kartoffel mit Schale für mich schnell mal ein knubbeliges Heinzelmännchen
Oder aus einem Spiegelei wird für mich schnell mal eine Sonne, die da lächelt

Ich brauche auch beim Essen das Gefühl, dass meine sehr aktive Fantasie leben kann
Gibt es Wurst mit Gesicht und Fruchtmus als Eis am Stiel, das zieht mich an
Ich sehe die Werbung und diese ist so kunterbunt, witzig, vielseitig und aufwendig
Beim Essen wird meine Fantasie auch in allem meistens so richtig lebendig

Ich spiele mit Essen, um meiner kreativen Energien überall freien Lauf zu lassen
Ich liebe es, immer und überall reichlich Freude zu genießen und zu spaßen
Meine Kinderfantasie ist unberechenbar und ungeniert und völlig unbegrenzt
Ich erlebe meine Fantasie als völlig real, als lustig, lebendig und völlig ungehemmt

Für mich hat Essen weniger mit Ernährung als mit einer lustigen Herausforderung zu tun
Meine Chance, spielerisch dem Essen Gestalt zu geben ohne mich geistig auszuruh´n
Spaghetti sind dazu da, um laut und spritzig geschlürft zu werden
Erbsen sind dazu da, um sie einzeln mit der Funktion einer Murmel zu küren

Möhren können für mich die Nase von einem Gesicht wie beim Schneemann bilden
Und Fleischstückchen kann ich als Augen zu diesem Gesicht verwenden
Und Spinat sieht aus wie Haare, die zu diesem oder einem anderen Gesicht passen
Und Reis lasse ich wie Schneeflocken vom Löffel herunter prasseln

Und das Würstchen könnte eine Raupe, die Zaubermutter eines Schmetterlings sein
Für jedes gegessene Stück wird aus der Zauberraupe ein Schmetterling im Sonnenschein
Und habe ich die Wurst aufgegessen, wird ein neuer Schmetterling am Himmel schweben
Und sein Leben hat ihm dann die Zauberraupe aus dem Reich der bunten Fliegentiere

Und ist der Kartoffelbrei mit Fleisch und Gemüse langweilig und ich will ihn nicht essen
Kannst Du ein Gesicht daraus formen oder eine Sonne und musst mich nicht gleich stressen
Oder man kann andere Formen wie ein Auto, einen Hund auf dem Teller in Form bringen
Und ich werde mich dann evtl. mit Spaß, Freude zum lebendigen, lustigen Essen durchringen

Willst Du mir sagen, dass Gemüse gesund ist, dann lass es am besten fantasievoll leben
Du kannst dem ganzen Essen auch mal eine kindgerechte, witzige Geschichte geben
So kann alles Gesunde vom Teller eine kindgerechte Form, Gestalt, Geschichte bekommen
Brauchst nur mal an Deine eigenen kreativen, märchenhaften, fantasievollen Ressourcen gehen

Kinder wie ich lassen alles leben, je kleiner wir noch sind
Wir geben jedem und allem Gestalt und dies ziemlich geschwind
Wie sehen eine andere Realität, für uns lebt Spielzeug, auch alle Stofftiere und Puppen
Wir Kinder können hinter den Vorhang der unbegrenzten Fantasie hindurch gucken

Wenn Ihr wollt, dass wir essen, was auf unserem Teller liegt
Dann wird es die unbegrenzte Fantasie sein, die da meistens bei mir siegt
Pass Dich mir geistig an und lasse das Essen in Gestalt und Geschichte leben
Dann wird das Aufessen für Euch Eltern plötzlich zu einem willkommenen Segen

Und wenn ich keine Milch trinken will, dann mache mir doch einen Milchshake daraus
Will ich kein Obst essen will, so mach mir einen Obstkuchen oder Obstmus daraus
Und wenn ich Kinderfood und sehr viele andere Werbeprodukte essen will
Gib mir Vitaminessen dazu, Zuckerabbau verbraucht viel Vitamine und die brauche ich viel

Und lass Dich bitte nicht von der gekonnten Werbung in die Irre führen
Sondern lies immer die Inhaltsstoffe und Angaben, die auf Verpackungen stehen
Es gibt keine Schokolade, Bonbons, keine Keksriegel, keine Fertigsachen zu entdecken
Die meinen täglichen Calcium- , Mineralien- und Vitaminbedarf decken
Ein Müsliriegel kann trotz Zucker oft besser und gesünder als zu viel Werbeprodukte sein
Die Dosis macht´s, denn durch die Werbung kommt ja auch viel Fröhlichkeit in uns rein

Fakt ist, wir brauchen immer das Gefühl von Spaß, von Freude und lustige Situationen
Liegt an Euch, ob Ihr uns kleinen Kindern genau dies immer und überall könnt geben
Wenn Ihr diese Dinge nun wisst, dann könnt Ihr Euch in ein Kleinkind, in mich hineinversetzen
Und mich immer und überall zum Lachen bringen, auch beim gesunden Essen

Wir Kinder danken Euch dies, denn wir verstehen alles auf unsere ganz eigene Weise
Und ich lerne im Spiel und passe mich Euch an und zwar ganz tief und leise
Mit zunehmendem Alter wird meine Fantasie dann durch Wissen und Einsichten gebändigt
Und durch dosierte Fantasie, reife Kreativität sich ein Kind sich dann verständigt

Im Alter macht die Freiheit der Fantasie dem Wissen, dem Bewusstsein, der Ratio Platz
Und ich denke dann nach, mache dem Wissen, Gelerntem, Prägungen, Einsichten Platz
Und die Fantasie nimmt immer mehr ab, meine Wahrnehmung wird realer und reifer
Meine Fantasie wird umrahmter, gefesselter, gehemmter, um einiges begrenzter, steifer

Die Zeit, dass ich einmal ein Kleinkind war, die verfliegt
Die Realität und mein Bewusstsein immer mehr über die Märchenwelt und Fabelwelt siegt
Was an meiner schnellen Entwicklung, meinem Gehirn und meinem Wachstum liegt
Und in mir immer mehr die Vernunft, die Erfahrung und die Einsicht überwiegt

Du hast mich kunterbunt und mit lebhafter Fantasie durch meine junge Kindheit gebracht
Und mir viel viel viel Sonne und Freude und Spaß in mein Herz hineingebracht
Und diese Energie, die habe ich jetzt immer noch ganz tief in mir drin
Sie hält meine Fantasie noch lebendig und aufrecht, ich krieg vieles mit Leichtigkeit hin

Das Lachen und viel Lebensfreude hast Du mir als ich noch klein war so reichlich geschenkt
Und so meine Wege sonnig, herzlich und in wundervolle, spaßige Bahnen gelenkt
Der Boden, auf dem ich nun gehe, den hast Du durch viel Lebensfreude, Positives geprägt
Und durch Deine Kreativität, Deine Anpassung an mich, ein sehr fröhliches Kind in mir lebt

Du hast Dich mir angepasst, als ich noch klein gewesen bin
Und warst mit mir auf Augenhöhe, Du hattest selbst ein Kind in Dir drin
Und hast es, um Dich mir anzupassen, leben lassen
Und Dich selbst überwunden, mit mir zu spaßen

Meine von Fantasie regierte Welt wurde auch zu Deiner Welt
In der grenzenlose Fantasiefreiheit und Lebendigkeit in allem zählt
Das gab mir innere Kraft und das Gefühl, immer von Dir verstanden zu werden
Du bist für mich der allerbeste Freund, Verbündeter und coolste Elternteil auf Erden

51 Aggressionen

Ich habe in mir ständig ein latentes, Brodeln, als müsste ich ab und zu explodieren
Und ich suche mir unbewusst Reize, um mich von diesen extremen Gefühlen abzureagieren
Wenn ich platze, dann werde ich meinen inneren Druck für einen Moment erst mal los
Und ich werde frei, aber nur für den Moment, denn in mir drinnen ist viel los

Ich brauche immer Ventile, Provokation, Schwache, um meinen inneren Druck los zu werden
In mir sind Frust, Depressionen, Ängste, Negativität, ich tue alles, um hier zu entfliehen
Ich kenne nicht immer die Ursache, weiß nur altersabhängig, dass ich Negatives in mir habe
Wie z.B. Wut, Hass, Streitsucht, kriminelle Energien und Aggressionen in mir trage

All diese Dinge in mir, die haben einen Ursprung, ich bin ja nicht so geboren
Ich bin durch Erfahrungen, Dich / Euch und durch Schicksalsschläge so geworden
Mich prägten viel Kälte, Gewalt, alle Sorgen scheine ich nicht verkraftet zu haben

Kinder verkraften anders als Ihr, für Euch kleine Probleme können Großes in mir auslösen
Kinder beginnen manchmal schon bei lauwarmer Temperatur innerlich zu frieren
Vielleicht habe ich durch Dich etwas erlebt, das ich nicht verkraftete, es haute mich um
Das nicht verarbeitet habe, negative Erlebnisse prägten mich und waren für mich nur schlimm

Kinderseele ist nicht so belastbar wie Eure, wir Kinder verdrängen, haben zarte Seelen
Wir können Eure Welt nicht wir Ihr sondern nur aus unserer kindlichen Sicht verstehen
Wir Kinder sind es, die sich ganz schnell in heftige, persönliche Gefühle verirren
Weil wir das Dasein mit Kinderaugen, Fantasien, mit unserem offenen Herzen wahrnehmen

Wir Kinder müssen immer aufgefangen werden, wenn es mal heiß wird oder gefährlich
Wir Kinder brauchen kindgerechte Erklärungen und seid zu uns altersgerecht ehrlich
Wir brauchen immer eine Hand, die auch bei Problemen und Sorgen immer zu uns hält
Was auch passiert, wir Kinder brauchen an unserer Seite unseren erwachsenen Held

Wir uns verantwortlich, wenn unsere Nahestehenden, Eltern Probleme miteinander haben
Wir können sehr schnell Ursachen für Probleme von Euch auf uns selber übertragen
Und wenn Ihr Euch anschreit, hasst und Ihr gewaltig gegeneinander agiert
Ich dies miterlebe, sehe, dies dann ganz schnell zu emotionalen Verirrungen führt

Wir Kinder nehmen alles persönlich, weil wir noch gar kein bzw. kein stabiles Ich haben
Wir machen unsere Eltern zu unseren Freunden und zu unseren großen Helden
Wir achten und respektieren Euch, wir schauen zu Euch auf, wir sind es, die Euch lieben
Und wir uns altersabhängig, mit Euch, unseren elterlichen Vorbildern identifizieren

Ihr seid unsere Verbündeten, unsere wichtigsten Menschen in unserem jungen Leben
Aber wir werden von Euch auch ganz schön auf Irrwege und in Teufelskreise getrieben
Denn wir erleben und tragen alles mit, was Euch betrifft, sei es Probleme oder Sorgen
Und was dies dann in uns auslöst, das bleibt Euch erst mal meistens verborgen

Aber die negativen Erlebnisse mit Euch Erwachsenen, die wachsen natürlich in uns mit
Und je älter wir werden, verfolgen uns diese Erlebnisse auf Schritt und Tritt
Unsere Seele vergisst nichts, auch wenn unser Bewusstsein da nicht ganz mithalten kann
Unsere Seele ist Zeitzeuge alles Erlebten, dies ist unser Übel, zieht uns negativ an

Eine Kinderseele ist so leicht zu verletzen
Worte, Taten, Erlebtes, Verlust, Abstoßung können eine Kinderseele lebenslang verätzen
Und die Seele spricht viel, sie hat ihre unbegrenzten Möglichkeiten
Und äußert sich auf unterschiedliche Weise zu den unterschiedlichsten Zeiten

Wir Kinder werden von Geburt an seelische geprägt
Durch alles, was ich mit Dir, mit Euch so erleb´
Und nach Jahren kann es sein, dass dann genau dies an mir sägt
Und ich bin es dann, der ziemlich vehement um sich schlägt

Ich kann meine Aggression, Frust, negativen Gefühle natürlich nicht erklären
Mein seelischer Zustand ist es, dem es gelingt, mich auf die schiefe Bahn zu führen
Ich brenne innerlich, habe seelische Schmerzen, die ich gar nicht benennen kann
Ich bin noch jung, aber seelisch bin ich schon ziemlich arm dran

Ich bin aggressiv oder auch gefährlich, weil ich von klein auf Schlimmes ertrage
Und dieses schlimme, negative Potential seitdem tief und unbewusst in mir trage
Und ich komme mit der negativen in mir mitgewachsenen Energien nicht alleine klar
Und ich werde meines Zustandes auch gar nicht selber gewahr

Meine negativen Energien suchen sich immer irgendwelche Ventile
Kleine, unterschwellige Reize reichen schon aus, dass ich schnell explodiere
Andere spiegeln unbewusst ein Verhalten, das mich zum Platzen bringen kann
Sie spiegeln ein gewisses Verhalten, an das meine Seele sich erinnern kann

Fremde spiegeln z.B. Leute, Elternteile, die mir in meiner Kindheit geschadet haben
Oder andere reizen, provozieren mich leicht, aber ich empfinde das als großen Schaden
Und dann reagiere ich abwehrend, mich schützend gleich wie Haut bei Allergie reagiert
Unwichtiges oder Harmloses wird zu einer Gefahr, was mir die Kehle zuschnürt

Ich reagiere allergisch auf die subtilsten Reize, auch wenn ich dies gar nicht will
Aber meine Seele, mein Unterbewusstsein fühlen sich bedroht und stehen nicht still
Die Seele weiß unbewusst immer alles, weil sie am Verstand vorbei autonom existiert
Und sie sich nie in Wissen bzw. im Bewusstsein verliert

Das Bewusstsein vergißt
Das Bewusstsein ist begrenzt
Wenn die Seele etwas vermisst
Dann ist es die Seele, die die Antwort auf alles kennt

Du weißt, dass ich gewiss nicht negativ und auch nicht aggressiv geboren wurde
Sondern dass es einen Auslöser dafür gibt, dass ich genau so wie jetzt wurde
Es muss nicht immer eine schlechte Absicht von Erwachsenen sein
Uns zu schaden, zu verletzen, wenn wir sind noch ganz klein

Aber Ihr seid immer und ewig der Grund
Für unseren inneren, tiefen Abgrund

Wer wie ich negativ ist, der erntet auch nur Negatives von außen
Und aus diesem Teufelskreis kommen wir Kinder/Teenies alleine nicht raus
Wenn wir negativ und aggressiv sind, wer steht denn dann noch auf unserer Seite
Wenn uns jemand sieht, der sucht doch schon freiwillig das Weite

Es gibt Vorurteile gegen uns, es heißt, wie wir schon aussehen, ist ja klar
Dass wir kriminell sind oder gewalttätig, für Euch und andere ist das klar
Wir haben keine Chance, weil niemand uns die Hand reicht, wir sind ja gefährlich
Ja, das sind wir, aber dafür sind unsere kranken Seelen einfach nur ehrlich

Krank wurden sie durch Erwachsene gemacht
Durch Dich, Euch unser junges Herz nicht mehr lacht
Aus diesem Teufelskreis kann uns dann nur noch ein rettender Engel helfen
Nämlich ein Mensch, der dazu berufen ist, Therapeut zu sein, Psychologe zu sein, um
    Kinder und Jugendliche zu retten

Strafe mich nicht, weil ich so geworden bin, wie ich bin
Denn mein seelischer Zustand ist für mich bereits ausreichend genug schlimm
Reiche mir Deine Hand, indem Du mich zu einem fähigen Therapeuten bringst
Der professionell und gekonnt zu meiner tiefen Seele vor dringt

Denke bitte auch mal über Dich und unsere gemeinsame Vergangenheit nach
Und welches Schicksal Dich und gleichzeitig auch mich betraf
Vielleicht bekommst Du viele aufdeckende Antworten aus Deinem Herzen
Die Dir dann erklären meine tiefen, unbewussten, seelischen Schmerzen

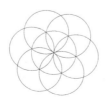

52 Problemkind, gestörtes Kind

Du verstehst die Welt echt gar nicht mehr
Ich treibe Dich an Deine Grenzen, Du bist immer öfter innerlich leer
Ich habe Verhaltensweisen angenommen, die für Dich nicht in Ordnung sind
Mein Verhalten nach einer Störung, einem schweren Symptom, Krankheit klingt

Je älter ich werde, desto schlimmer wird mein ganzes Verhalten
Wir können fast keinen normalen Alltag mehr gemeinsam bestreiten
Ich bin auffällig und sehr schwierig, auch andere können mich gar nicht mehr verstehen
Es ist sehr schwer geworden, neben mir, an meiner Seite mit mir zusammen zu gehen

So war ich aber nicht von Geburt an, so war ich nicht immer
Irgendetwas muss passiert sein, irgendetwas wurde vielleicht schlimmer
Gewiss gab es ein Schlüsselerlebnis, das mich so sehr aus der Bahn geworfen hat
Irgendetwas war, das meine junge Seele, mein Herz mindestens einmal umgehauen hat

Es scheint da etwas in der Vergangenheit zu geben, das ich nicht verkraftet habe
Aber dies ist weder Dir noch mir bewusst, daher erübrigt sich diesbezüglich jede Frage
Ich selbst weiß schon nicht, wieso ich aus ticke, wieso ich so schwierig geworden bin
Vielleicht it das tiefe Abwehr, Selbstschutz, das ist unbewusste Ursache in mir drin

Irgendetwas nicht Verkraftendes muss mir mindestens einmal widerfahren sein
Und brannte sich sehr tief und grausam in mein junges Herz hinein
Gab es vielleicht mal einen ganz normalen Krankenhausaufenthalt ohne große Schwierigkeiten
Hier erlebte ich evtl. etwas oder jemanden, der ließ einen Schock in mir ausbreiten

Wurde ich vielleicht hilflos, heftig aus meiner jungen Sicht Gefahren ausgesetzt
Wurde ich vielleicht ziemlich radikal, von einem Schmerz ins nächste Trauma gehetzt
Welche Rolle, Arzt, Pfleger, ein Clown, Monster hat mir vielleicht mal Angst gemacht
Und als ich weinte, zitterte, verängstigt war hat vielleicht aus Versehen jemand gelacht

Oder hat jemand mal in der Vergangenheit mein kindliches Vertrauen ausgenutzt
Oder wurde ich immer wieder zwischen Erwachsenen kaltherzig hin und her geschubst
Irgendjemand, irgendetwas muss mich einst so in Angst und Schrecken versetzt haben
Und hat durch sein Verhalten, sein Grenzüberschreiten mein berührbares Kinderherz begraben

Vielleicht hat Vertrauter mich einfach abgewiesen, mir stets die kalte Schulter gezeigt
Vielleicht hat ein Verbündeter mein Vertrauen oder meine Liebe ungewollt vergeigt
Vielleicht konnte in mir jemand durch Unachtsamkeit sehr tiefe negative Gefühle entflammen
Und nun kann ich diesen ganz alleine gar nicht mehr entkommen

Oder hast Du selber mir aus Hilflosigkeit ungewollt ein für mich großes Leid zugeführt
Das mich in meinem tiefen Kinderherzen schmerzhaft, gefährlich oder bedrohlich berührt
Hast Du mich evtl. mehrmals übergangen, mich vergessen, mich öfter als gesund abgelehnt
Und sich meine Seele, mein Herz jetzt nur nach gewohnten, liebevollen Zuständen sehnt

Irgendetwas oder irgendjemand hat meine kleine Welt zusammenbrechen lassen
Und mit solchen negative Erfahrungen von uns Kleinen ist nun mal nicht zu spaßen
Denn sie prägen mich seelisch, sie entfachen in mir Ängste, Traurigkeit, Depression
Mein schwieriges Verhalten spiegelt das, was passiert ist in allem und reichlich schon

Erwachsene tun viel Schmerzhaftes unbewusst, tun Dinge unbedacht, ungewollt, aus Versehen
Achtsamkeit, Fürsorge, Liebe sind elementar, um mit einer berührbaren Kinderseele zu leben
Fakt ist, dass mir von außen Leid, Wunden zugeführt wurde, also negative Energie
Die Türe zu krankmachenden Kräften in mir ging auf, den Grund dafür kennen wir aber nie

Gibt mir keine Verantwortung für mein depressives, schwieriges Verhalten und Reaktionen
Was ich da tue, ist keine böse Absicht, kein schlechter Charakter, es sind Prägungen
Auf Geschehnisse, Erlebnisse, die ich nicht verkraftete und die in vergangener Zeit vorkamen
So hat mich etwas bzw. jemand in meinem Herzen ganz schön und heftig umgehauen
Es ist nur nicht immer einfach, hinter den Vorhang dieser Geheimnisse zu schauen

Denn aus mir wirst Du sicher keine Infos herausholen können
Ich werde sicher nicht viel bis gar nichts, je nach Alter, mit Dir besprechen können
Ich werde als Kind sicherlich gar nichts aus der Vergangenheit erkennen
Und kann gewiss in rein gar nichts Bezug auf mein Verhalten nehmen

Vielleicht kannst Du erkennen, wann ich immer auffällig bin, gibt es da vielleicht
Bestimmte Reize, Menschen, Situationen die da machen bei der Ursachenfindung einen Sinn
Die mich dann plötzlich so zum Ausflippen, zum Weinen, Schreien oder Kochen bringen
Oder ist da vielleicht jemand, in dessen Nähe ich mich immer besonders auffällig verhalte
Versuche Dich mit sensibler Beobachtung wachsam an die Wurzeln meines ‹bels heranzutasten

Wenn aber nichts Aktuelles vorliegt, dann versuche, analytisch zu kombinieren
Und den Beginn meines Problemverhaltens einmal so genau es geht zu analysieren
Seit wann bin ich auffällig geworden, flippe aus, habe ich echte seelische Probleme
Seit wann, durch wen oder was passierte es, dass ich jetzt so sehr neben mir stehe

Und wenn Du keine Antworten, keine Vermutungen findest, die uns beide weiter bringen
So versuche bitte nichts durch Drohungen, Druck, Sanktionen, Verschlimmerung zu erzwingen
Damit besserst oder minderst Du mein negatives Verhalten sicherlich in keinster Weise
Sondern verschlimmerst mein Leid, denn Du bestrafst mich und wir drehen uns im Kreise

Bestrafe mich nicht für Probleme, die mir Du, jemand oder etwas angetan haben
Denn ich allein muss dieses mir zugeführte Leid jetzt in mir aushalten und tragen
Ich weiß nicht, was ist da eigentlich mit mir passiert
Aber ich bin ein Kind, bei dem evtl. schon ein Missverständnis gleich zu Ängsten führt

Dabei brauche ich genau die Gegenkraft, sonst ist das für mich alles fatal
Sei bitte diese Gegenkraft, sonst wirst Du für mich eine doppelte Qual
Nimm mich so an, ich brauche nämlich von negativ genau das Gegenteil
Ich brauche positive, heilsame Nahrung und eine Lösung für mein Seelenheil

Wir können nun rätseln, was die Ursache für mein Problemverhalten ist
Aber sie ist multipel, zu breit gefächert, was da alles so in mir im Gange ist
Verantwortlich bin ich als Kind dafür nicht
Wenn mir jemand raubt mein sanftes, helles Seelenlicht

Es gibt keine Kindheit ohne Leid oder Schmerzen, dies wäre eine seltene Realität
Da bei der Entwicklung das Lichte immer dem Dunklen und umgekehrt zur Seite steht
So werden wir alle geprägt
Und das an unserer Seele sägt

Aber die Dosis macht es aus, was ein kleines Wesen wie ich so aushalten kann
Dass wir Kleinen in der Erwachsenenwelt zusammenbrechen, so sollte es niemals sein
Je glücklicher wir aufwachsen, desto stabiler der Boden für beide Seiten des Lebens
Benutzt, missbraucht, geschlagen werde ich noch früh genug, mach Du mich lebensfähig

Sieh mich nicht als Feind, sondern als hilflos an, ich werde von Ängsten kontrolliert
Komme nicht da raus, werde von negativem Druck in mir massiv in Probleme geführt
Als Kind kann ich diese negative Prägungen in mir nicht kontrollieren
Sie sind zu stark und tun alles, mich zu überführen

Siehe, was ich brauche und gib es mir so gut es geht
Klebe ich an Dir, fordere ich Dich als meinen Held, lass dies bitte mir
Dann suche ich in Dir das, was ich in mir nicht finden kann
Bin zu jung und brauche jemanden, der mein Leid mit mir aushalten kann

Gib mich bitte nicht einfach ab und gib mich auch nicht auf
Lege oben bitte viel viel Liebe und viel Geduld mit mir drauf
Irgendetwas muss da aus meinem verstörten, krank gemachten Herzen raus
Aber ohne Deine Hilfe oder einen Therapeuten komme ich da gewiss nicht raus

Vielleicht sind diese Zeilen hier mein Schlüssel zu Deinem liebevollen Herzen
In welchem auch Du gewiss auch trägst so manche größere Schmerzen
Welche Dich zu dem gemacht haben, der Du heute bist und vorgibst zu sein
So geht es mir, nur bin ich hilflos, ausgeliefert, abhängig und klein

Und kann meinen Schmerz und dessen Ursachen noch nicht beim Namen nennen
Aber dieses Gedicht kann Dir helfen, mein Kinderleid im Verhalten zu erkennen
Und Dich mir zu öffnen und anders mit mir und meinem inneren Leid umzugehen
Und die Welt, Leben mit meinen unschuldigen, sensiblen Kinderaugen zu sehen

Und vielleicht je nach Störungen doch mal mit mir zu einem Therapeuten gehen
Denn irgendjemanden sollte es geben, mich und mein Leid bestmöglich zu verstehen
Und es zu lindern oder heilen, dann kann es einen gesunden Lebensweg für mich geben

53 Der Käfig der Eltern

Kann sein, dass man ein Elternteil wird, aber die Umstände sind nicht passend
Gerade jetzt ein Kind ist auch nicht immer leicht zu verkraften
Ein kleines Menschlein von jetzt an 24 Stunden am Tag zu begleiten
Und jeden seiner täglichen Schritte ins Leben mit ihm beschreiten

Man gewöhnt sich an das Kleine und merkt sich auch seine Gewohnheiten
Das Kleine bestimmt manchmal auch ungewöhnliche Aufmerksamkeitszeiten
Es weint in der Nacht, an Schlafen ist erst mal nicht mehr zu denken
Das Baby versucht einen ganz nach seinem „Willen" und seinen Launen zu lenken

Babies haben starke Waffen, denn wenn sie einmal zu schreien beginnen
Dann muss man reagieren oder man kann nur noch mit Ohrstöpseln ins Freie rennen
Das Baby dominiert, und zwar oft, wenn man es gar nicht gebrauchen kann
Es holt einen von den Aufgaben weg, von Ruhepausen und Kraftquellen und zieht einen in seinen babynatürlichen Bann

Man springt und reagiert
Man elterngerecht pariert
Man allseits funktioniert
Man wird einfach diktiert
Und oft zum „Diener" degradiert

Und die Macht der Gewohnheit sorgt dann dafür
Dass sich auch für Eltern öffnet so manche erholsame Tür
Gewohnheit macht, dass man nicht mehr auf Signale seines Babies achtet
Was einem den Alltag und das Leben natürlich rundum erleichtert

Wenn man als Elternteil alles bis ins Detail wahrnimmt, was das Kind betrifft
Und man alles bis ins Detail wahrnimmt, was den elterlichen Alltag betrifft
Und man alles wahrnimmt, was den Alltag der Aufgaben und Pflichten und Job betrifft
Und man alles wahrnimmt und dabei vergisst man immer nur sich

Dann dreht man ja durch, das kann ja keine Seele verkraften
Kinder können einem auch ganz schön nach den eigenen Nerven trachten
Und so entgeht einem Elternteil sicherlich immer öfter dies und das
Das kann ein Schutz sein, damit das Elternteil nicht wird schwach

Es klingt gut, auf alle Zeichen seines Kindes zu achten, sie alle pünktlich wahrzunehmen
Aber auch Eltern haben eine schwer und reichlich belastete und geforderte Seele
Sicher gibt es Elementares, was einem Elternteil an seinem Kind nicht entgehen sollte
Aber es ist fast unmöglich, auf alles, was das Kind betrifft, immer rechtzeitig zu achten

Das kann niemand, denn als Elternteil ist man immer im Einsatz
Und für sich selber ist im Alltag oder im Herzen bei vielen kaum noch Platz
Diese Zeilen betreffen alle Eltern, die sich bemühen, gute Eltern zu sein
Denn auch für sie leuchtet die Sonne und achtet ein elternbeschützendes Engelein

Es ist hart, wenn man Kinder ihre eigenen Erfahrungen machen lassen muss
Auch wenn man vorher schon alles weiß, eigene Erfahrung ist bester Lehrer, sie sein muss
Dann darf man sich als Elternteil, auch wenn's schwer fällt, eben überwinden
Seinem Kind zuzusehen, wie es auf schmerzhaften Weg versucht, seinen Weg zu finden

Und wenn dabei nun einmal Schmerzen und Unangenehmes auf dem Programm stehen
Dann darf man evtl. mal vorsichtig seine Meinung sagen oder nur nervenstark zusehen
Erfahrungen sind lebenswichtig, weil sie oft zu sehr wertvollen Einsichten führen
Die ein Kind dann, wenn es lernbereit und aufmerksam ist, lebenslang im Herzen berühren

Egal, wie sehr man sich auch bemüht, Fehler in der Erziehung sind schon fast ein Naturgesetz
Weil das Kind einen oft ganz spontan in die unmöglichsten Situationen versetzt
Und immer spontan das Richtige zu tun oder zu sagen
Das kriegt keine Supermama hin, dazu müsste man erst einen Außenstehenden fragen

Denn ein Außenstehender, der sieht Dinge, die ein Erziehender nicht alle sehen kann
Ein Außenstehender geht aus einer ganz freien, distanzierten Perspektive ans Kind heran
Ein Außenstehender hat keinen Elternstress und ist nicht an das Kind Tag täglich gewöhnt
Ein Außenstehender auch eigene Freiheit, Ruhephasen, eigene Bedürfnisse kennt

Sobald man aber ein Elternteil wird, gibt es kein Ich mehr sondern ein UNS
Und das haut so manchen, je nach Kindscharakter, auch schon mal um
Daher, liebe bemühte Eltern, nicht verzagen
Sondern öfter einfach mal Euer Herz fragen

Auch ein Elternteil braucht Kraft
Damit es sich und seinem Kind bestmöglich wird gerecht
Dieses Buch hier ist ein Perspektivenwechsel, ein Dimensionssprung, um Kinder und
 junge Menschen und sich selbst auch zu verstehen
Und das Leben, sich selber und die Kindheit mal aus einer ganz anderen, seelischen,
 fokussierten Kinderperspektive zu sehen

Um eventuell unbedachte, unbeabsichtigte Dinge zu Gunsten des Kindes zu vermeiden
Und um eventuell auch zu verhindern, dass Kinder unnötig leiden
Und um das eigene Kind in sich selber einmal wieder zu beleben
Und somit nicht nur seinem Kind sondern auch sich selber einen Raum zur individuellen Entfaltung zu geben

So kann dieses Buch auch eine begleitende Hand für Eltern sein
Und bringt neues Licht, frischen Wind und offenes Herz in die Mama, den Papa hinein
Denn auch Eltern haben ein wachsames, sie schützendes Engelein
Das sie auffängt, wenn es sie fast umbringt, ihr geliebtes Kindelein

Öffnet trotz allem Euer liebendes Herz
Verhindert und vermindert Eurer Kinder Schmerz
Dosiert Euch in allem, begleitet, aber Ihr dürft Kinder nicht besitzen
Bringt die Seelen Eurer kleinen Kinder möglichst wenig zum Schwitzen

Und vergesst Euch selbst nicht und dass auch Ihr ein Recht auf Leben habt
Dies ist es, was dieses Gedicht Euch Bemühten nun liebevoll und respektvoll sagt

54 Krankes, behindertes Kind

Ich komme behindert oder auch mongoloid auf die Welt
Für Dich als erstes Fürsorge und rundum Schutz für mich zählt
Dies brauche ich auch erst einmal, um mich zu entwickeln
Aber wenn ich heranwachse, dann gibt es einige neue Aspekte zu bedenken

Ja, ich bin gehandicapt, und dies nicht zu knapp
Und Ihr habt mit meiner Versorgung Arbeit reichlich und satt
Aber Ihr habt eine Möglichkeit, die Ihr mir nicht verwehren solltet
Und zwar, dass Ihr mir so gut es geht zur Selbständigkeit verhelfen solltet

Bin ich mongoloid, dann erkundigt Euch, wie mein Gehirn arbeitet
Und passt Euch meinem Hirn an, aber fordert es schon früh in meinem Rhythmus,
    damit sich mein Geist weitet
Holt aus mir mein geistiges, Potential, meine Denkfähigkeit, die ich habe, raus
Und lasst mich Dinge mehr selbständig tun, ich ziehe mich evtl. selber an und aus

Lehrt mich früh, mich selber zu waschen
Und mir etwas zu essen zu machen
Lehrt mich das Schreiben, Lesen und Rechnen
Und lasst mich dann in eine Schule gehen

Es gibt Mongoloide, die haben studiert und einen gutbezahlten Job
Sie lehren andere und geben Wissen weiter, und dies nicht zu knapp
Sie schreiben Bücher und haben einen sehr tiefen, intelligenten, geschulten Geist
Wenn Ihr mir helft, mich genau so zu entwickeln, dann komme ich im Leben auch weit

Fordert mich immer und gebt meiner Krankheit nicht mitleidig großen Raum
Lasst Euer Mitleid stecken und fördert mich, dies ist evtl. mein unerwähnter Traum
Mein Symptom muss meiner selbständigen Entwicklung, meinem Recht auf normales Leben
Wirklich nicht immer, wenn Ihr Euch überwindet und anders denkt, im Wege stehen

Nährt Euch bitte bitte nicht an meiner scheinbaren Abhängigkeit
Entmündigt mich nicht, haltet mein Lernpotential und Entwicklungsraum möglichst weit
Gebt mir das Recht auf Lernen, auf Selbständigkeit, auf geistige und physische Entwicklung
Und haltet mich wenn möglich nicht abhängig, nicht klein, nicht unmündig oder dumm

Und bin ich anders behindert, dann fördert alles, was ich vielleicht selbst einmal kann
Erlöst mich bitte aus meinem abhängigen, unselbständigen, hilflosen Bann
Übt mit mir oder lasst eine Fachkraft mit mir Bewegungen, Möglichstes üben
Wenn Euch möglich, denn sie wird mit der Zeit ganz sicher zu Erfolgen führen

Entlastet Euch selbst und gebt mir die Freiheit, mich so gut es geht zu entfalten
Und meine Welt so gut es geht durch eigene Selbständigkeit zu gestalten
Und wenn ich gar nichts bewegen kann, dann kann ich aber vielleicht dennoch denken
Und Ihr könnt meinen Geist fordern, aktiv und frisch halten und lenken

Lest mir vor, übt das Sprechen mit mir oder gebt mir Hilfen, mich mitzuteilen
Lasst Euch beraten, seid kreativ und wenn es geht, etwas Euch etwas einfallen
Körperliche Behinderung muss nicht geistige Behinderung sein
Wenn mein Geist es erlaubt, dann bringt irgendwie Licht, Informationen in ihn hinein

Es gibt manchmal einen Weg, aus meiner Abhängigkeit herauszufinden
Ihr Eltern müsst Euch dann nur einmal überwinden
Zu erfahren, was ich physisch einmal leisten kann
Oder was mein Gehirn, mein Geist einmal für Potential hervorbringen kann

Nehmt mir nicht eventuelle Möglichkeiten und haltet mich nicht ganz bewusst klein
Um immer in einer starken, abhängigen Bindung mit mir zu sein
Gebt Euch durch meine Krankheit / Behinderung bitte niemals Selbstbestätigung
Lasst mich frei, lasst Entwicklung zu, seht einmal, wie die Natur mich dann lenkt

Ich brauche anfangs erst kleine und dann immer mehr und weitere und andere Übungen
Ich brauche erst kleine und dann immer mehr größere Herausforderungen
Ich brauche das Gefühl, auch nur einen Hauch Selbständigkeit geschenkt zu bekommen
Um auf der Leiter des Lebens in kleinen Schritten langsam auch nach oben zu kommen

Steven Hawking ist ein Jahrhundert-Physiker
Er ist Vater und kann nichts außer seinen Geist und seinen Mund bewegen
Man hat ihm ermöglicht
Sich durch einen Stift im Mund und weiteres Equipment allen mitzuteilen

Er bekam die Chance, trotz extremer Behinderung zu lernen
Geistig zu arbeiten, die Chance, zu denken
Er konnte sich, in einem sehr kranken Körper gefangen, dennoch geistig entfalten

Es gibt oft Wege, die in eine eingeschränkte Freiheit mit sehr großem Potential führen
Ihr solltet niemals, wenn Ihr meine Behinderung erkennt, von vornherein schon aufgeben
Auch keine Meinungen, die Euch bremsen und mir alle Freiheiten nehmen, wirklich annehmen
Ihr solltet weder Euch und auch mir nicht im Wege stehen

Versucht alles, solange ich atmen kann und eine Hirnleistung habe
Ist es das Potential auf mögliche Selbständigkeit, das ich da in mir trage
Und diese Freiheit, dieses Recht auf Eigenständigkeit und möglichst etwas
   Unabhängigkeit solltet Ihr mir niemals nehmen
Vielleicht werde ich von Geräten, Rollstuhl, Medikamenten abhängig sein, aber
   lasst mich bitte immer nach realisierbarer Autarkie und Möglichkeiten streben

Schenkt mir eine Chance auf ein geistiges, wenn auch eingeschränktes körperliches Leben
Schenkt mir Chance auf Veränderung und lasst meine Möglichkeiten wo es geht aufleben
Löst mich so gut es geht aus Eurer Abhängigkeit
Schenkt mir wenn möglich eigene Erfahrungs -, Wachstums - und Entwicklungszeit

Durch viele Übungen, Unterhaltung, geistige Herausforderungen
Wie von klein auf singen, rechnen, vorlesen, eingeübte Bewegungen
Und lasst meine eigenen Gedanken, Ideen und Talente in mir leben
Es gibt immer und überall Entwicklungs - und Fortschritt - Türen

Vielleicht habe ich ein ganz besonders einseitig dominierendes geistiges Potential
Denn mein Hirn nutzt wegen körperlicher Behinderung kaum motorisches Potential
So könnte sich die Energie meines Gehirns auf andere Areale konzentrieren
Und sich auf ganz andere Gebiete, auf das freie Denken, auf mathematisches oder
   kreatives, musikalisches oder lyrisches oder anderes Hirnfeld fokussieren

Dies ist dann bei uns Behinderten anders als bei Gesunden, so könnten wir also, wie
der Nobelpreisträger Steven Hawking oder die blinden Musiker Ray Charles und
   Stevie Wonder
Auch ganz wertvolles, individuelles Potential, besonderes Talent ganz tief in uns tragen
Nimm mir aufgrund meiner Krankheit bitte nicht die Chance, mich selber zu finden
Ich könnte auch gewisse Fähigkeiten mit viel Übung und viel Fleiß in mir haben

Reduziere mich bitte nicht auf meine Krankheit, meine noch so harte Behinderung
Sondern seid bitte mir zu Liebe offenherzig und freidenkend für eine adäquate Lösung
Versucht bitte, Euch nicht mit der Rolle meiner Fürsorger abzufinden
Und mich in Abhängigkeit für immer an Euch zu binden

Oder an wen denkt Ihr hierbei wirklich, an mich oder an Eure / Deine Selbstbestätigung
Nährt meine Behinderung vielleicht Deine Daseinsberechtigung und meine Unabhängigkeit
Meine noch so kleinsten Entwicklungsschritte bringen Dich fast um, sie sind Selbständigkeit
Kann es sein, dass Du Dich in der Rolle meines Versorgers so sehr identifizierst
Dass Du Dich in Gefühle Deines Gebraucht-Werdens und Immer-Nutz-Sein verlierst
Und mich in Deinem eigenen Interesse auf meine Krankheit, meine Unfähigkeiten reduzierst

Siehe ehrlich dort hin, kannst Du mich nicht ein kleines bisschen frei lassen
Damit wir beide meine Chance auf Veränderung und Entwicklungsschritte nicht verpassen
Halte meinen Zustand bitte nicht aufrecht und fördere bitte nicht meine Unfähigkeiten
Fördere nicht meine Behinderungen, sondern gib mir für mich selber, eigene
   Entwicklung, etwas Freiheit und die Chance auf eine Zukunft die Zeit

Sicher gibt es Behinderungen / Krankheiten, da ist dann wirklich nichts zu machen
Aber gib mich bitte nicht auf und versuche bitte alles, um in meinem Leben die Chance
   auf Besserung, auf Änderung, auf minimale Freiheit aufrecht zu erhalten
Erkenne, was ich alles kann oder nicht kann, und wo bei mir Bedarf an Förderung ist
Und solange ich denken kann, habe ich die Chance auf etwas Besonderes, vielleicht
   große Ziele noch nicht verpasst

Mein Hirn arbeitet anders, aber es lebt
Mein Körper ist behindert, aber er lebt
Solange ich lebe wird es evtl. Chancen geben, in denen es eine Zukunft für mich gibt
Wenn Du mich liebst, nicht aufgibst, schaffen wir es, dass eine Mindest - Entwicklung an steht

Lies mir von klein auf Geschichten vor, vielleicht habe ich einige ganz besonders gern
Singe mit mir und fördere mit Takt, Rhythmus und Bewegung mein musikalisches Gefühl
Fordere mich, fördere mich, sei kreativ und erwecke in mir für Lebensinhalte ein Gespür
Aktiviere meine Muskeln, wenn das geht und reize meine Arme und meine Beine
Damit immer Energie durch sie fließt, dies fördert Durchblutung, für mich etwas Feines

Arbeite mit mir
Hilf mir
Fördere mich von Beginn an, kein Krüppel, kein Behinderter zu sein
Sondern nur eingeschränkt, doch halte mich nicht wirklich klein

Auch ich habe eine Funktion, lass sie uns beide herausfinden
Auch ich habe Fähigkeiten, lass sie uns gemeinsam herausfinden

Knüpfe Kontakte zu Menschen, die uns evtl. beide weiterbringen
Lass uns gemeinsam wie es Dir möglich ist, meine Möglichkeiten entdecken
Versuche liebevoll in Dir und mir den Geist der Freiheit, Unabhängigkeit, Selbständigkeit
   und eigener Stärke zu wecken
Dies könnte Dich vielleicht in Deinem Alltag etwas stressen
Dennoch kann es in Zukunft auch entlasten und Dein / mein Leben verbessern

Diese Zeilen sprechen aus, was evtl. mancher Betroffene nicht äussern kann
Kein Gedicht ist ein MUSS sondern reine Möglichkeit, neu zu verstehen
Reine Möglichkeit, neue Bezugsebenen zu begehen
Nur eine Chance auf Änderungen, Verständnis und Wachstum, vor dem wir alle stehn

55 Nicht mit anderen Kindern vergleichen

Ich bin Dein Kind mit ganz eigenem Potential, eigenen stärken, eigenen Schwächen
Bin evtl. nicht so, wie Du Dir gewünscht hast, kann durch nicht besonders viel bestechen
Vielleicht erfülle ich Deine Erwartungen an mich wirklich in keinster Weise
Und merke ich genau das, dann leide ich einsam, schweigend und ganz leise

Du vergleichst mich mit anderen Kindern, die für Dich gekonnt zu einem Maßstab werden
Du hältst mir vor, was für tolle Eigenschaften und für tolle Stärken sie alle in sich tragen
Du stellst fremde Kinder in einem Lichte dar, sie werden zu Deinen Helden
Und benimmst Dich, als müsstest Du Dich für mich schämen
Du zeigst mir, dass an Deine Liebe Bedingungen geknüpft sind
Und gibst mir das Gefühl, als sei ich missraten, Du hättest liebe ein anderes Kind

Du hältst mir vor, wieso kann ich nicht so wie andere Kinder sein
Du machst mich verantwortlich, dominierst mich und hältst mich ziemlich klein
Meine Stärken fallen Dir gar nicht auf, Du siehst nur Deine Bedürfnisse, Deinen Willen
Deine Erwartungen an mich und lässt nichts Gutes an mir dran, ich kann Dich nicht stillen

Du schenkst anderen Kinder Aufmerksamkeit, die ich selbst von Dir vermisse
Du findest für andere Entschuldigungen, verteidigst sie, findest für sie Kompromisse
Du setzt andere Kinder an meinen Platz, den ich in Deinem Herzen haben sollte
Du erfreust Dich an anderen, wie sie aussehen, was sie tun, als ob Du es bereutest

Mich geboren zu haben und als zu Dir gehörig zu nennen
Du beginnst, mich auf der ganzen Linie zu verkennen
Ich muss genau so ticken und funktionieren, wie Du es willst
Ich bin dazu da, dass ich Deinen unbefriedigten Anteil, Deine Sehnsucht
Deine innere Leere, Dein Missen von etwas, das Du in mir suchst
Dass ich all dies in Dir still`

Du versuchst, Dich durch andere Kinder selber aufzuwerten
Und versuchst, mich den ganzen Tag lang negativ zu bewerten
Was willst Du mit Deinem verletzenden, respektlosen Verhalten in mir zu ernten
An Deinem Verhalten werde ich innerlich und seelische mit der Zeit ziemlich zerbrechen

Du nimmst andere Kinder ernst, mich nicht und lachst mich zu oft nur aus
Erfülle ich Deinen Willen nicht, ist der Ofen für mich aus
Spiele ich eine Rolle, imitiere ich andere Kinder, was Dir gefällt und Dich anspricht
Dann, für diesen Moment, akzeptierst, respektierst und siehst Du mich

Ich lerne, dass andere besser sind als ich es jemals sein werde
Ich lerne, dass ich sein muss wie andere, um Deine Liebe jemals zu ernten
Ich lerne, dass ein Fremder ebenso wie Du der Maßstab für mein Selbstwertgefühl ist
Ich lerne, dass ich funktionieren muss, springen, dienen, weil man ansonsten niemand ist

In mir wachsen Hemmungen, Komplexe und Neid, weil ich nicht so wie andere bin
Ich bin noch jung und frage mich schon, macht mein Leben überhaupt noch einen Sinn
Ich denke, dass ich nichts wert bin
Komplexe, Versagensangst, begabte Türen in mir knallen zu, ich fühle keinen Daseins-Sinn
Ich bin zu jung und zu schwach, um mich eines Besseren zu besinnen
Depressionen, Frust, Traurigkeit, Selbstaufgabe, Niederlage in mir zu leben beginnen

Du entfachst in mir vielleicht auch Selbsthass, Selbstablehnung, entzweist uns beide
Und machst ganz tief vieles in mir kaputt und minnst einem Lamm seine nährende Weide
Ich bin traurig, einsam, verlassen, ungeliebt und ziehe mich mehr und mehr zurück
Du solltest mich annehmen, meine eigenen Stärken, die ich wie andere auch habe, erkennen
Du solltest Deine elterlichen Pflichten erfüllen und liebevoll hinter mir stehen

Jeder Mensch ist ein Individuum, es gibt keine Kopie, jeder hat mindestens ein Talent
Auch wenn man es nicht immer findet, mancher dieses erst nach vielen Jahren erkennt
Kann sein, dass meine mir Talente von Dir durch Dein negatives Verhalten in mir
   verborgen bleiben
Und sich meine Begabungen aus Angst, Dir nicht gerecht zu werden
Deine Liebe nicht zu verdienen, Wärme und Respekt zu entbehren
Sich meine Interessen nicht entfalten bzw. überhaupt nur im Ansatz zeigen

Liebst Du mich nicht um meinet Willen
Oder muss ich erst Deine Bedürfnisse stillen
Liebst Du mich nicht allein schon, weil Du mich gewünscht hast
Blamierst Du Dich mit mir, erhebst andere Kinder, ist dies wirklich kein Spaß

Kannst Du mir nicht bedingungslos Deine elterliche Liebe geben
Kannst Du mich MICH und mein Selbst anstelle andere Kinder begleiten in meinem Leben
Kannst Du vielleicht mein eigenes Potential erkennen
Darf ich mal Komplimente, Anerkennung, Wertschätzung und Bestätigung erleben

Du könntest mir helfen, stark, selbstbewusst, ohne seelisches Leid aufzuwachsen
Du könntest auch meine Interessen fördern und mich anstatt andere Kinder beobachten
Stecke mich nicht in Rollen anderer, die mir beim besten Willen gar nicht stehen
Denn ich muss meine eigenen Wege in meinen mir verliehenen Schuhen finden und gehen

Zeige mir bitte, welche Stärken und Fähigkeiten da eigentlich in mir sind
Zeige uns / mich, dass wir beide, ganz so, wie ich bin, ein unzertrennliches Team sind
Lass mich an Dir wachsen, an Dir reifen, von Dir lernen und meine Talente erblühen
Könntest Du einfach voller Liebe hinter mir, nur weil ich Dein Kind bin, stehen

Du entscheidest, ob ich jemals starke Wurzeln haben werde
Du bestimmst die Beschaffenheit des Bodens, auf dem ich einst gehen werde
Du bestimmst, ob ich einmal ein seelische Kranker, ein Patient voller Kummer sein werde
Oder ob ich ein glückliches Kind und ein starker, gesunder Menschen sein werde
Wie würdest Du Dich fühlen, wenn ich Dich mit anderen Eltern vergleiche
Und wenn ich anderen Eltern eher als Dir meine kleine Hand reiche
Und wenn ich andere Eltern in meinem Herzen lieber hätte als Dich
Wenn ich Dir vorwerfe, nicht so zu sein wie die Eltern, wie fühltest Du Dich

Versuche bitte, meine Gefühle nicht zu verletzen, denn Kinder sind nicht stark
Versuche bitte auch, mich bedingungslos anzunehmen, und sei zu mir nicht zu hart
Meine Gefühlswelt, die kannst Du gar nicht mit jener eines Erwachsenen vergleichen
Kinderherzen, Kinderseelen muss man so oft es geht sanft und zärtlich streicheln

Kindergefühle sind berührbar, schutzlos, sind das Zerbrechlichste, was es gibt auf Erden
Kinderflügel sind zart, leise, fragil, sie müssen erst starke, kräftige Flügel werden
Kinder darf man nicht so belasten, als wären sie Erwachsene, denn das geht oft schief
Kinder leiden je nach Alter auch leise, ertragen einsam, man erkennt nur irgendwann
Dass eine „blutige" Träne über ihre Wangen lief und dann ...

Wie hoch ein Kind einst fliegen wird, dies liegt fast allein in der elterlichen Hand
Ebenso, ob ein Kind frei in die unendlichen Weiten des freien Geistes fliegt
Oder ob es am Boden gegen Wände rennt, nicht aufrecht geht, dafür auf dem Boden kriecht
Und ob ein Kind gesunde Flügel hat, die die Winde des Lebens gekonnt und gestärkt
   überstehen können
Oder ob ein Kind gebrochene Flügel hat, zerfetzte Flügel und es verzweifelt
   versucht, sich selbst, der Realität bzw. dem Leben davon zu rennen

Wenn Ihr Eltern wüsstet, was für eine Macht Ihr habe, dann würdet Ihr erkennen
Dass Ihr es in Wirklichkeit seid, dem Eure Kinder als Erwachsene davon rennen
Hört auf Euer Herz, lasst Euer Herz, Seele, Gefühl und Verständnis
   für Euren Nachwuchs schlagen
Denn es sind Eure Kinder, die schweigend, zurückgezogen, leidend Euch und
   Eure Erziehung ertragen

Lasst die Kindlein fliegen
Lasst Eure Kinder ab und zu mal siegen
Lasst Eure Kinder sich selber finden
Hört auf, Eure Kinder an Bedingungen, Ansprüche, an Eure ungestillten Sehnsüchte zu binden

Schenkt Euren Kinder gesunde, starke, selbstbewusste und ganz freie Herzen
Erlöst sie von allen erdenklichen Kindheitsschmerzen
Behütet ihre Teddys, ihre Träume, ihre Seelen und ihre Gefühle so gut es eben nur geht
Sicher wird es einst Euer Kind sein, dass Euch dankbar, offenherzig, stark, belastbar,
　selbstbewusst und mitfühlend im Leben zur Seite steht

Und es wird ein Engelsflügel sein, der für Euch Eltern und Eure Kinder zu Eich herüberweht
Denn es war so und wird immer so sein, am Ende ist es die Liebe, die reine, wahre,
　herzliche, aufrichtige Liebe, die immer und ewig siegt
Ihr erntet Liebe, wenn Ihr von Beginn an Euer Kind aus vollem Herzen liebevoll an die
　Hand nehmt und Ihr es auch in schweren Zeiten bedingungslos liebt
Versucht es, und es wird dieses Gedicht sein, welches Euch liebevoll und verständnisvoll
　Bestätigung gibt

56 Schwächen, Macken, Fehler eines Kindes und ADHS

Wenn ich geboren werde, dann ist es erst einmal Dein Ziel, mir nur das Beste zu gönnen
Ich bin noch unschuldig, rein, ganz frisch, als ein unbeschriebenes Blatt zu nennen
Du stellst hohe Ansprüche an Dich selber, mir alles und nur das Beste zu geben
Du scheinst erst mal für mich, Deinen Säugling, ein erster und wundervoller Segen

Wir beginnen, gemeinsam zu leben, ich beginne zu wachsen und Dir Freude zu machen
Ich bringe jeden Tag aufs Neue Dein elterliches Herz zum Lachen
Aber meiner Entwicklung entsprechend kann und wird es sicher nicht dabei bleiben
Ich beginne irgendwann vielleicht, Dich kräftezehrend an Deine Grenzen zu treiben

Ich werde größser und überzeuge gekonnt durch Dickköpfigkeit, Starrsinn und Willensstärke
Und fahre mit Dir Schlitten, gehe ungestüm, unkontrolliert und unbeherrscht zu Werke
Kleinkinder können sich nicht kontrollieren
Sie sind Opfer ihrer Natur und müssen sich oft in stürmische Gefühle verlieren

Und Du erkennst, dass ich, Dein Sonnenschein, beginne, kleine Stacheln auszufahren
Und Dir hier und da Stiche zu verpassen, die Dich auf die Palme bringen
Ich entwickle mit der Zeit eine eigene, kräftige, fordernde, starke, kindliche Persönlichkeit
Entwicklungsschritte machen sich immer heftiger zu Deiner Verwunderung in mir breit

Ich werde älter und zeige Stärken, Macken, individuelle Eigenschaften und Schwächen
Und ich versuche alles, um meine Fehlbarkeit nicht zu überdecken
Ich lebe meine Fehler und Macken alle aus, und Du erkennst, dass ich anders bin als Du
Und Dein Herz geht an gewissen Stellen für mich zu

Du gabst mir immer nur das Beste, jetzt forderst Du genau das Beste wieder von mir ein
Du erwartest, dass ich unfehlbar bin, ich soll ohne Schwächen und Makel, eben einfach sein
Wenn ich Schwächen an den Tag lege, dann bekomme ich mit Dir Stress oder Streit
Wenn ich Fehler mache, dann hängt der Segen schief oder ich bekomme eine geknallt

Dies alles tue ich doch aus reiner Unwissenheit, ich bin doch noch ziemlich jung
Ich muss erst Erfahrungen sammeln, aus ihnen lernen, kein Kind ist oder bleibt dumm
Ich muss Einsichten entwickeln, verstehen, die Welt und das Leben immer klarer sehen
Aber Du hast selber Fehler, und, verzeihst Du Dir Deine eigenen Schwächen

Wie gehst Du mit Dir selbst um, wenn Du Fehler machst oder erkennst Du Deine Fehler nicht
Was tust Du, wenn Du eigene Schwächen wahrnimmst, Deine eigene Fehlbarkeit
   kommt ans Licht
Oder denkst Du, dass Du im Leben ewig das Richtige getan, gesagt hast, denkst Du das von Dir
Dann ist es mit Deiner Klarheit und Wahrheitssinn aber nicht weit her

Denn alle Menschen machen Fehler, sonst wären sie keine Menschen sondern Engel
Alle haben Schwächen, Macken, Unebenheiten in sich und ganz besonders auch Mängel
Wenn Du Dir alles verzeihst, kannst Du mir nicht auch meine menschlichen Züge vergeben
Oder Du verzeihst Dir nichts, daher soll ich an Deiner Stelle durch Unfehlbarkeit glänzen

Siehst Du in mir vielleicht Dein verlängertes, besseres, unfehlbares Ich
Wenn ja, dann irrst Du Dich
Denn ich bin eine von Dir getrennte, eigenständige, individuelle Persönlichkeit
In der ein ganz eigenes, anderes Potential als in Dir gedeiht

Du kannst mich auf Fehler und Schwächen verständnisvoll aufmerksam machen
Damit ich mich selber besser erkenne und auch mal über mich lache
Aber lass bitte auch ruhig mal etwas Fehlerhaftes oder Bemängelndes von mir zu
In meinem Interesse anbrennende Erfahrungen zeigen mir Grenzen und innere Ruh

Nichts und niemand ist perfekt, sonst gäbe es den Fortschritt, Entwicklung nicht
Wir leben zwischen gut und ungut, die freie Wahl von uns hier, diese besticht
Jeder macht Fehler, bis er einst diesen Erdball verlässt
Sei vorsichtig, dass Du genau dies niemals vergisst

Ich kann Dein Wissen, Deine Erfahrenheit und Deine Einsichten noch gar nicht haben
Kann noch keine Reife, Weisheiten, kein bodenständiges Wissen in mir tragen
Ich muss durch Fehler und eigene Erfahrungen das Erkennen lernen
Die Freiheit, fehlbar zu sein, darfst Du mir im Interesse meiner Entwicklung einräumen

Miss meine Fehler und meine Schwächen bitte niemals an Deinen eigenen
Weil ich auch andere mache und habe als Du, ich habe die meinigen
Sei kein Maßstab, lass mir meinen fehlerhaften, Schwächen tolerierenden Freiraum
Verhindern wirst Du meine Mängel durch Bestrafung, Drohungen oder Sanktionen kaum

Aber ich will gerne von Dir lernen
Von dem was Du alles hast selbst erfahren
Brauche Erklärungen, wieso was nicht geht
Brauche verständnisvolle Grenzen ohne Fesseln, sag mir, was geht

Denke an Dich, wie hast Du denn Dein Wissen, Deine Weisheiten alle gelernt
Deine Lebenserfahrung hat Dich sicher durch so manche Erkenntnis geführt
Du kannst mir Dein Wissen, Deine Erfahrungen in vielen Dingen sicher weitergeben
Aber Du kannst nicht an meiner Stelle auf meinem Wege mit Deinem Wissen gehen

Du darfst mich auffangen, trösten, wenn ich aus Fehlern lerne, Schmerzen dabei habe
Du darfst mir beistehen, wenn ich mit mir selber je nach Alter ins Gericht gehe
Du darfst mich weiter lieben, wenn ich mir selber sehr kritisch gegenüber trete
Du darfst, wenn ich eigene Erfahrungen sammle, ruhig für mich beten

Du siehst weiter als ich, ich kann Deine Weitsichten aber noch gar nicht haben
Du solltest nicht in allem zu viel Vernunft und Verantwortungsgefühl von mir erwarten
Je nachdem wie alt ich bin, werden meine Fehler immer größer werden
Auf dem Weg meines Erwachsenwerdens werde ich aber immer noch Lernen
Und nach Wissen, Erfahrenheit und Verbesserung meiner selbst streben

Bestrafe mich nicht für meine Jugend, zur Jugend gehören oftmals Dummheiten dazu
Trotz Warnung brauche ich auch Erfahrung, verbotenem Reiz nachgeben bringt in mir Ruh
Was ich nicht darf, was verboten ist, das reizt mich sehr
Ich bin jung, die Versuchung des Verbotenen nagt in mir sehr

Ich bin hin- und hergerissen, aber noch ein Kind ohne Weitsicht
Vernunft, Weisheit, das Wissen um Konsequenz, all das liegt mir noch nicht

Oder wenn ich einfach nur chaotisch und ziemlich unordentlich bin
Dann macht eben Unordnung für mich einen großen Sinn
Vielleicht beherrsche ich ja das Chaos, dies muss man auch erst einmal können
So kann man auch bei so mancher Schwäche eine positive Seite nennen

Ich mache meine Hausaufgaben ziemlich schnell und unkonzentriert
Weil mich der Spieltrieb, die Abenteuerlust oder so mancher Traum verführt
Ich esse langsam, weil ich nicht so gerne esse, es für mich ganz unwichtig ist
Ich habe andere Interessen, die Bedeutung von Essen, klar ist sie mir noch nicht

Ich kann mich nicht richtig konzentrieren und habe einen sehr starken Bewegungsdrang
Ich brauche Abwechslung, Unterhaltung, Beschäftigung, weil ich nicht anders kann
Mein Geist ist unruhig, aber ich werde leicht als ADHS-Kind abgestempelt
Vielleicht bin ich aber auch einfach nur ziemlich schnell von allem abgelenkt

Ohne ADHS-krank zu sein, denn dies scheint schon eine Volkskrankheit zu sein
Viele Kinder sind dies nicht, ihr Verhalten muss aber in eine Schublade hinein
Man braucht für alles einen Namen, damit es existiert
SO WIRD MAN ALS MENSCH SEHR SCHNELL UND EFFIZIENT KATALOGISIERT

Das ist gefährlich
Das ist entbehrlich
Einzigartigkeit von jedem muss einen Stempel tragen
Das kann uns aber sehr weit von der Wahrheit entfernen

Wir Kinder haben ungebremste Energien, sind vielseitig interessiert
Das Leben ist für uns ein vielseitiger, kunterbunter Reiz, man die Neugierde spürt
Und wir Kinder sind immer aktiv, lebensfroh, agil, voller Power und Energie
Wir haben oft nicht viel Zeit, weil uns die Natur einen freien hungrigen Geist verlieh

Ist normal und keine Krankheit, wir leben in einer Welt voll Fantasie mit wenig Schranken
Lauter toller Ideen und kunterbunter, lebendiger, fröhlicher Gedanken

Wir leben in einer geistigen Welt ohne Begrenzungen, der freie Geist will leben
Und dieses natürliche, kindliche Potential wollen wir immerzu überall ausleben
Und tun alles, um uns selber eine Gelegenheit dafür zu geben

Wir wollen Aufmerksamkeit, da wir mit Euch Eltern, unsere Welt teilen möchten
Fordern wir Euch mehr, könnte es daran, dass wir zu wenig von Euch bekommen, liegen
Wir leben Enthusiasmus, was unseren agilen Spieltrieb, unsere kreativen Ideen betrifft
Das ist nicht krank, weil wir andere Energien in sich tragen, als Euch real bewusst ist

Wir müssen unsere jungen, lebendigen, frischen, freudigen, lustigen Energien ausleben,
  so gut es eben nur geht
Weil es sonst einen energetischen Stau, Druck, Unbefriedigung und ungestillte
  Sehnsucht tief in uns gibt
Wir konzentrieren uns weniger auf Hausaufgaben, weil die eben keine Priorität für uns haben
Wir müssen einfach immer in Bewegung sein, spielen, spielen, kreativ sein und noch
  mal spielen, um Energie loszuwerden

Das bedeutet nicht unbedingt, dass wir ADHS haben
Sondern dass wir einfach nur viel Spielpotential und Neugierde auf alles in uns tragen
Vielleicht hilft es ja, mich zu belohnen, wenn ich mit Dir in Ruhe Hausaufgaben mache
Und danach bringst Du einfach mein Kinderherz zum Lachen

Und lass vielleicht leise klassische Musik im Hintergrund ganz sanft mit dazu laufen
Das hilft beim Konzentrieren und beim Nachdenken und kann unsere Energien beruhigen
Erst die Arbeit, dann das Spielen, das muss ich vielleicht mehr als andere Kinder lernen
Aber dann greifst Du mit mir im Spiel voller Freude nach den bunten Sternen

Ich habe Schwächen, diese machen aber auch meine Persönlichkeit aus
Dreh´ mir bitte nicht gleich einen Strick daraus
Und versuche bitte nicht, aus mir einen perfekten, fehlerfreien Menschen zu machen
Denn dies wird scheitern, denk mal an Deine eigenen Fehler, Macken und Schwächen

Eine Deiner Schwächen könnte Dein Perfektionismus sein
Ich muss auch perfekt ticken, sonst kommen Konflikte in unsere Beziehung rein
Bedenke bitte immer, dass ich noch reife, wachse, durch das Leben viel lernen werde
Du kannst mich nicht in einen Käfig aus Sanktionen, Fesseln und Züchtigung stecken

Denke bitte daran, dass gewisse Erfahrungen mich für mein Leben prägen werden
Ich muss diese machen, um klüger und einsichtiger zu werden
Ich muss meine eigenen Schmerzen erfahren
Davon kannst Du mich nicht so ganz bewahren

Werde ich älter, dann gehört irgendwann auch im Rahmen Gefahr zu meinem Leben
Erkenntnisse hier sind dann oft für mich ein sehr wertvoller, einsichtiger Segen
Mich werden immer Erfahrungen, seien sie durch Dich oder durch andere prägen
Nimm mich bitte als der an, der ich bin, mit allen Schwächen, die alle in sich tragen

Mit Strafen werde ich nicht besser und auch nicht unfehlbar
Mit Sanktionen werden für mich Deine Ansprüche an mich auch nicht klar
Mit „entweder - oder" kann ich auch nicht viel anfangen
Denn in meinem Hirn bleibt nur Deine Machtausübung hängen

Und komme ich in ein Alter, indem ich Dir widerspreche
Und Deine Überlieferungen nicht annehme, weil ich anders denke
Und ich Traditionen ganz selbstverständlich breche
Wie ich in einer andere Zeit und anderen Meinungen drin stecke

Und ich Deine Meinungen nicht mehr teile
Und ich nicht in der Vergangenheit sondern in der Zukunft, in Visionen, Träumen verweile
Dann müssen dies keine Schwächen oder Fehler sein
Ich entwickle Individualität, Stärke, eine autarke Sicht der Dinge
Und bringe in alles mal mein eigenes Licht hinein

Ich brauche keine Dogmen, Urtexte, Meinungen anderer, denn ich kann selber denken
Und es werden meine freien Inspirationen sein, meine freie Meinung, die mich lenken
Eigenen Ideen, mein tiefes Gedankengut, Toleranz, Offenheit, Intuition, die mich lenken
Mache ich mich frei von Regeln, feststehenden Meinungen, überlieferten Traditionen
Fixen Ritualen, so kreiere ich, meinem eigenen, besseren, freieren, autarken Weg zu gehen
Meine eigene Verwirklichung und meine eigene Gedankenwelt steht, mich zu beschenken

Das müssen keine Fehler sein, zwinge mich nicht, übe weder Strafen noch Druck
Dies ist ein Entwicklungsprozess, Wegfindung, Selbstfindung, ein elementarer Schritt
Ich gehe diesen Weg sowieso, Strafen und Arrest fördern diese meine innere Haltung
Was mir gut tun würde, ist Deine tolerante, liebevolle, loyale, offenherzige Begleitung

Lass mir bitte kleine Fehler, kleine Schwächen, die mich, meine Persönlichkeit ausmachen
Trage sie wenns geht mit Humor, bring mich durch „Spiegel" meiner selbst zum Lachen
Strafe mich nicht für mein Anders - Sein, das Du wie jeder andere auch in Dir hast
Jeder ist einzigartig, aber Geisteshaltungen machen gleich, gleiches Bewusstsein
In der Gruppe einzig sein zu dürfen, ist etwas, das viele Menschen haben verpasst

Zum Mensch-Sein, Eltern - Sein gehören Fehler
Zur Kindheit, Erwachsenen - Sein gehören Fehler
Zum Mensch-Sein gehören Schwächen
Die könntest Du bei mir humorvoll belächeln

Und mir alle verzeihen
Und Dir selber auch alle verzeihen
Dann kann Stärke, Selbstvertrauen, Eigenliebe, eigener Respekt, sich selbst annehmen
Und eigene Akzeptanz in mir gedeihen

Denke vielleicht über Dich nach und verzeihe Dir, was immer Du auch für Fehler machst
Ist menschlich, normal, nimm Dich so so an, heilsam, wenn an auch über sich selber lacht
Und auch über seinen Nachwuchs, denn das frischt lockert die Beziehung auf
Und nimmt das Krampfige, Steife, Starre, Knochige, den Perfektionismus aus der Eltern-Kind-Beziehung raus
Und meist wird dann ein starkes, selbstbewusstes, talentiertes, lebensfrohes, gesundes, autarkes, lebensfähiges Kind daraus

57 Statt Strafen Erklärungen, gütige Konsequenzen, liebevolle Grenzen

Ich teste schon meine Grenzen aus, wenn ich noch nicht einmal sprechen kann
Ich teste Dich, Deine Nerven, Deine Stärke jederzeit fortan
Ich fordere Dich, stresse Dich und koste Dich Deine ganze wertvolle Kraft
Ich bin es, der Dich zurzeit mit am meisten schafft

Das liegt meiner Natur, nun mal ein unwissendes, ungezähmtes, lebendiges Kind zu sein
Klar, dass ich von Beginn eine liebevolle, verständnisvolle Führung brauche, bin noch klein
Und ich muss von Beginn an viel lernen und brauche einen starken Halt
Aber bitte, auch wenn ich nerve, anstrengend bin, mach, dass Dein Herz niemals wird kalt

Zeige mir altersgerecht, wo es lang geht, nimm mich an Deine liebevolle, elterliche Hand
Bleibe möglichst ruhig, nicht hektisch, habe Verständnis für mein kindliches Temperament
Bleibe stark und selber bezähmt, auch wenn es mal hart, mich in den Griff zu bekommen
Manchmal brauche ich einfach nur liebevolle, barmherzige, vertraute, elterliche Stimmen

Sage mir Dinge zärtlich und ruhig, damit sich Deine Ruhe dann auch auf mich überträgt
In der Ruhe und der Geduld liegt die Kraft, die auch Dein Akku wieder schnell auflädt
Wenn Du mit Druck, Abwehr, Stress, Kampf, Ablehnung extrem gegen mich agierst
Dann bleibe ich nervig, bekomme noch Druck von Dir und habe Angst und mehr Stress

Ich brauche einen ruhigen Gegenpol zu mir, Ruhe, die meiner kindlichen Natur noch fehlt
Brauche Dich, der hinter meiner Ungestümtheit, Unbeherrschtheit an meiner Seite steht
Deine Liebe für mich sollte niemals an Bedingungen oder Erwartungen gekoppelt sein
Liebe mich so wie ich bin, auch wenn ich stresse, bringe Ruhe und Balance in mich hinein

Ich brauche Grenzen, aber diese sollten nicht an negative Gefühle gekoppelt sein
Ich brauche Führung, aber diese sollte nicht mit Druck und Sanktionen versehrt sein
Ich brauche Bezähmung, aber die sollte auch nicht mit Strafen einhergehen
Was immer Du auch versuchst, bleibe gütig, geduldig und versuche es mit Ruhe hinzukriegen

Und ist Dir mal zum Schreien, weil Du hilflos, kraftlos oder überfordert bist
Dann lass das bitte nicht an mir aus, denn ein Ventil bin ich in meinem Alter nicht
Schraube Dich runter, so gut es geht, solange Du mit mir zusammen bist
Und lebe Dich später ohne mich anderweitig aus, aber habe Dich bitte solange im Griff

Denn wenn Du Dich schon nicht im Griff hast und Dich nicht kontrollierst
Wie sollte ich dies dann können sieh mal, wohin das führt
Wir Kleinen haben immer mehr oder weniger Druck in uns, das fordert die Natur
Unser Geist sieht alles, wir verstehen vieles, wollen entdecken, von Rast keine Spur

Wenn Du ausrastest und um Dich schlägst, verbal und in Taten Gewalt versprühst
Dann erwarte nicht von mir als Kind, dass ich meine Natur erfolgreich unterdrück
Du kannst mir hier ein Vorbild in Ruhe und Maß, Dosiertheit sein
Gewiss kommen Deine beruhigenden Energien dann auch in mich hinein

Sie können auf mich abfärben
Und mich nähren
Und zu meinen eigenen werden
Die sich evtl. dann auch öfter zeigen werden

Ich ändere ich mich mit der Zeit, passe mich Deinen liebevollen Vorgaben an
Und lerne schnell und meist auch unbefangen und ungehemmt, Du hältst mich warm
Bist Du sanft, anstatt zu strafen, korrigierst Du mich in Liebe und von Herzen
Dann nimmst Du mir für mein weiteres Leben die verschiedensten Seelenschmerzen

Ich lerne von Dir, dass es keine Strafe ist, zu lernen, auch wenn an Dir wird gesägt
Ich lerne, dass Fehler zu machen ok ist, weil Deine Liebe mich immer trägt
Ich erfahre Deine Beständigkeit trotz meiner anstrengenden, fordernden Natur
Und Deine Ruhe überträgt sich auf mich, Deine Sanftheit und Geduld wächst in mir

Und ist für mich eine sehr wertvolle Erfahrung auf des Lebens weiter Flur
Du bringst durch Deine Geduld, Deine sanfte und immer ruhige Stimme, wenn sie auch
Mal energischer sein kann, Entspannung und immer Wohlfühlgefühle in mich hinein
Ich verändere mich positiv, in Deinem Sinne und werde bald gewiss dosierter sein

Und kann ich schon etwas sprechen, dann begleite auch sprechend mich
In Liebe und mit Verständnis, erkläre, zeige mir, lass mich nicht im Stich
Konsequenzen sind immer wichtig aber sie dürfen altersgerecht angepasst sein
Ich lerne so, dass es keine Verluste gibt, wenn Du Grenzen setzt und fühl mich fein

Strafen müssen keine negativen Verstärkungen sein
Die Art und Weise der Anwendung dringt in die Kinderherzen ein
Mann kann ganz ruhig und verständnisvoll NEIN sagen
Und erklärend konsequent, ohne das Kind abzuwerten

Strafen mit Gebrüll und aus Launen heraus führt zu anderen Resultaten
In Ruhe Grenzen setzen, ohne das Kind in seiner Person zu entwerten
Das wird das Kind stark machen und es wird gesund im Rahmen lernen
Und diese Werte für sich umsetzen und auch weiter geben

Kinder denken auf ihre Weise, wieso sie jetzt gerade zurechtgewiesen
Sie sollten nicht Ablehnung gegen sich selbst, ihre Persönlichkeit fühlen
Sondern wissen, auch wenn dies und jenes nicht geht
Dass dennoch der Liebe der Eltern weiterhin besteht

Und dass es nur darum geht, was ihr Verhalten und ihren Unwillen betraf
Und nicht, dass es sie gibt, sie ein Störfaktor sind, daher wurde gestraft
Grenzen setzen, heißt nicht, ein Kind ablehnen

Konsequent entscheiden heißt nicht, dass man das Kind nicht mehr liebt
Und es ist die Kunst, uns Kleinen und Großen eben genau dies zu vermitteln
Da sich Kinder sehr schnell unwissentlich verirren
Sie nehmen Grenzen viel eher an richten sich danach, wenn klar ist, dass man sie liebt
Und dass ein NEIN keine Ablehnung bedeutet, kein Verlust, kein Eltern-Kinder-Krieg

Je nachdem, wie Du strafst, lerne ich, dass ich wenig wert bin
Dass ich stets alles falsch mache und ich mach daher auch keinen Sinn
Ich lerne, Dir im Weg zu sein, unwillkommen zu sein, Dich zu stören
Werde nicht respektiert, nicht akzeptiert, das kann zu Symptomen und Süchten führen
Diese negativen Gefühle, die wachsen natürlich ganz tief in mir mit
Und verfolgen mich auf meinem Lebensweg Schritt für Schritt

Alleinige Strafen bringen mich nicht weiter, sie erzeugen negatives Potential in mir, Frust und Depressionen
Sowie Ängste, Selbstablehnung, vielleicht Selbsthass und viel Negativität gegen mich wird in mir wohnen
Indem Du mir aber erklärst, wieso was nicht in Ordnung ist, kann ich Deine Worte je nach Alter in meiner Sprache nachvollziehen
Und Deine erklärenden Worte, Deine Liebe, Geduld, Dein Verständnis für mich werden mich ein Leben lang tief in meinem Herzen positiv berühren

Wenn Du mir Dinge veranschaulichst, alles mit mir besprichst, was ich lernen und erkennen soll, dann nimmst Du mich als Persönlichkeit wahr
Dann gibst Du mir das Gefühl, dass es nicht schlimm ist, so zu sein wie ich, und ich nehme mich immer in allem auch selber positiv wahr
Und ich empfinde Deine Belehrungen, Deine Führung, Deine Erklärungen dann auch nicht als Druck oder als etwas Unangenehmes
Ich wehre es dann nicht ab, bleibe wertfrei mir gegenüber und wir beide gehen somit Hand in Hand gemeinsam den Weg meines Lernprozesses

Ich muss natürlich lernen, dass gewisses Verhalten adäquate Konsequenzen haben kann
Die auch zur Einsicht führen, selbst wenn mir dies ab und zu auch mal weh tun kann

Aber es liegt dann an Dir, ob Du mir die erforderlichen Konsequenzen negativ, mit
   Schreien, im Befehlston, mich abwertend, mich ablehnend auf`s Auge drückst
Oder ob Du mir die Konsequenzen erklärst, mich dennoch liebst und mich vielleicht
   trotz konsequentem Verhalten dennoch drückst

Und wenn Du mir Grenzen setzt, erkläre mir kindgerecht und geduldig Deine Gründe
Auch wenn ich nicht einverstanden bin, das anders sehe, versuche mit mir
   Kompromisse oder einen anderen Ausgleich zu finden
Wenn ich im Winter Eis essen will, kann es an meiner Willensstärke, die sich gerade
   ausbildet, liegen
Statt einem Eis kannst Du mir Erklärungen und vielleicht eine Alternative dazu bieten

Du erreichst bei mir sehr viel, wenn Du druckfrei bleibst, mich trotz meiner
   Ungezähmtheit und meiner Fehler Deine gütige Liebe schenkst
Und Du auch immer bei allem mit an meine Entwicklungsstufen meine empfindlichen
   Gefühle, meine zerbrechliche Seel mit denkst
Alles, was Du mir an Energie, Liebe, Druck, an negativer Energie und Ablehnung schenkst
Das wird mich auf meinem gesamten Lebensweg stets begleiten
Du bist mein Input, was Du mir an Positivem, an Liebe und Geduld, an Verständnis und
   Herzlichkeit schenkst, genau das bestimmt meine restlichen Lebenszeiten

Deine Ruhe lehrt mich auch, dass meine Unberechenbarkeit ins Leere führt
Und dass sich dies und jenes nicht gehört
Du bist Vorbild, ich kann alles von Dir imitieren
Ruhe, Güte und Deine Fähigkeit, mich trotz meiner Gefühlsausbrüche zu lieben

Das lehrt mich viel
Selbstwertgefühl
Wertfreier Umgang mit vielen Verhaltensweisen
Gesunder Umgang mit mir später, selbstbewusst und weise

Ich spiegel in jeder Hinsicht immer Dein eigenes Verhalten
Ich reagiere auf Dich, auf Deinen Druck, auf Deine Liebe zu allen erdenklichen Zeiten
Lass Dir diese Zeilen wirklich einmal in Ruhe und ganz bedacht durch Dein Herz gehen
Sie geben auch Dir Schutz, Beistand vor unberechenbaren, ungezähmten Kinderseelen

So habt auch Ihr geforderten Eltern einen kosmischen Schutz .
Und dieses Gedicht kann Euch sein von größerem Nutz
Und Euch eine Brücke zu Eurem fordernden, kräftezehrenden Nachwuchs sein
So hat auch jedes Elternteil ein ihn beschützendes, wachsames Engelein

58 Verantwortungsbewußter Umgang mit Druckmitteln

Im mich zu erziehen, behilfst Du Dich oft eines Druckmittels, mich gefügig zu machen
Du benutzt andere Leute, Figuren, den Nikolaus oder den lieben Gott, den bösen Mann
Um in mir Demut, Unterwürfigkeit, Ehrfurcht oder submissives Verhalten zu entfachen
Das Ergebnis ist Angst, die Du in mir weckst, ich verbinde von da an große Angst
Vor allem, jedem, den Du zu Hilfe nimmst, Du mich mit negativen Figuren, Drohungenbeschränkt
Meine Gefühle, Fantasien, Seele, mein Unterbewusstsein beginnen lebenslang zu entgleisen

Wenn Du Druckmittel benutzt, um mir Grenzen zu zeigen
hat dies Konsequenzen, denn ich kopple ein negatives Gefühl an alles, was Du wählst
Dieses frostige, beängstigende Druckmittel von Dir mich meiner Freiheit bestiehlt
Dies ist weder klug, noch gefühlvoll, empathisch noch sehr weise

Wenn der Nikolaus meine Intimsphäre, die nur Euch und mich angeht, sieht
Bin ich der erste, der vor ihm flieht
Wenn er sich einmischt und mitmischt, was Strafen und Konsequenzen angeht
Bin ich der erste, der wohl für immer vor ihm flieht

Kannst Du das nachvollziehen
Mit Deinem eigenen Herzen empfinden
Wir Kinder sehen anders, denken anders als Ihr
Für uns ist alles real, alles persönlich, alles dringt in uns ein, wie sind nicht Ihr

Wir lassen uns nicht kaufen, wir sind kleine, feinfühlige, tiefsinnige Realisten
Ihr bestimmt, ob wie lebensfroh werden oder eher deprimierte Pessimisten
Wir koppeln Eure Worte an Dinge und an uns selbst, und dies ziemlich klar
Für mich sind Deine Worte, was Du auch sagst, immer aussagekräftig und sehr wahr

Und nimmst Du den Nikolaus oder den Lieben Gott als Beispiel, dass einer von beiden mich bestrafen wird oder mich nicht mehr liebt
Ein unerreichbares Wesen, das mich aus der Ferne direkt und mich allwissend, allmächtig dominiert
Dann ist dies für meine Seele ein sehr tiefer, stechender, beängstigender Hieb

Und dann werde ich meine Beziehung zum lieben Gott nicht frei sondern in Angst vor ihm aufbauen, falls ich ihn später überhaupt noch akzeptiere
Ich befreie mich von allem, was Dir als Druckmitteln hilft, um mich selbst auf möglichst angstfreie Wege zu führen
Überleg Dir, wen oder was Du auswählst, der oder das mir Angst machen soll
Denn genau dies oder denjenigen lehne ich irgendwann einmal ab, selbst wenn es einmal Dein späterer Partner sein soll

Druckmittel sind zwar für den Moment vielleicht eine schnelle Hilfe, aber sie manipulieren ein Kind, mich, in einer ziemlich ungesunden Weise
Sie führen mich manchmal auf ziemlich verheerende und gefährliche Gleise
Wenn mir jemand Angst macht, dann kommt derjenige auch in der Nacht zu mir, wenn auch nur in der Fantasie
Und Dein auserwähltes benanntes Druckmittel wird mir ganz schnell zu einer Phobie

Und während sich andere Kinder freuen, dem Nikolaus im Dezember zu begegnen
Beginne ich mich, was für Dich unverständlich ist, vor ihm weinend zu verstecken
Die Furcht vor Dingen oder vor Menschen oder vor anderen Wesen, die hast Du mir dann vielleicht ganz kräftig eingelöst
Und nun bin ich manipuliert, wenn ich mit diesem vorn Dir erwählten Druckmitteln in Berührung komme, und ich nur noch bittere Tränen vergieß

Ängste, die ich aushalten muss, die werden mir, wie jedem Kind, immer nur von außen verpasst, ein Kind wird von Beginn an geprägt
Es ist das unbedachte Verhalten von Euch Erwachsenen, Eurer negativen Kopplungen an Dinge, Menschen, Wesen, was heftig an meiner Kinderseele sägt
Ist es der liebe Gott, der böse wird, oder ist es da der böse Onkel im Schrank
Du machst mich, Dein Kind, mit Druckmitteln von Dingen, Figuren, Menschen nur sehr krank

Gibt es ein Monster, das mich Kind abholt, wenn ich nicht auf Dich höre
Oder ist da ein Fabelwesen, welches meine zarte Kinderseele angstmachend stört
Wird das Spielzeug, wenn ich nicht lieb bin, durch Dein Wort zu einer drohenden Gefahr
Kommt die Zahnfee nicht mehr, wird der Weihnachtsmann all meiner schlimmen Taten gewahr

Kommt vielleicht die Hexe aus einem Märchen und verzaubert urplötzlich im Schlaf mich, Dein Kind
Oder wird Dein Freund, Deine Freundin nicht mehr mit mir spielen, wenn ich unartig bin oder kommt dann Sturm und Wind
Oder wird der Himmel dunkel und die Engel werden traurig, wenn ich nicht in Deinem Sinne funktioniere
Oder holt mich ein Dinosaurier, kommt eine Zeichentrickfigur oder holt mich der Klabautermann,wenn ich nicht pariere

Druckmittel werden durch Dich in mir sofort zu einem sehr negativen beängstigendem Reiz
Der für sehr lange Zeit in mir und mit mir wächst und kontinuierlich bestehen bleibt
Ich schütze mich unbewusst, indem ich von da an, all Deine Druckmittel ablehne, zurückweise, gegen sie kämpfe, in Sucht verfalle oder mich vor ihnen verstecke
Denn Du konntest durch all diese manipulierenden Druckhilfsmittel sehr große Angst, Abwehr und automatische Selbsterhaltungsgefühle in mir wecken

Denn ich muss mich ja schützen, wenn Du mich mit einem Dir genannten Druckmittel,
   auch wenn dies ein Mensch ist, konfrontierst
Ich werde vielleicht aus Selbstschutz ausflippen, während Du vielleicht gerade gar
   nichts mehr verstehst
Ich entwickel Abwehrreaktionen bezüglich jedem und allem, womit Du mir drohst
Aber am Ende wirst Du es sein, der auf ganzer Strecke verliert

Denn Du kommst gegen meine mich dominierenden Ängste gar nicht mehr an
Du hast mich verändert, deine Druckmittel, Deine negativen Reize zogen mich in
   diesen verehrenden Bann
Und nun bin ich es, der gar nicht mehr aus diesem Teufelskreis herauskommen kann
Meine Seele hat Negatives und Abwehr gelernt und mein Gehirn hat diese Reize
   negativ gekoppelt, da kommt ab jetzt nur noch ein Fachmann an mich heran

Ein Kind, mich also, in solche Situationen zu führen
Sollte Erwachsene wirklich in ihren Herzen berühren
Denn die Fantasie von uns Kindern und unsere Gefühle sind alle unbegrenzt und frei
Sie entfalten sich richtungslos, ungebremst, Du wirst mir in dieser Hinsicht einerlei

Ich identifiziere mich mit Dir, mit Deinen Worten und mit Deinen Drohungen
Bin ich eingeschüchtert, verängstigt, zurückgezogen, dann ist Dir Dein Plan gelungen
Mache ich ab jetzt vielleicht ins Bett, kaue ich Nägel, kaue ich meine Haut an
   den Fingerknochen ab, zeige ich meine Angst auf noch andere, verschiedene Weise
Dann ist dies ein Zeichen dafür, dass ich negativ manipuliert bin, ein Opfer meiner
   negativen Gefühle, für Dich ein wichtiges Zeichen, denn ich leide

Erkennst Du, welchen Schaden mir Druckmittel und negative Kopplung, also Strafen,
   die an Dinge, Wesen gekoppelt werden zuführen
Auch wenn Dir sie nicht klar war/ist, so solltest Du lieber andere Lösungen für uns
   beide herbei führen

Und mich niemals in Angst und Schrecken versetzen
Und meine Gefühle, meine Seele, mein junges Herz niemals stark verletzen

Auch wenn vieles in der Erziehung nicht mit Absicht passiert
Alles, so manches effektive Wort, manches wirksame Verhalten von Erwachsenen zu
   seelischen Störungen von uns Kindern führt
Wir Kinder müssen uns anpassen, aber das ist nicht immer leicht
Weil uns immer die Energie von Bewegungsdrang, Neugierde, Abenteuer, Lebenslust
   oder Temperamentdruck streift

Unterdrückt mich nicht durch fatale Manipulationen
Oder durch Zwang, durch Drohungen oder heftige Sanktionen
Versucht mich durch Einsicht, durch Geduld, durch ruhige Worte in den Griff zu bekommen
Und durch Ruhe, durch sanfte Konsequenzen, durch zärtliche Grenzen, aber bleibt besonnen

Benutzt lieber positive Reize, verstärkt mein gutes Verhalten durch positive
   Schlüsselworte oder Versprechen
Damit ich Freude habe, und dieses positive Verhalten immer öfter zeige, denn ich
   werde ja dafür belohnt, aber brecht niemals ein Versprechen
So bleibt auch mein Selbstwertgefühl, das ich je nach Alter noch über Euch definiere, erhalten

Und ich fühle, was sich auch tue, meine liebenden Verbündeten, Du / Ihr bleibt mir erhalten
Vielleicht werdet Ihr jetzt durch dieses Gedicht Eurer großen elterlichen Macht bewusst
Vielleicht macht dieses Gedicht ja ab heute mit so manchem fatalen, unbedachten
   Verhalten Eurerseits Schluss
Vielleicht öffnen diese Zeilen Euch ja neue Türen zu neuen Wegen und neuen
   Lösungen hin
Und vielleicht ist dann ein gesundes, kräftiges, wenn auch noch so anstrengendes, aber
   dafür lebensfrohes, starkes Kind für Euch drin

Euer Herz wird Euch schon auf den rechten Weg führen, nur vergesst nicht die Botschaft,
   dass unsere Kinderseelen alles sehr persönlich nehmen
Und dass negative Kindergefühle, wie Ängste, Depressionen, Frust, Selbstablehnung
   unserer Kinderpersönlichkeit lebenslang im Wege stehen

Und dass alles, sei es positiv oder negativ, was Ihr mir anlegt, den Boden bildet, in
   welchem ich meine Wurzeln entfalte
Dein Tun, Dein Wort ist es, was meine Welt fehlgeleitet krank oder im sicheren
   Guten gestaltet

Lasst unsere Seelen so unbelastet, positiv, kindgerecht, leidfrei wie möglich reifen
Und bleibt möglichst in Balance, versucht es pädagogisch clever
Ohne Euch auf Dogmen, zuviele Theorie, zuviele fremde Meinungen zu versteifen
Lasst Euer eigenes Herz mit reifen
Denn eben dies ist es, dessen Weisheit, Stärke und Tiefe mich ewig begleiten

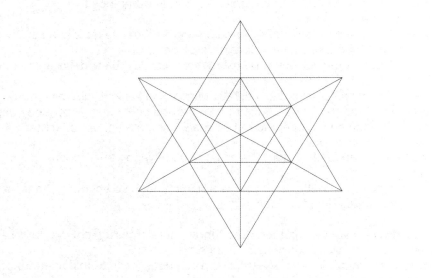